本书由国家"中西部高校综合实力提升工程"、国家自然科学基金面上项目"苹果为什么落不远？农民工人力资本与经济融合的代际传递"（项目号：71373111）资助出版。

时间都去哪儿了？
中国时间利用调查研究报告

杜凤莲　王文斌　董晓媛　等◎著

WHERE HAS
TIME GONE？
RESEARCH REPORT OF
CHINESE TIME USE SURVEY

中国社会科学出版社

图书在版编目（CIP）数据

时间都去哪儿了？：中国时间利用调查研究报告/杜凤莲等著．
—北京：中国社会科学出版社，2018.11（2019.1 重印）
ISBN 978-7-5203-2905-7

Ⅰ．①时… Ⅱ．①杜… Ⅲ．①时间—管理—调查报告—中国
Ⅳ．①C935

中国版本图书馆 CIP 数据核字（2018）第 172896 号

出 版 人	赵剑英
责任编辑	王 衡
责任校对	周 昊
责任印制	王 超

出　　版	中国社会科学出版社
社　　址	北京鼓楼西大街甲158号
邮　　编	100720
网　　址	http://www.csspw.cn
发 行 部	010-84083685
门 市 部	010-84029450
经　　销	新华书店及其他书店
印刷装订	环球东方（北京）印务有限公司
版　　次	2018年11月第1版
印　　次	2019年1月第2次印刷
开　　本	710×1000　1/16
印　　张	19.5
插　　页	2
字　　数	304千字
定　　价	78.00元

凡购买中国社会科学出版社图书，如有质量问题请与本社营销中心联系调换
电话：010-84083683
版权所有　侵权必究

序　言

8月15日晚上：成都—北京；
8月16日晚上：北京—成都；
8月17日晚上：成都—北京。

这是某两日我的日程表。日不暇给又分身乏术，一周上万千米的飞行已习以为常，一年内从地球到月球的飞行距离也已经持续了好多年了。时间是稀缺资源。如何管理时间，如何在工作、家庭、休闲与睡眠之间分配好时间？这是我时常思考的问题。于你于我，它是价值观的表达；于家于国，它则决定着居民的生活质量甚至国家的经济发展路径。如何有效利用时间是一门科学，研究居民如何使用时间有着重要的社会意义，它可为制定正确、有效的公共政策提供依据。然而，尽管国际上关于时间配置已是相对主流的研究领域，而中国在该研究领域却面临数据的严重缺失。这也正是内蒙古大学经济管理学院课题组撰写《时间都去哪儿了？中国时间利用调查研究报告》一书的初衷。

时间数据的学术价值。时间利用调查开始于20世纪20年代，发展成熟于20世纪中后期，是研究人们生活方式、反映生活质量的重要手段。它由发达国家向发展中国家逐步展开。改革开放后，中国社会经济快速发展，国际影响力逐渐上升，居民的生活方式也发生了翻天覆地的变化。但国内因缺少大范围、多活动类型、不同群体的调查数据，关于该领域的研究成果寥寥。3年前，内蒙古大学经济管理学院杜凤莲院长就上述问题与我做了探讨，并由此设想就中国居民的时间利用情况做一个全国性的大调查，最终得出了这份报告。我对此予以充分肯定和支

持。这不仅是因为杜凤莲院长的想法体现了高校服务经济社会发展的时代使命感,还因为该报告的发布将弥补中国学术界对非市场活动和时间配置方式等问题研究的不足,具有重要的研究价值。

时间数据的现实意义。关注时间问题,是关注改善民生,关注老百姓获得感的重要途径。每天,老百姓需要工作多长时间,耗费了多少时间浏览手机,有多少时间用于夫妻间交流,又有多少时间用来陪伴孩子与父母?《时间都去哪儿了?中国时间利用调查研究报告》显示了中国居民的劳动与休闲时间,反映了智能手机对现代人生活的影响,还勾勒出中国式夫妻关系,这些都将为政策制定提供依据,促进社会和谐稳定。

《时间都去哪儿了?中国时间利用调查研究报告》一书由内蒙古大学主导、西南财经大学和加拿大温尼伯大学的学者参与完成。2017年,通过"中国高校数据调查共享平台",项目组在除新疆、西藏和港澳台地区以外的29个省份进行了大规模的时间利用调查。时间利用调查与传统的调查模式有很大区别,为确保调查的顺利实施,项目组在调查技术和执行过程中都克服了诸多障碍并完成了大量创新,如时间调查问卷的访问界面形式与传统电子问卷不同,项目组在问卷上通过时间控件添加了日历安排表;在具体的访问过程中,项目组区分了家庭与个人,使主访和陪访能够同时进行,并且支持在线和离线家庭成员信息同步;整个调查系统的设计能对家庭成员在特定维度上进行甄别,并保证完成2/3的家庭成员访问量。时间利用调查收集的数据客观、细致、全面,具有重要的参考意义,最终成为高校数据联盟数据库的内容。

高校数据联盟是由我发起并于2017年正式成立了数据调查共享平台。除内蒙古大学的中国时间利用调查和西南财经大学的中国家庭金融调查之外,北京师范大学、浙江大学、暨南大学、北京大学、南京审计大学、中国社科院财经战略研究院、首都经济贸易大学等高校和研究机构也加入了该平台。各方在调查执行策划、技术革新、数据使用及数据库建设上进行资源共享和运用,并在各自的特色领域开展了调查研究,最终建立起属于自己的知名品牌,如北京师范大学的中国真实进步调查、暨南大学的中国家庭就业调查、浙江大学的农村家庭调查、北京大学的中国教育财政家庭调查、南京审计大学的基层治理调查、中国社会科学院的公共事务满意度调查以及首都经济贸易大学的普惠金融调查等。我们致力于用数据来讲出中国的故事，让政府用我们的数据来制定政策，最终让数据造福百姓生活。

最后，感谢《时间都去哪儿了？中国时间利用调查研究报告》为中国学术界和中国经济社会发展所做的贡献。

是为序。

甘 犁

西南财经大学经济与管理研究院院长
西南财经大学中国家庭金融调查与研究中心主任

前　言

一　时间利用调查与时间利用研究

时间是一种稀缺资源，时间如何在工作、家庭照料、学习培训、休闲社交以及睡眠等日常活动之间分配，决定着一个国家居民的福利与生活质量，以及经济发展的路径[①]。研究人们的时间配置方式，可以准确揭示家庭和个人为改善生活做出的选择和努力以及受到的制约，为制定正确、有效的公共政策提供依据。

时间利用调查（Time-use Surveys）通过填写时间日志的方式收集了样本中每个人在一段特定时间内（通常是一天或一周）从事了哪些活动，在每种活动上花了多少时间等翔实信息。与普通劳动力调查和住户调查相比，时间利用调查的优势是获得人们一天24小时所有活动的信息，对所有个人活动，不论是市场活动还是非市场活动、工作或闲暇、主要活动还是次要活动，给予全景式展示，时间利用调查数据是微观数据的进一步微观化。

在以往对经济发展和居民福利的研究中，对市场活动和经济收入的研究较为充分，而非市场活动和时间配置方式等问题研究不足。通过时间利用调查，不仅可以深化对市场经济活动（文献称为有酬劳动）的分析，而且还可以深入研究非市场活动（包括无酬家务和照料劳动、

---

① Thomas F. Juster, F. P. Stafford, "The Allocation of Time: Empirical Findings, Behavioral Models, and Problems of Measurement", *Journal of Economic Literature*, 1991, 29 (2).

 前 言

休闲社交、个人照料）以及市场活动与非市场活动之间的关系①。通过对市场活动与非市场活动的综合研究，可以更准确地评估经济增长潜力，更全面、真实地反映居民的福利状况。首先，无酬劳动作为人力资源再生产投入，不仅对提高居民的健康和福利至关重要，而且决定一个国家现在与未来劳动供给的质量和数量，从而影响经济增长速度和可持续性②。其次，休闲社交和个人照料（如睡眠）的时间对于人们的身心健康至关重要，是衡量生活质量的重要指标，休闲社交也是重要的人力资本投资和社会资本投资，而过长的工作时间和繁重的家庭照料负担会挤压劳动者的闲暇和休息时间，影响他们的身心健康。通过时间利用调查，可以提高用人单位对执行劳动力市场法规、提高员工实现工作—生活平衡重要性的认识，促进劳动关系和谐发展。同时，正确了解居民的餐饮、购物和休闲娱乐状况，对制定适宜的产业政策，促进服务业发展，提高居民生活质量也具有重要意义。

时间利用调查还为深入考察社会经济公平与公正提供了新的视角。目前，中国对这一问题的研究主要集中在收入、财富和教育上，对城乡差异、地区差异、收入阶层差异的关注远远超过对性别差异的关注。由于性别关系是人类社会最基本的社会关系，性别不平等与其他各种社会不平等相交叉（cross-cutting）是分析社会公平正义的一个重要维度。劳动力市场的性别歧视广为人知，而导致用人单位不愿意招聘女性的主要原因是女性承担大部分家庭和儿童照料的责任。通过时间利用调查，可以深入考察劳动的性别分工，家庭劳动的时间配置，女性对国民经济的贡献，无酬劳动对女性劳动力市场参与的制约以及在经济、社会、文化和政治领域的社会性别不平等，为制定性别敏感的公共政策提供决策依据③。

---

① Valeria Esquivel, Debbie Budlender, Nancy Folbre, et al., "Explorations: Time-use Surveys in the South", *Feminist Economics*, 2008, 14 (3).

② Nilüfer Cagatay, Diane Elson, Caren Grown, "Introduction", *World Development*, 1995, 23 (11).

③ United Nations Development Programme (UNDP), *Human Development Report* 2005, Oxford University Press, New York, 2005, p. 155.

收入、财产和人力资本的差异,城乡发展不平衡和普惠性公共服务缺失也会导致无酬劳动和闲暇时间分配的不平等,从而影响不同社会群体个人与家庭的福利,而无酬劳动和休息闲暇时间分配的不平等会进一步制约社会弱势群体自身发展的能力,加剧社会经济不平等。此外,时间利用方式具有代际传递性,父母对子女的照料与学习时间投入和言传身教作为重要的人力资本投资,对儿童健康、教育和发展具有重要影响,不同社会经济地位家庭的儿童照料投入存在差异,由此而产生的儿童健康和教育差异会在他们生命历程中不断扩大,从而导致发展能力"赤字"的代际传递[1]。因此,正确了解不同社会群体和地区间的时间配置对制定有利于缩小收入差距和减少发展能力"赤字"的公共政策具有重要意义。

二 联合国2030年可持续发展目标和中共十九大新时代愿景

2015年9月25—27日,联合国可持续发展峰会通过了《2030年可持续发展议程》,该议程提出了17项可持续发展目标、169项具体指标。中国为指导和推动《2030年可持续发展议程》的落实,制订了《中国落实2030年可持续发展议程国别方案》。实现这些发展目标都需要时间的投入,其中时间利用调查数据对制定实现第1、2、3、4、5、8、9、10、12等9个目标的相关政策和公共动员特别有价值[2]。这9个目标分别是:目标1,在全世界消除一切形式的贫困;目标2,消除饥饿,实现粮食安全,改善营养状况和促进可持续农业;目标3,确保健康的生活方式,促进各年龄段人群的福祉;目标4,确保包容和公平的优质教育,让全民终身享有学习机会;其中指标4.2要求确保所有男女童获得优质幼儿发展、看护和学前教育,为他们接受小学教育做好准备;目标5,实现性别平等,增强所有妇女和女童的权能;其中指标5.4要求各国基于本国情况通过提供公共服务、基础设施和社会保护政

---

[1] Carneiro, Pedro Manuel, James J. Heckman, "Human capital policy", 2003, NBER Working Paper No. 9495.

[2] Maria S. Floro, Elizabeth M. King, "The Present and Future of Time-use Analysis in Developing Countries", *Asia-Pacific Population Journal*, 2016, 31 (1).

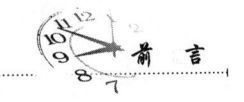

策，在家庭内部提倡责任共担等举措承认和支持无酬照料和家务劳动；目标8，促进持久、包容和可持续的经济增长，促进充分的生产性就业和人人获得体面工作；目标9，建造具备抵御灾害能力的基础设施，促进具有包容性的可持续工业化，推动创新；目标10，减少国家内部和国与国之间的不平等；以及目标12，采用可持续的消费和生产模式。通过时间利用调查数据，可以深入了解不同社会群体实现上述目标的现状和时间约束，为制定相关公共政策提供决策依据。

2017年中共十九大报告指出，中国特色社会主义进入了新时代，社会基本矛盾已经转化为人民日益增长的美好生活需要和不平衡不充分的发展之间的矛盾。解决这一矛盾要坚持以人民为中心，把人民对美好生活的向往作为奋斗目标，把增进人民福祉作为发展的根本目的，补民生短板，维护社会公平正义，在幼有所育、学有所教、劳有所得、病有所医、老有所养、住有所居、弱有所扶上不断取得新进展。党的新时代发展目标深化了联合国2030年可持续发展目标。时间利用调查数据作为对经济收入统计的补充，有助于全面考量处于生命历程不同阶段，不同社会群体生活质量的现状和短板，对于制定相关适宜的政策来满足人民对美好生活的需要具有重要意义。

三　内蒙古大学时间利用调查

20世纪二三十年代，发达国家的统计部门率先展开了时间利用调查。随着方法的不断完善，20世纪中后期，许多发达国家开始定期进行大规模的时间利用调查。1995年第四次世界妇女大会后，时间利用统计因其在反映妇女无酬劳动贡献方面的特殊作用而受到国际社会的普遍关注[①]。同时，一些发展中国家认识到，时间是贫困家庭仅有的生产资源，繁重的家务和照料劳动严重制约贫困家庭摆脱贫困的能力，因此，时间利用调查对实现反贫困目标具有重要的价值。由于上述原因，

---

① United Nations, *Report of the Fourth World Conference on Women*, United Nations, New York, 1996, p. 4.

20世纪90年代后期,大规模的时间利用调查在发展中国家逐步展开[①]。2008年,中国国家统计局采用国际通行的标准和方法,在北京、河北、黑龙江、浙江、安徽、河南、广东、四川、云南、甘肃10省(市)组织实施了中国的第一次大规模时间利用调查。目前,世界上有65个国家进行了大规模的时间利用调查[②]。

2014年,习近平总书记发出了"时间都去哪儿了"之问[③];2016年5月17日,习近平总书记在北京主持召开哲学社会科学工作座谈会并发表重要讲话,强调要加快构建中国特色哲学社会科学,按照立足中国、借鉴国外、挖掘历史、把握当代、关怀人类、面向未来的思路,着力构建中国特色哲学社会科学。

为了推动中国时间利用研究,为实现联合国2030年可持续发展目标和党的十九大提出的中国特色社会主义新时代发展愿景提供决策依据,在国家"中西部高校综合实力提升工程"资助下,2017年内蒙古大学加入"中国高校数据调查共享平台",在除新疆、西藏和港澳台地区以外的29个省份进行了中国第二次大规模时间利用调查。通过入户访谈填写日志的方法,收集了来自12471个家庭、年龄在3岁以上的30591个家庭成员的活动;记录时间从前一日凌晨4:00至当日凌晨4:00,时间间隔为10分钟。记录信息包括当事人从事了什么活动,在哪里从事这些活动,与谁在一起从事这些活动,从事主要活动时还从事什么次要活动的翔实信息。

根据联合国统计署(UNSD)的国际活动分类,本次时间利用调查把个人活动分为有酬劳动、无酬劳动、教育培训、休闲社交和个人照料五大类,其中有酬劳动分为工作和工作相关活动、家庭生产经营活动;无酬劳动分为做家务、照顾家人和对外提供帮助、购物修车等活动;社交休闲分为体育锻炼、娱乐休闲、社会交往和宗教活动;个人照料分为

---

① United Nations Statistics Division, "Allocation of Time and Time Use", http://unstats.un.org/unsd/demographic/sconcerns/tuse/.

② Jacques Charmes, *Time Use across the World: Findings of a World Compilation of Time Use Survey*, UNDP Human Development Report Office Background Paper, 2015.

③ 胡敏:《中国青年报》,2014年3月3日第2版。

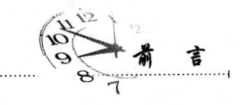 前言

睡眠、个人卫生、吃饭及其他饮食活动。这五大类活动又可细分为300种小类活动。内蒙古大学经济管理学院时间利用研究团队对这次调查的数据进行了统计分析。通过分析,笔者希望从时间利用维度讲好中国故事,让中国人更好地了解自己。

完稿之际,感觉有许多缺憾。特别是随着对数据的熟悉和研究的深入,发现有很多重要话题以及闪光点都未能呈现在本书中。当然,因为作者知识水平所限,很多错误和纰漏也在所难免,恳请指正。

杜凤莲　董晓媛

目录
CONTENTS

摘　要 // 001

第一篇
追寻时间的脚步：调查方法和概况

第一章　调查方法 // 003
  第一节　时间利用调查简介 // 003
  第二节　调查对象和访问方法 // 005
  第三节　调查内容 // 006
  第四节　样本分布 // 008
  第五节　小结 // 013

第二章　时间利用概况 // 014
  第一节　2017年中国居民时间利用概述 // 015
  第二节　2008—2017年中国居民时间利用的变化 // 026
  第三节　中国与其他国家时间利用的比较 // 039
  第四节　小结 // 048

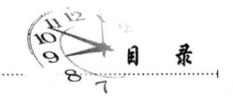

第二篇
忙碌的中国人：工作和家庭的平衡

第三章　超时工作的上班族 // 051
　第一节　超时工作概况 // 052
　第二节　非正规部门劳动者工作严重超时 // 054
　第三节　低收入人群工作严重超时 // 055
　第四节　低学历人群工作严重超时 // 056
　第五节　超时工作的行业差异 // 057
　第六节　超时工作的职业差异 // 058
　第七节　非公企业劳动者工作严重超时 // 059
　第八节　小结 // 060

第四章　无酬劳动的性别差异 // 063
　第一节　无酬劳动的界定 // 064
　第二节　无酬劳动的基本情况 // 066
　第三节　城乡居民无酬劳动时间的性别差异 // 070
　第四节　不同年龄居民无酬劳动时间的性别差异 // 072
　第五节　不同受教育程度居民无酬劳动时间的性别差异 // 078
　第六节　不同收入水平居民无酬劳动时间的性别差异 // 082
　第七节　小结 // 085

第五章　回归家庭的女性 // 087
　第一节　制度变迁 // 089
　第二节　女性的选择？从"双重压力"到"回归家庭" // 091
　第三节　性别分工的国际比较 // 103
　第四节　小结 // 109

第六章　贫困群体的时间利用　　// 112
  第一节　贫困群体特征　　// 113
  第二节　贫困群体劳动力的时间分配　　// 117
  第三节　贫困家庭子女的时间分配　　// 128
  第四节　小结　　// 131

第三篇

赢在起跑线：中国教育和发展

第七章　从学龄儿童时间利用看教育公平　　// 135
  第一节　学龄儿童时间利用基本情况　　// 136
  第二节　农村未能紧追城镇实现儿童教育发展的起点公平　　// 140
  第三节　母亲的受教育程度影响孩子的教育发展　　// 143
  第四节　家庭收入差异加剧了学龄儿童教育发展的机会不公平　　// 146
  第五节　小结　　// 149

第八章　从家庭儿童照料时间投入看教育公平　　// 151
  第一节　谁来照料儿童？　　// 153
  第二节　家庭教育照料不足　　// 158
  第三节　农村家庭儿童照料质量明显偏低　　// 160
  第四节　儿童照料的"教育梯度"　　// 163
  第五节　儿童照料的"收入梯度"　　// 167
  第六节　小结　　// 170

第九章　孩子们缺觉吗？　　// 173
  第一节　儿童青少年睡眠基本情况　　// 174
  第二节　儿童青少年睡眠的国际比较　　// 177
  第三节　儿童青少年睡眠的跨时期比较　　// 178
  第四节　儿童青少年睡眠的影响因素分析　　// 181

| 第五节 | 小结 | // 187 |

第十章 "快乐"的大学生　　　　　　　　　　// 188
第一节	学生时间利用的阶段特征	// 190
第二节	大学生和高中生时间利用比较	// 192
第三节	学习时间显著减少	// 194
第四节	睡眠时间明显增加	// 197
第五节	娱乐时间大幅增加	// 198
第六节	电子阅读时间增加	// 201
第七节	中美大学生时间利用比较	// 203
第八节	小结	// 204

第四篇
工作之余：对生活品质的追求

第十一章 休闲社交的社会差异　　　　　　　// 209
第一节	休闲社交活动分类	// 211
第二节	总体情况	// 212
第三节	城乡差异和城镇内部差异	// 214
第四节	不同年龄居民休闲社交活动的差异	// 217
第五节	不同受教育程度居民休闲社交活动的差异	// 221
第六节	不同收入水平居民休闲社交活动的差异	// 223
第七节	小结	// 225

第十二章 中国人是老有所乐吗？　　　　　　// 227
第一节	人口特征及健康状况	// 227
第二节	老年人的时间分配	// 229
第三节	老年人的劳动时间分配	// 232
第四节	老年人的休闲活动	// 233

| 第五节 | 老年人休闲活动的影响因素 | // 240 |
| 第六节 | 小结 | // 243 |

第十三章　中国式夫妻　　// 245
第一节	夫妻间共处和非共处时间	// 246
第二节	夫妻共处和非共处时都在做什么？	// 248
第三节	夫妻共处时间与生活满意度	// 251
第四节	夫妻在娱乐休闲时都在做什么？	// 254
第五节	与配偶共处时间会影响生活满意度吗？	// 258
第六节	小结	// 262

第十四章　手机使用对居民时间利用的影响　　// 265
第一节	居民手机使用概况	// 266
第二节	数字鸿沟	// 269
第三节	手机使用对居民时间配置的影响	// 282
第四节	小结	// 287

后　记　　// 289

摘 要

一 整体结构

本书基于内蒙古大学2017年中国时间利用调查数据，从性别、城乡、年龄、受教育程度、家庭收入水平等方面分析现阶段中国居民时间利用的状况和社会差异。报告分为四篇。

第一篇分析中国居民时间利用的总体情况，并与2008年中国时间利用做纵向对比，与其他国家进行横向比较。第二篇分析中国居民有酬和无酬劳动时间配置。笔者分别分析了中国机关和企事业单位员工超时工作现象、无酬劳动的性别差异、家庭内部性别分工的变化和农村贫困家庭时间利用以及代际传递的特征。第三篇分析中国儿童和青少年的学习、睡眠和家庭儿童照料时间投入的社会差异。笔者分别从幼儿园、中小学学生的学习时间和家庭儿童照料时间投入，分析城镇家庭和农村家庭、不同母亲教育程度和不同收入水平家庭之间的差异。本篇还深入分析了中小学生睡眠不足和学生写作业时间的联系，并把大学生时间利用与高中生做对比，发现大学生学习时间偏低。第四篇从非市场活动时间配置，分析中国居民对生活品质的追求。笔者分析中国居民休闲社交活动的现状和社会差异，不仅关注3岁及以上居民的总体情况，还重点关注65岁及以上老年人如何在不同类型休闲社交活动分配时间。借助时间利用数据的独特之处，笔者从中国夫妻间共处和非共处时间的角度分析中国夫妻关系。信息技术的进步导致时间利用方式发生变化，笔者分析了手机使用对不同年龄段群体时间利用的影响。

二 主要结论

（一）2017年部分研究结论与2008年的比较

2008年国际金融危机爆发之后，中国的经济增长模式逐步从依靠投资、出口拉动转向以消费、内需和服务业为主导。国民经济保持中高速增长，城镇化步伐加快，第一产业占GDP和总就业的比重大幅度下降，第三产业比重大幅度上升；2013年，中国第三产业增加值超过第二产业，成为经济的主导力量；居民消费超过投资，成为拉动经济增长的第一力量。这些变化对中国居民生活质量产生积极影响，这种影响在居民时间利用的变化上显现出来。

1. 中国居民时间利用效率提高，生活质量改善

第一，与2008年相比，2017年中国居民有酬劳动时间略有上升，但是结构优化。工作时间每天增加了1.08小时，而家庭经营活动（主要是农业生产经营）时间每天减少1.0小时。由于非农劳动收入高于农业劳动，有酬劳动时间结构变化反映了劳动时间利用效率的提高。第二，无酬劳动时间减少，无酬劳动结构优化。无酬劳动时间每天减少了0.55小时，无酬劳动结构也发生了变化，人们花在家务劳动的时间每天减少了0.56小时，而花在儿童照料的时间增加了0.30小时。第三，休闲社交时间增加，生活品质改善。随着无酬劳动时间的减少，中国居民总劳动时间每天减少了0.47小时，因此有更多的时间用于闲暇。具体来说，与2008年相比，中国居民用于休闲社交的时间每天增加了0.52小时。不仅用于休闲社交的时间增加了，质量也有改进：作为消极休闲的看电视的时间每天减少了0.39小时，而体育健身、阅读、业余爱好等积极休闲活动的时间每天增加了0.23小时。第四，学习培训时间和睡眠时间提高。中国居民花在学习培训的时间每天增加了0.23小时，睡眠时间每天增加了0.44小时。上述变化反映了随着生活水平的提高，中国居民时间利用效率提高了，人们更加追求生活品质。

2. 中国居民时间利用的城乡差距明显缩小

由于城镇化率的提高，产业结构的变迁以及农业机械化水平的提高，时间利用的城乡差异大幅度地缩小了。这主要表现在以下几个方面。第一，2008年农村居民花在有酬劳动的时间比城镇居民每天多2.23小时，这一差距在2017年下降为0.07小时。农村居民的家庭生产经营时间在有酬劳动时间的占比从70.6%下降到40.8%，非农劳动成为农村居民有酬劳动的主要内容。第二，城乡居民的无酬劳动时间均有较大幅度减少。农村居民无酬劳动时间与城镇居民的差距从每天0.43小时下降为0.10小时。第三，城乡居民的学习培训时间均有增加，农村居民与城镇居民的差距从每天0.18小时下降为0.09小时。第四，城镇居民休闲社交时间减少，而农村居民时间增加，农村居民与城镇居民的差距由每天1.51小时下降为0.29小时。上述变化表明在时间利用效率和生活质量方面，中国城乡居民的差距明显缩小。

3. 时间利用的性别差异有增有减

与世界其他国家一样，在时间利用上中国男性和女性存在明显的差别：男性有酬劳动时间比女性长，女性无酬劳动时间比男性长，面临工作—家庭双重负担；女性总劳动时间比男性长，她们的休闲社交和自我照料时间比男性短。2008—2017年的9年，时间利用性别差异的变化比较复杂。一方面，有酬劳动和无酬劳动时间的性别差异扩大了：女性与男性的有酬劳动时间比率由0.73下降为0.70；女性与男性的无酬劳动时间比率由2008年的2.60上升为2017年的3.15。数据显示，中国家庭内部性别分工有向"男主外，女主内"传统模式回归的趋势。另一方面，由于男性有酬劳动时间增加，女性有酬劳动时间略有增加，男女无酬劳动时间均下降，女性与男性的总劳动时间差距由每天0.78小时减少到0.33小时，女性有更多时间用于闲暇和休息，因此，休闲社交和自我照料时间在两性之间的分配变得更平均了。

（二）中国居民时间利用现状

经济的高速发展极大地提高了中国居民的生活水平，对时间利用效率和质量产生了积极影响，但是伴随新技术的出现，中国居民的社会经济差异扩大了，这些差异也会反映到居民的时间利用上，产生改进民生的短板。这些短板不仅影响2030年可持续发展目标的实现，还会影响到党的十九大中国特色社会主义新时代愿景目标的实现。2017年中国时间利用调查数据的分析揭示了以下一些问题，需要引起决策者的

关注。

1. 超时劳动普遍存在

适宜的工作时间对劳动者的身心健康至关重要，但数据分析显示，中国企事业单位员工普遍存在超时工作现象，约42%的人日平均净工作时间超过劳动法规定的8小时。超时工作现象在非正规部门、低工资、低学历和制造业劳动者中尤其严重。

2. 性别不平等出现新特征：女性从"双重负担"转向"回归家庭"

繁重的家务和照料负担是导致性别不平等的重要原因。分析显示，中国女性总劳动时间下降，无酬劳动时间仍然远远高于男性，是男性平均时长的2.95倍①，其中，农村女性是男性的3.29倍，城镇女性是男性的2.73倍。从生命历程看，25—35岁和55—65岁女性的无酬劳动时间最长，与男性的差异最大。与高学历、高收入居民相比，低学历、低收入女性的无酬劳动时间最长，与男性的差距最大。

中国家庭内部时间配置都具有以下特点：与男性相比，女性有酬劳动时间短，无酬劳动时间长，总劳动时间长，闲暇时间短。劳动分工的性别差异总体上随教育程度提高而缩小。2008—2017年，无论是男性还是女性，有酬劳动时间都增加了，但男性比女性增加得更多；男性和女性的无酬劳动时间都减少了，女性无酬劳动时间降幅低于男性。无酬劳动时间的减少主要是由于家务劳动时间的下降，照料家人的时间反而增加了。

对于贫困群体而言，贫困家庭女性承担着有酬劳动和家庭照料的双重负担，总劳动时间每天比男性多1.25小时。许多发达国家在教育和劳动力市场倡导性别平等，但因所推行的社会政策仍然在维系传统的性别分工，面对家庭照料对个人发展的制约，许多女性选择了不结婚、不生育，国家面临低生育难题②。而低生育率会加速人口老龄化和劳动力短缺，制约经济的可持续发展。

---

① 由于样本年龄段不同，这个数字与前面和2008年比较的2017年结果略有差异。

② McDonald, Peter, "Gender Equity, Social Institutions and the Future of Fertility", *Journal of Population Research*, 2000, 17 (1).

3. 教育差距与收入不平等交互作用产生贫困的代际传递

教育不公平问题依然严峻，对于儿童和青少年，花费在上课、参加课外辅导和做作业的时间是一种重要的人力资本投资，但是不同社会经济地位家庭孩子的时间投入不同。研究发现中国目前小学和初中教育阶段已经普及义务教育，在7—15岁分城乡、收入、母亲受教育程度家庭儿童的净入学率和在校学习时间已经大致实现教育公平。在非义务教育阶段，尤其是3—6岁学前教育阶段，低收入、低学历、农村家庭幼儿的净入学率和学习时间没有保障，课外家教辅导时间也在不同收入、学历背景家庭之间差异明显。没有适当的社会干预，由此而产生的人力资本积累的差距将会随着孩子的生命历程不断扩大。

家庭对儿童人力资本投入的差异也是代际传递的重要渠道。分析显示，虽然农村家庭的总照料时间略高于城镇家庭，但是城镇家庭在照料投入的质量上比农村家庭有优势：城镇家庭照料提供者教育水平更高，辅导孩子学习的时间更多，对祖父母照料的依赖度更低，父亲的参与度更高。有高学历母亲和高收入家庭，辅导学习的时间最多，在教育培训费上的投入也最大，父亲的照料时间最多，对祖父母照料的依赖最小。农村家庭、母亲仅有小学及以下教育水平的家庭和低收入家庭的儿童照料"赤字"需要引起决策者的高度关注。贫困家庭儿童尤其是男孩，学习时间明显更短，贫困家庭面临较大陷入"贫困陷阱"的风险。

4. 中小学生睡眠不足，大学生学习时间不够

从小学阶段到大学阶段，学习时间先增加后减少，高中阶段学习时间最长，为9.66小时/天，大学阶段学习时间最短，为6.06小时/天；休闲社交时间先减少后增加，大学阶段休闲社交时间最长，为4.82小时/天，比初中、高中阶段多1.9小时左右。从小学到大学阶段，夜间睡眠时间先减少后增加，高中阶段夜间睡眠时间最少，为7.94小时/天，大学阶段上升到8.62小时/天。在学业上，上课时间先增加后减少，高中阶段上课时间最长，为7.61小时/天，大学阶段上课时间最短，为4.75小时/天。纸质阅读时间变化不大，电子阅读时间逐渐增加，整体上从小学到大学纸质阅读时间都较短。

虽然中国中小学生睡眠不足的问题有了很大改善，但依然严峻。如

果仅统计夜间睡眠，中国儿童青少年的睡眠不足问题相当严重。6—17岁样本的睡眠不足率高达50%左右。6—11岁样本的睡眠不足率为54.7%，12—14岁样本为43.7%，15—17岁样本为41.7%。加入午休时间，全国仍然有26%的中小学生睡眠不足。分析显示，睡眠不足与孩子的生活习惯（睡觉前的活动、看电视、做作业等）有关；充足的睡眠对少年儿童的学习成绩和身心健康都有重要影响。

5. 照料的不对等与老年人照料"赤字"

中国传统文化强调幼有所教、老有所养，从时间利用角度看对孩子和老人的照料不对等，存在老年人照料赤字。孩子出生增加了男性、女性的无酬劳动时间，26—30岁女性（母亲）照顾未成年人2.43小时/天；31—35岁男性（父亲）照顾未成年人的平均时长为0.46小时/天。51—60岁女性（祖母外祖母）每天照顾未成年人的时间均在1小时以上，56—66岁男性（祖父外祖父）每天照顾未成年人的时间大约半小时。

男性、女性照顾成年人的平均时长都很小，平均每天4分钟左右，女性每天比男性多0.6分钟，男性、女性照顾老年人的参与率分别为1.9%、2.2%。男性、女性60岁之前每天花在照顾成年人的时间均不足7分钟，所谓的反哺模式存在严重的不平等，出现中国家庭对老年人的照料"赤字"。

6. 休闲社交数量和质量依然存在城乡分割和社会分层

休闲社交不仅是重要的人力资本和社会资本投资，也是衡量居民生活质量的一个重要指标。与2008年相比，中国居民休闲社交总时长增加，质量提高，城乡差异缩小，但不同社会群体之间的差异仍然存在。城镇和农村居民（包括老年人）的休闲活动仍然以看电视、休息等消极休闲为主。面对面交流仍是社会交往的最主要方式，农村面对面交流平均时长比城镇要高。总体而言，教育和收入水平决定了休闲的质量，随着教育程度和收入水平的提高，花在体育锻炼、阅读和业余爱好的积极休闲时间增加，而看电视和休息的消极休闲时间减少。

7. 在中国式夫妻关系中，经济功能甚于精神伴侣

中国夫妻或家庭更多的是一个生产单位，除生理需求之外，经济活动和家庭生产占据了大部分时间，受教育程度越高，夫妻单独相处的时

间越短。中国夫妻共处时的娱乐休闲以看电视和休息为主,夫妻之间的互动性比较差,积极互动的时间比较少;夫妻单独相处时得到的快乐低于夫妻二人与他人共处时得到的快乐。研究印证了"老来伴"的说法,即中国夫妻只有老了以后才有大量的时间互相陪伴。在某种程度上可以说中国婚姻关系的现状就是经济功能甚于精神伴侣,生活平淡不精彩,虽然说"平平淡淡才是真",但是"平淡"并不排斥"精彩"的日常生活。

8. 智能手机使用存在着"二级数字鸿沟"

智能手机的使用影响到居民日常生活的方方面面。分析显示,无论在智能手机的使用率上还是在手机的用途上都存在明显的社会差异。城市手机使用率比农村高约 6 个百分点;受教育程度和收入水平与手机使用率呈正相关关系,本科及以上学历者手机使用率比未上过学的居民高 19.4 个百分点;五分位最高收入者比最低收入者使用率高 6 个百分点。使用手机减少了睡眠、吃饭、家务与照料、纸媒阅读、看电视和做作业时间,延长了个人卫生、购买商品与服务的时间,对体育锻炼和上辅导班时间没有显著影响。

第一篇

追寻时间的脚步：调查方法和概况

第一章

调查方法

本章在回顾全球时间利用调查的历史和现况的基础上,介绍了2017年中国时间利用调查(CTUS)的调查对象、访问方法、调查内容和样本分布。

第一节 时间利用调查简介

人类做任何事情都需要花费一定量的时间,而任何人每天的时间总量都是固定的,因此,对每个人来说,时间都是一种非常稀缺、非常珍贵的资源。调查人们时间资源配置的标准方法是时间利用调查(Time-use Survey, TUS)。时间利用调查是定量统计个人在一个特定时间段内(一般是一天24小时)如何在各类活动中分配其时间[1]。

时间利用调查已经有近百年的历史。早在20世纪20年代,苏联和美国就进行过时间利用调查[2]。时间利用调查的重大突破是时间日志(Time Diary)方法的运用。1964年,由匈牙利社会学家Alexander Szalai主持,12个欧洲国家联合启动了"跨国可比较时间预算研究项目",采用了国际可比的、基于时间日志的调查方法[3]。此后,时间日志成为国际时间利用

---

[1] United Nations, *Guide to Producing Statistics on Time Use: Measuring Paid and Unpaid Work*, United Nations, Department of Economic and Social Affairs, Statistics Division, 2005, p.5.

[2] Ironmonger D., "Time Use", *The New Palgrave Dictionary of Economics*, 2008.

[3] Szalai A. (Editor), *The Use of Time: Daily Activities of Urban and Suburban Populations in Twelve Countries*, The Hague: Mouton, 1972.

调查的基本方法，一些发达国家开始定期进行时间利用调查。

1995年9月，在北京召开了联合国第四次世界妇女大会。会上通过了《北京宣言和行动纲领》，指出女性之所以在家庭与社会中地位低下，是因为她们所从事的工作很多是无酬劳动，而这些劳动在国民经济核算体系中被忽略了。呼吁各国"进行定期的时间利用研究，以定量地测量无酬工作"，以全面反映女性对国民经济和社会福利的贡献①。此后，各国相继展开大规模的时间利用数据的收集和分析工作。美国官方定期系统进行的时间利用调查始于2003年，由美国劳工部劳工统计局组织，每年进行一次。全世界现已有65个国家进行过大规模的时间利用调查②。

20世纪80年代以来，中国在北京等个别城市进行过时间利用调查③。2008年，由国家统计局进行了中国第一次大规模时间利用调查。这次调查在北京、河北、黑龙江、浙江、安徽、河南、广东、四川、云南、甘肃10个省份实施。入户调查工作在当年5月进行，共调查了来自16661个家庭的37142名15—74岁的家庭成员。④

在国家"中西部高校综合实力提升工程"资助下，2017年内蒙古大学加入中国高校数据调查共享平台，在中国大陆地区除新疆、西藏外的29个省份，进行了全国范围的时间利用调查。主调查在当年7月初到9月初进行，并在10月进行了电话补访。调查共获得12471个家庭的30591名不小于3岁的家庭成员的时间利用信息以及相关个人、家庭、社区信息。考虑到农业生产活动有明显的季节性，调查队于当年12月电话

---

① United Nations, *Beijing Declaration and Platform for Action: Fourth World Conference on Women, Beijing, China*, United Nations Department of Policy Coordination and Sustainable Development, 1995.

② Charmes, Jacques, *UNDP Human Development Report Office Background Paper: Time Use across the World: Findings of a World Compilation of Time Use Survey*, 2015; Valeria Esquivel, Debbie Budlender, Nancy Folbre, et al., "Explorations: Time-use Surveys in the South", *Feminist Economics*, 2008, 14(3): 107–152.

③ 袁卫、村上征胜、王琪延：《北京和东京居民的时间分配比较研究》，《中国人民大学学报》2000年第3期。

④ 国家统计局社会和科技统计司：《2008年时间利用调查资料汇编》，中国统计出版社2009年版。2018年5月，国家统计局在这10个省份又进行了一次时间利用调查，这次调查的技术细节还没有公布。

访问了样本中农村家庭成员农闲时的时间利用情况。

与国家统计局2008年时间利用调查相比，2017年的时间利用调查尽管总样本量略少，但在调查方法上有以下重大进步：（1）调查的省份由10个增加到29个，大大增加了数据对全国的代表性。（2）调查对象的年龄范围由15—74岁扩大到3岁及以上，可以研究幼儿和少年的时间利用情况。（3）对农村样本，获得了其农忙、农闲的时间利用情况，可以分析农村居民时间利用的季节变化。（4）活动分类由113种增加到300种，对人类活动的描绘更加精细。（5）2017年中国时间利用调查与中国家庭金融调查同时进行，前者的样本是后者样本的一部分。因此，2017年中国时间利用调查除了获得时间利用信息之外，还获得了极为丰富的个人、家庭、社区信息。2017年中国时间利用调查所获得的海量信息将为推动中国时间利用研究，填补国际时间利用研究的空白做出重要的贡献。

第二节　调查对象和访问方法

2017年中国时间利用调查的调查对象为中国大陆地区除新疆、西藏外的29个省份的城乡样本家庭的所有不小于3周岁的家庭成员。样本家庭是从2017年中国家庭金融调查（CHFS）的约4万户样本家庭中随机抽取的约1.2万户家庭。调查对全国、全国城镇、全国农村有代表性。

每个样本成员填写一天的时间日志。本次调查实际共获得12471个城乡样本家庭的30591名受访者的有效时间日志，这些受访者分布在全国1417个社区，应答率约为75%。

2017年中国时间利用调查的主调查在7月初到9月初以入户访问方式进行。要求访员尽可能地当面访问样本家庭的每位成员。当受访者为12岁以下或残疾、生病、年老等不适宜回答问卷时，可以由家庭其他成员代答。而对于那些住在当前住址，但未能访问到的家庭成员和那些住在别处（出去上学、出去打工等）的家庭成员，在10月进行了计算机辅助电话访问（CATI）。对于农村样本家庭的成员，在12月电话访问了其农闲时的时间利用情况。

第三节 调查内容

对每一位调查对象，在访员帮助下完成一份一天24小时（入户前一日凌晨4：00至当日凌晨4：00）的时间日志，以10分钟为最小时间间隔。时间日志内容如下：

表1—1　　　　　　2017年中国时间利用调查时间日志

时间段	您正在做什么？（指正在从事的主要活动）	从事主要活动时您在哪里？（在表下活动地点中选填活动地点代码，如是交通活动，选填交通方式代码）	主要活动与谁在一起？（选填与谁在一起代码，除"独自一人"外可同时多选）	您同时还做什么？（指从事主要活动时，您还在做的次要活动）	次要活动与谁在一起？（选填与谁在一起代码，除"独自一人"外可同时多选）
4：00—4：10					
4：10—4：20					
4：20—4：30					
……					
……					
（至次日）					
3：50—4：00					

由表1—1可见，2017年中国时间利用调查时间日志包含：（1）谁（Who），（2）何时（When），（3）何事（What），（4）何地（Where），（5）与何人（with Whom）五个要素。

（1）谁（Who）：活动的发生者。

（2）何时（When）：人们在什么时间从事某种活动。

（3）何事（What）：人们从事什么类型的活动。本次调查把所有的人类活动划分为11个大类、58个中类、300个小类；各个大类/中类/小类活动涵盖了所有人类活动，而且各个大类/中类/小类活动互相之间不交叉。日志不仅收集主要活动，而且收集与主要活动同时进行的活动，称为次要活动。每一个时间段都必须有而且只有一个主要活动，但可以没有次要活动。如果同时从事的次要活动不止一项，仅需填写最重要的次要活动。同时从事多项活动时，哪项活动属于主要活动，哪项活动属于次要活动，由受访者根据活动的主要目的自行认定。对次要活动，与主要活动一样，也要记录其是在哪些时间段发生的。

本次调查划分的11个大类活动列表如表1—2所示。

表1—2　　　　2017年中国时间利用调查的大类活动

大类代码	大类名称	包含的中类数	包含的小类数
01	睡眠、个人卫生活动、私密活动	3	12
02	吃饭及其他饮食活动	2	6
03	工作和工作相关活动	4	26
04	受教育	6	28
05	家庭生产经营活动	4	34
06	做家务	9	19
07	照顾家人和对外提供帮助	6	37
08	购物、修车、理发、医疗、去银行、办业务等	8	37
09	体育锻炼与健身活动	5	24
10	娱乐休闲	8	54
11	社会交往和宗教活动	3	23

（4）何地（Where）：人们的主要活动发生在哪里。如果是交通之外的其他活动，选填地点代码；地点代码共有14个大类、19小类。如果是交通活动，选填交通方式代码；交通方式代码共有11个大类、31个小类。

（5）与何人（with Whom）：从事主要/次要活动时与谁在一起。以活动的目的为依据来判断与谁在一起从事主要/次要活动。选填活动人物代码，共有9个大类、29个小类。

为了获得受访者的其他重要信息，要求每位家庭成员在回答时间日志前需回答21个表前问题，在完成时间日志后回答13个表后问题。

一个表后问题问调查日对受访者而言在时间利用方面是不是典型的一天。若调查日为非典型日，还须访问受访者在典型日的时间利用情况。对于工作人员，典型日为正常的生产劳动日或正常的休息日（不工作），而节假日或休长假为非典型日。对于学生，典型日为正常的上学日或正常的休息日（不上学），而节假日或寒暑假为非典型日。

第四节 样本分布

本节给出 30591 个有效个人样本分性别、城乡、民族、年龄、星期、受教育程度、收入、省份的分布情况。

本次调查使用权重来调整不同人群的抽样比和应答率的差异，以确保一周内各天的样本量相等。除特别说明，本文的所有运算都使用了权重。

样本的性别、城乡分布如表 1—3 和表 1—4 所示。结果显示，加权后的样本性别、城乡分布和全国的总体分布高度吻合。

表 1—3　　2017 年中国时间利用调查样本的性别分布

性别	人数	未加权样本百分比	加权后样本百分比	总体百分比[*]
男性	14919	48.8	50.8	51.2
女性	15672	51.2	49.2	48.8
合计	30591	100	100	100

注：[*] 总体百分比为 2017 年年末数，数据来源于《中华人民共和国 2017 年国民经济和社会发展统计公报》，http://www.stats.gov.cn/tjsj/zxfb/201802/t20180228_1585631.html。

表 1—4　　2017 年中国时间利用调查样本的城乡分布

城乡	个人样本量	未加权样本百分比	加权后样本百分比	总体百分比[*]
城镇	20010	65.4	58.7	58.5
乡村	10581	34.6	41.3	41.5
合计	30591	100	100	100

注：[*] 总体百分比为 2017 年年末数，数据来源于《中华人民共和国 2017 年国民经济和社会发展统计公报》，http://www.stats.gov.cn/tjsj/zxfb/201802/t20180228_1585631.html。

样本的民族分布如表 1—5 所示。结果显示,加权后的样本少数民族占比略低于人口普查数。这是由于本次调查没有覆盖新疆、西藏这两个少数民族自治区,导致少数民族样本偏少。

表 1—5　　2017 年中国时间利用调查样本的民族分布

城乡	个人样本量	未加权样本百分比	加权后样本百分比	总体百分比[②]
汉族	28240	92.3	92.2	91.5
少数民族	2350	7.7	7.8	8.5
合计	30590[①]	100	100	100

注:①样本中有 1 人民族未知;②为 2015 年全国 1% 人口抽样调查数,数据来源于《2015 年全国 1% 人口抽样调查资料》。

样本的年龄分布如表 1—6 和图 1—1 所示。结果显示,加权后的样本年龄分布和全国的总体分布大致吻合。二者的差异在于,与总体分布相比,时间利用样本中少年儿童和老人略多,劳动年龄人口略少。

表 1—6　　2017 年中国时间利用调查样本的年龄分布

年龄	人数	未加权样本百分比	加权后样本百分比	总体百分比*
3—15 岁	3822	12.5	16.9	14.7
16—59 岁	16919	55.3	64.7	68.6
60 岁及以上	9850	32.2	18.4	16.7
合计	30591	100	100	100

注:*总体百分比为 2015 年全国 1% 人口抽样调查数,数据来源于《2015 年全国 1% 人口抽样调查资料》。

样本的星期分布如表 1—7 所示。结果显示,加权后的样本星期分布和自然分布(每天占 1/7)大致吻合。

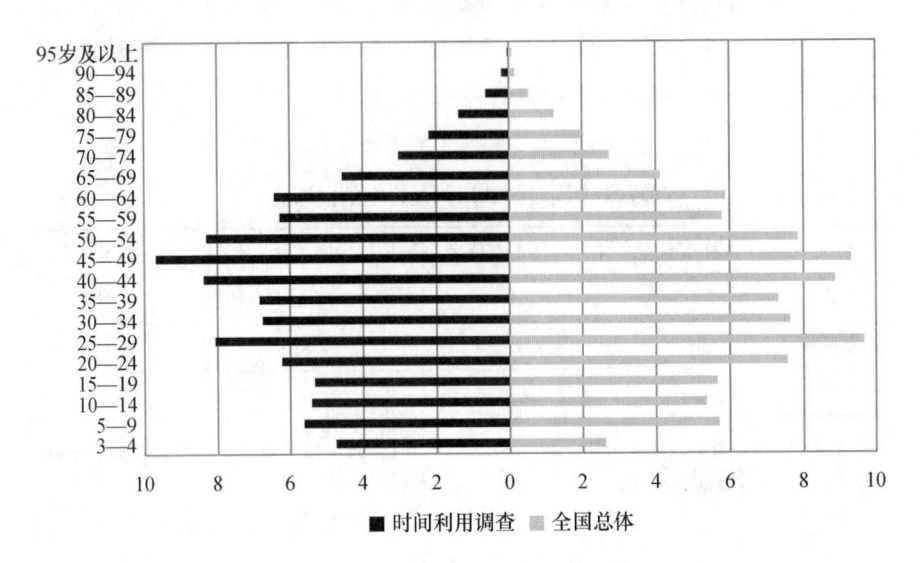

图 1—1　2017 年中国时间利用调查样本的年龄结构

表 1—7　　　　　2017 年中国时间利用调查样本的星期分布

星期	个人样本量	未加权样本百分比	加权后样本百分比	自然百分比
星期一	4772	15.6	14.7	14.3
星期二	4792	15.7	14.6	14.3
星期三	4674	15.3	14.8	14.3
星期四	4547	14.9	15.1	14.3
星期五	4468	14.6	15.6	14.3
星期六	3352	11.0	12.4	14.3
星期日	3986	13.0	12.9	14.3
合计	30591	100	100	100

　　样本的受教育程度分布如表 1—8 所示。由于调查中只对 16 岁及以上的受访者询问了其受教育程度，这里只列出了这部分样本的分布。结果显示，加权后的样本受教育程度分布和全国的总体分布大致吻合。

表1—8　　2017年中国时间利用调查样本的受教育程度分布（16岁及以上人口）

受教育程度	个人样本量	未加权样本百分比	加权后样本百分比	总体百分比*
没上过学	3156	11.8	9.4	5.7
小学	6436	24.1	21.4	25.6
初中	7963	29.8	30.8	38.8
高中	3756	14.1	14.2	12.8
中专/职高	1416	5.3	5.8	4.2
大专/高职	1864	7.0	8.1	6.9
大学本科	1947	7.3	9.5	5.5
研究生	171	0.6	0.8	0.5
合计	26709	100	100	100

注：*总体百分比为2016年6岁及以上人口受教育程度百分比，数据来源于《中国统计年鉴2017》。

样本的收入分布如表1—9所示，收入分布是按全家庭人均收入分十等分组给出。结果显示，人均年收入的中位数为13940元/人，明显低于均值24908元/人。与2017年全国居民人均可支配收入25974元，中位数22408元[1]相比，收入均值大致吻合，收入中位数明显偏低。这意味着多数受访者自报的收入偏低。

表1—9　　2017年中国时间利用调查样本的收入分布

十等分组	收入下界	收入上界	加权后人数	人均收入	加权后百分比
1	—	1592	3059	−1593	10.0
2	1592	4359	3059	2979	10.0
3	4359	7232	3058	5862	10.0
4	7232	10362	3055	8705	10.0
5	10362	13940	3064	12099	10.0

---

[1] 《中华人民共和国2017年国民经济和社会发展统计公报》。

续表

十等分组	收入下界	收入上界	加权后人数	人均收入	加权后百分比
6	13940	18616	3057	16199	10.0
7	18616	24683	3061	21410	10.0
8	24683	33800	3059	28817	10.0
9	33800	51258	3056	41135	10.0
10	51258	—	3063	113359	10.0
合计	—	—	30591	24908	100.0

最后，表1—10给出本次调查样本在各省份的分布，这是没有加权的样本分布。

表1—10　　2017年中国时间利用调查样本在各省份的分布

省份	个人样本量	省份	个人样本量
安徽省	913	江西省	782
北京市	843	辽宁省	997
福建省	1247	内蒙古自治区	1117
甘肃省	713	宁夏回族自治区	477
广东省	1783	青海省	699
广西壮族自治区	808	山东省	1187
贵州省	687	山西省	1236
海南省	916	陕西省	720
河北省	1440	上海市	1598
河南省	1140	四川省	1353
黑龙江省	832	天津市	865
湖北省	937	云南省	968
湖南省	1297	浙江省	1350
吉林省	1019	重庆市	1250
江苏省	1417	合计	30591

第五节　小结

时间利用调查采用填写时间日志的方法收集个人在一个特定的时间段（一般为一天）从事了哪些活动，每种活动花费了多少时间的信息，是调查人们时间资源配置的标准方法。本章介绍了2017年中国时间利用调查（CTUS）的调查对象、访问方法、调查内容和样本分布。

2017年中国时间利用调查由内蒙古大学和西南财经大学联合进行，调查样本是从2017年中国家庭金融调查（CHFS）的约4万户样本家庭中随机抽取的约1.2万户家庭。本次调查共收集到中国大陆地区除新疆、西藏外的29个省份的30591名受访者的有效时间日志，对全国、全国城镇、全国农村有代表性，应答率约为75%。调查系统收集人们在何时从事何种类型的活动、在哪里从事这些活动、从事这些活动时与谁在一起四个方面的信息。

从分性别、城乡、民族、年龄、受教育程度的个人样本分布来看，与全国总体样本吻合得相当好。

第二章

时间利用概况

2017年中国时间利用调查获得了中国居民时间配置方面的详尽数据。基于这些数据，本章第一节介绍了2017年中国居民时间利用的基本情况，比较了不同性别、城乡、年龄、受教育程度居民的时间利用情况。

2008—2017年，中国的经济总量、产业结构、城镇化都发生了重大变化。相应地，人们的时间利用情况也会发生变化。本章第二节基于中国仅有的两套大规模时间利用调查数据（分别在2008年、2017年进行），分析中国居民时间配置的演化。

由于各国所处的发展阶段不同，文化背景有异，所以时间利用也会存在差异。本章第三节基于可比的国际时间利用调查数据，比较了中国与10个主要发达国家以及4个发展中国家和转型国家的时间利用差异。

本章的分析，把人类活动分为有酬劳动、无酬劳动、教育培训、休闲社交、自我照料五类活动。每类活动定义如表2—1所示。

表2—1　　　　　　　　活动分类

活动名称	所包含的活动大类
有酬劳动	03 工作和工作相关活动 05 家庭生产经营活动
无酬劳动	06 做家务 07 照顾家人和对外提供帮助 08 购物、修车、理发、医疗、去银行、办业务等

续表

活动名称	所包含的活动大类
教育培训	04 受教育
休闲社交	09 体育锻炼与健身活动 10 娱乐休闲 11 社会交往和宗教活动
自我照料	01 睡眠、个人卫生活动、私密活动 02 吃饭及其他饮食活动

第一节 2017年中国居民时间利用概述

一 基本情况

基于2017年中国时间利用调查数据，本小节描述了3岁及以上的中国居民的时间利用情况，以及不同性别、城乡居民时间利用的差异。

中国居民各类活动的平均时长、参与率、参与者平均时长如表2—2和图2—1所示。

可以发现，作为获取收入的主要方式，中国居民有酬劳动时间为每天4.16小时；在调查日有一半的居民进行了有酬劳动。无酬劳动时间为每天1.84小时；在调查日有略超过一半的居民进行了无酬劳动。总劳动（有酬劳动与无酬劳动之和）时间为每天6.00小时，占到了全天时间的1/4。

中国居民学习培训时间为每天1.48小时；在调查日有略超过1/6的居民进行了学习培训，其中绝大部分是学生。休闲社交时间为每天4.63小时；在调查日只有1/9的居民没有进行任何休闲社交活动。自我照料的平均时长为每天11.88小时，几乎占到了全天时间的一半；自我照料的参与率为百分之百。毕竟，几乎没有人全天既不睡觉也不吃饭。

表 2—2　　　　　　　　各类活动基本情况

活动类别	平均时长（小时/天）	参与率（%）	参与者平均时长（小时/天）
有酬劳动	4.16	49.9	8.34
无酬劳动	1.84	50.8	3.62
学习培训	1.48	17.5	8.49
休闲社交	4.63	88.4	5.24
自我照料	11.88	100.0	11.88

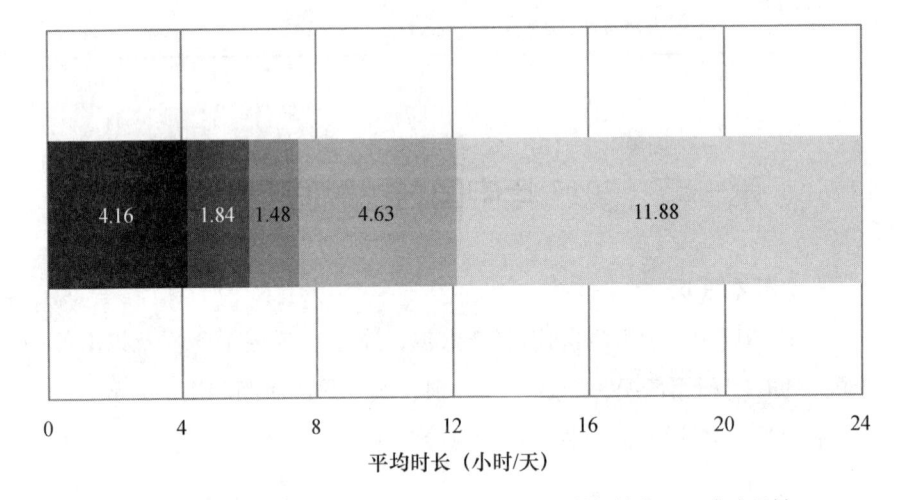

图 2—1　各类活动平均时长

中国男性、女性居民各类活动的平均时长、参与率、参与者平均时长如表 2—3 和图 2—2 所示。

可以发现，五类活动均存在性别差异，特别是有酬劳动和无酬劳动，呈现明显的"男主外、女主内"的模式。男性的有酬劳动时间比女性每天高 1.42 个小时；男性的有酬劳动参与率比女性高 12 个百分点。但是，女性的无酬劳动时间比男性每天高 1.85 个小时，前者是后者的 3 倍；女性的无酬劳动参与率比男性高 32.1 个百分点。女性的总劳动（有酬劳动与无酬劳动之和）时间比男性每天高 0.43 小时。

男性学习培训、休闲社交的平均时长和参与率均略高于女性。女性的自我照料时间略高于男性。

表2—3　　　　　　　　各类活动的性别差异

活动类别	平均时长（小时/天）		参与率（%）		参与者平均时长（小时/天）	
	男性	女性	男性	女性	男性	女性
有酬劳动	4.86	3.44	55.8	43.8	8.72	7.85
无酬劳动	0.93	2.78	35.0	67.1	2.65	4.15
学习培训	1.58	1.38	18.5	16.4	8.55	8.43
休闲社交	4.85	4.41	90.1	86.6	5.39	5.09
自我照料	11.78	11.98	100	100	11.78	11.98

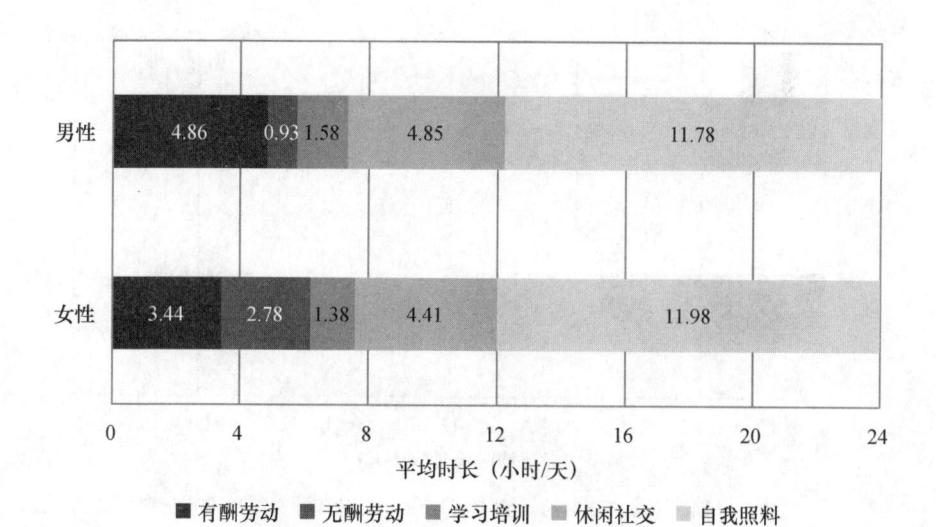

图2—2　各类活动平均时长的性别差异

中国城镇、乡村居民各类活动的平均时长、参与率、参与者平均时长如表2—4和图2—3所示。

可以发现，五类活动的城乡差异不是很大。乡村居民的有酬劳动、无酬劳动、总劳动（有酬劳动与无酬劳动之和）时间均略高于城镇居民。乡村居民的有酬劳动参与率明显高于城镇居民，而城镇居民的参与者有酬劳动时间明显高于乡村居民。

城镇居民学习培训、休闲社交的平均时长、参与率均略高于乡村居民。乡村居民的自我照料时间略高于城镇居民。

表 2—4　　　　　　　　各类活动的城乡差异

活动类别	平均时长（小时/天）		参与率（%）		参与者平均时长（小时/天）	
	城镇	乡村	城镇	乡村	城镇	乡村
有酬劳动	4.13	4.21	47.1	53.9	8.77	7.80
无酬劳动	1.80	1.90	50.8	50.9	3.55	3.74
学习培训	1.55	1.39	18.3	16.3	8.48	8.51
休闲社交	4.71	4.52	89.0	87.5	5.30	5.17
自我照料	11.80	11.98	100	100	11.80	11.98

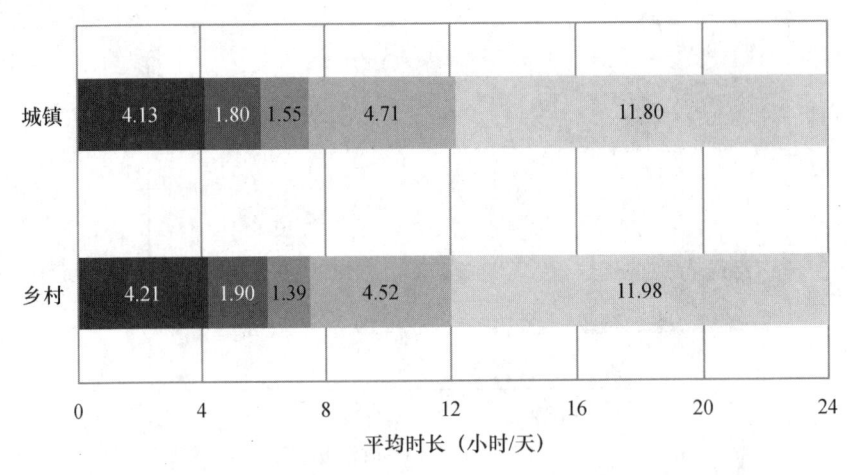

图 2—3　各类活动平均时长的城乡差异

二　不同年龄居民的时间利用

本小节分析 2017 年中国不同年龄居民的时间利用情况，以及不同年龄段居民时间利用的性别、城乡差异。

根据中国对劳动前、劳动、劳动后年龄的划分，把居民分为 3—15 岁、16—59 岁、60 岁及以上三个年龄段，这三个年龄段分别对应少年儿童、中青年、老年。在总样本中，这三个年龄段的居民的占比分别为 17%、65%、18%。

不同年龄居民的时间利用情况如表 2—5、图 2—4 所示。

可以发现,在人生的不同阶段,五类活动平均时长的变化非常有规律。有酬劳动时间,少年儿童几乎为零,中青年跳升到接近每天 6 小时,进入老年后减半。无酬劳动时间,少年儿童几乎为零,中青年跳升到超过每天 2 小时,进入老年后继续提高。学习培训时间主要集中在学龄段,即少年儿童以及中青年的前期。休闲社交时间随年龄增加先降后升。自我照料时间随年龄变化较小,也呈先降后升。

表 2—5　　　　　　　　不同年龄居民的时间利用情况

活动类别	平均时长(小时/天)			参与率(%)			参与者平均时长(小时/天)		
	3—15 岁	16—59 岁	60 岁及以上	3—15 岁	16—59 岁	60 岁及以上	3—15 岁	16—59 岁	60 岁及以上
有酬劳动	0.12	5.74	2.34	4.3	65.7	36.3	2.85	8.73	6.45
无酬劳动	0.14	2.06	2.63	8.7	56.2	70.6	1.67	3.67	3.73
学习培训	5.86	0.76	0.03	70.4	8.4	0.9	8.32	9.03	2.91
休闲社交	4.99	3.93	6.78	91.0	86.0	94.1	5.49	4.57	7.21
自我照料	12.88	11.52	12.22	100	100	100	12.88	11.52	12.22

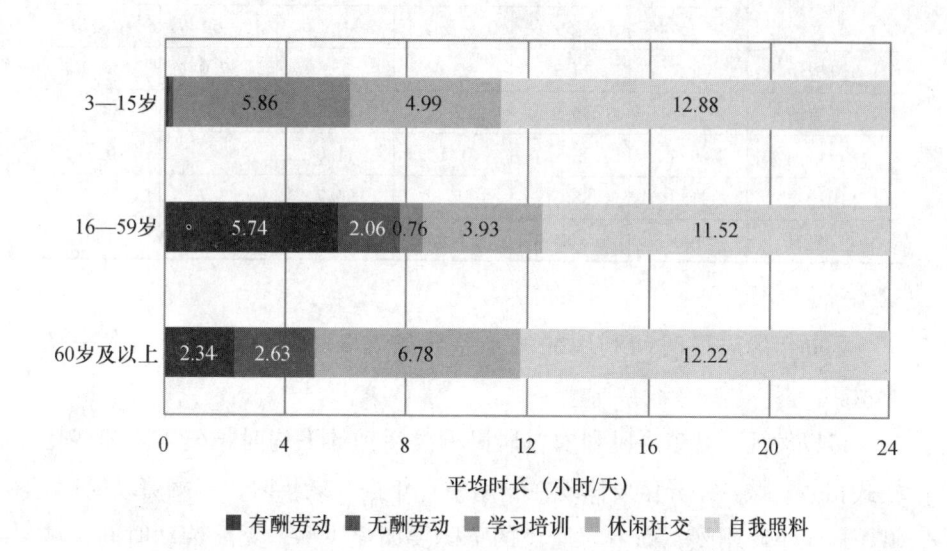

图 2—4　不同年龄居民各类活动平均时长

不同年龄居民时间利用的性别差异如表2—6、表2—7、图2—5所示。

可以发现，男性和女性五类活动的平均时长随年龄的变化模式非常相似。性别差异主要体现在，从中青年进入老年时，女性的无酬劳动时间在高位上略微增加，而男性的无酬劳动时间在低位上明显增加。

表2—6　　　不同年龄居民各类活动平均时长的性别差异　　单位：小时/天

活动类别	男性			女性		
	3—15岁	16—59岁	60岁及以上	3—15岁	16—59岁	60岁及以上
有酬劳动	0.12	6.77	2.90	0.12	4.70	1.81
无酬劳动	0.13	0.93	1.75	0.16	3.20	3.46
学习培训	5.87	0.78	0.02	5.86	0.73	0.03
休闲社交	5.09	4.15	7.14	4.88	3.70	6.44
自我照料	12.80	11.38	12.17	12.98	11.66	12.26

表2—7　　　不同年龄居民各类活动参与率的性别差异　　单位：%

活动类别	男性			女性		
	3—15岁	16—59岁	60岁及以上	3—15岁	16—59岁	60岁及以上
有酬劳动	4.6	74.3	42.0	3.9	57.0	30.9
无酬劳动	7.0	36.9	57.3	10.8	75.7	83.2
学习培训	69.9	8.5	1.1	71.0	8.2	0.7
休闲社交	91.3	88.3	95.3	90.7	83.7	93.1
自我照料	100	100	100	100	100	100

不同年龄居民时间利用的城乡差异如表2—8、表2—9、图2—6所示。

可以发现，城镇居民和农村居民五类活动的平均时长随年龄的变化模式相似。城乡差异主要体现在，从中青年进入老年时，有酬劳动时间，城镇居民下降剧烈，而乡村居民的下降要明显少些；无酬劳动时间，城镇居民明显增加，而乡村居民仅略微增加；休闲社交时间，城镇居民大幅增加，而乡村居民的增幅明显低些。

第二章 时间利用概况

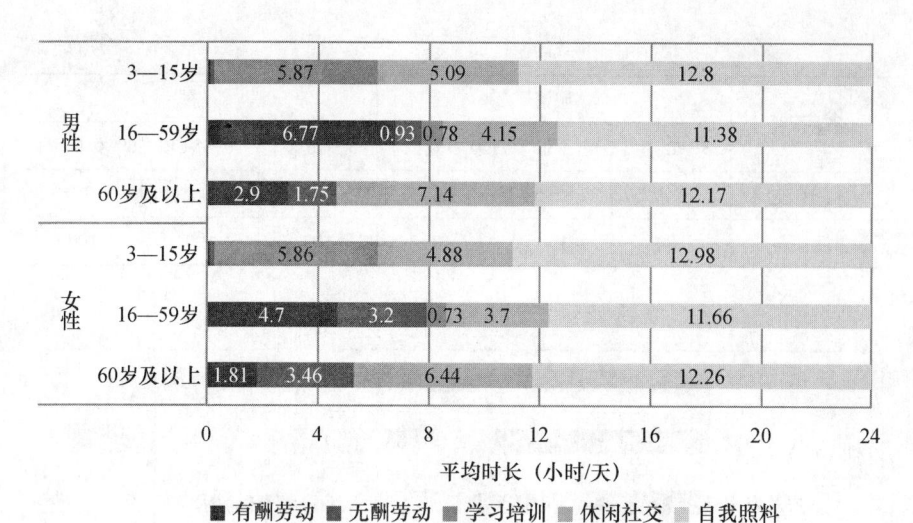

	年龄	有酬劳动	无酬劳动	学习培训	休闲社交	自我照料
男性	3—15岁			5.87	5.09	12.8
男性	16—59岁	6.77	0.93	0.78	4.15	11.38
男性	60岁及以上	2.9	1.75		7.14	12.17
女性	3—15岁			5.86	4.88	12.98
女性	16—59岁	4.7	3.2	0.73	3.7	11.66
女性	60岁及以上	1.81	3.46		6.44	12.26

图 2—5　不同年龄居民各类活动平均时长的性别差异

表 2—8　　不同年龄居民各类活动平均时长的城乡差异　　单位：小时/天

活动类别	城镇			乡村		
	3—15 岁	16—59 岁	60 岁及以上	3—15 岁	16—59 岁	60 岁及以上
有酬劳动	0.09	5.83	1.58	0.16	5.59	3.32
无酬劳动	0.13	1.95	2.82	0.16	2.23	2.38
学习培训	6.24	0.77	0.04	5.35	0.73	0.01
休闲社交	4.64	4.00	7.44	5.46	3.82	5.95
自我照料	12.89	11.44	12.12	12.86	11.63	12.34

表 2—9　　不同年龄居民各类活动参与率的城乡差异　　单位：%

活动类别	城镇			乡村		
	3—15 岁	16—59 岁	60 岁及以上	3—15 岁	16—59 岁	60 岁及以上
有酬劳动	3.2	64.9	22.0	5.7	66.9	54.6
无酬劳动	7.4	55.8	72.9	10.4	56.8	67.7
学习培训	74.7	8.6	1.1	64.6	7.9	0.6

续表

活动类别	城镇			乡村		
	3—15岁	16—59岁	60岁及以上	3—15岁	16—59岁	60岁及以上
休闲社交	89.7	87.0	95.5	92.7	84.5	92.4
自我照料	100	100	100	100	100	100

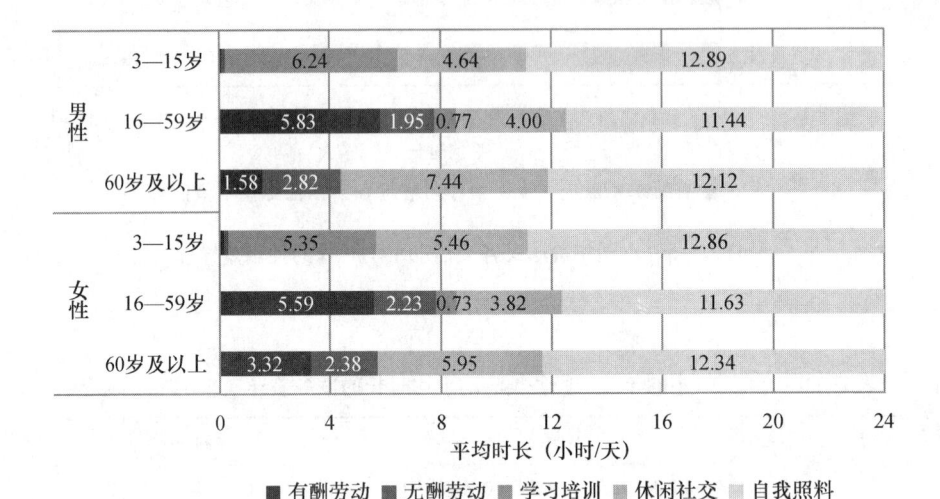

	年龄段	有酬劳动	无酬劳动	学习培训	休闲社交	自我照料
男性	3—15岁			6.24	4.64	12.89
	16—59岁	5.83	1.95	0.77	4.00	11.44
	60岁及以上	1.58	2.82		7.44	12.12
女性	3—15岁			5.35	5.46	12.86
	16—59岁	5.59	2.23	0.73	3.82	11.63
	60岁及以上	3.32	2.38		5.95	12.34

图 2—6　不同年龄居民各类活动平均时长的城乡差异

三　不同受教育程度居民的时间利用

本小节分析 2017 年中国不同受教育程度居民的时间利用情况，以及不同受教育程度居民时间利用的性别、城乡差异。由于仅对 16 岁及以上的样本有受教育程度信息，本小节分析的是 16 岁及以上的居民。

根据受教育程度，把居民分为小学及以下、初中、高中中专职高、大专及以上四个学历段。在总样本中，这四个学历段居民的占比分别为 31%、31%、20%、18%。

不同受教育程度居民的时间利用情况如表 2—10、图 2—7 所示。

可以发现，五类活动的平均时长随居民受教育程度不同而变化，这种变化呈现一定的规律。随着居民学历得到提高，有酬劳动时间的变化不规律，无酬劳动时间下降，学习培训时间先升后降（这主要反映了各人群中学生占比的差异),休闲社交时间下降,自我照料时间先降后升。

表2—10　　不同受教育程度居民的时间利用情况(16岁及以上人口)

活动类别	平均时长(小时/天)				参与率(%)				参与者平均时长(小时/天)			
	小学及以下	初中	高中中专职高	大专及以上	小学及以下	初中	高中中专职高	大专及以上	小学及以下	初中	高中中专职高	大专及以上
有酬劳动	4.43	5.56	4.55	5.46	57.6	63.0	52.7	62.8	7.68	8.82	8.63	8.70
无酬劳动	2.61	2.27	1.97	1.57	68.1	60.3	53.2	50.1	3.83	3.76	3.71	3.14
学习培训	0.04	0.23	1.55	1.09	0.7	2.8	14.8	14.4	4.96	8.17	10.47	7.60
休闲社交	5.05	4.44	4.39	4.12	88.0	87.7	86.8	88.9	5.74	5.07	5.05	4.63
自我照料	11.88	11.50	11.54	11.76	100	100	100	100	11.88	11.50	11.54	11.76

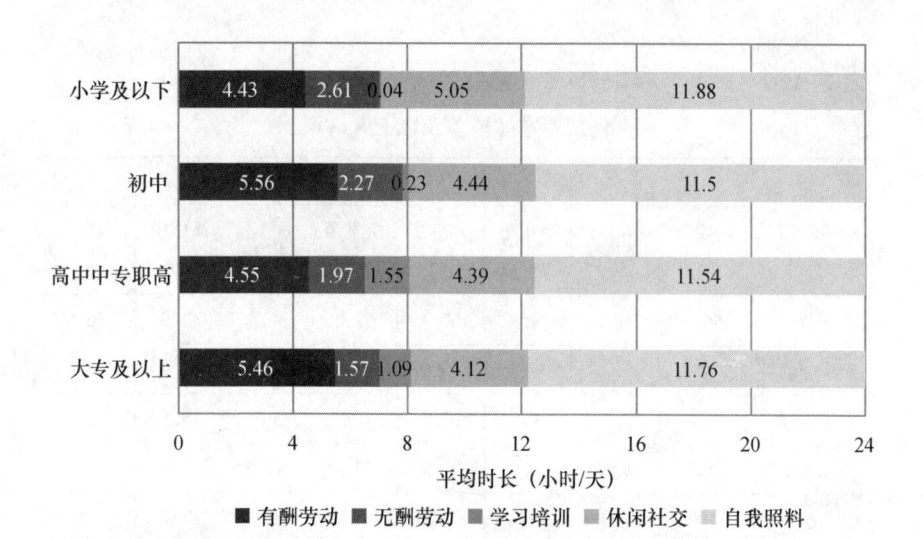

图2—7　不同受教育程度居民各类活动平均时长

不同受教育程度居民时间利用的性别差异如表2—11、表2—12、图2—8所示。

可以发现,男性和女性五类活动的平均时长随受教育程度的变化相似。但值得注意的是,随着受教育程度的提高,男性和女性无酬劳动时间的性别差异明显缩小。

表2—11　　不同受教育程度居民各类活动平均时长的
性别差异(16岁及以上人口)　　单位:小时/天

活动类别	男性				女性			
	小学及以下	初中	高中中专职高	大专及以上	小学及以下	初中	高中中专职高	大专及以上
有酬劳动	5.59	6.47	5.46	5.97	3.67	4.47	3.45	4.85
无酬劳动	1.23	1.13	1.04	0.98	3.51	3.62	3.09	2.28
学习培训	0.04	0.23	1.45	1.06	0.03	0.24	1.68	1.14
休闲社交	5.31	4.72	4.65	4.45	4.88	4.11	4.07	3.72
自我照料	11.83	11.44	11.40	11.54	11.91	11.57	11.71	12.02

表2—12　　不同受教育程度居民各类活动参与率的
性别差异(16岁及以上人口)　　单位:%

活动类别	男性				女性			
	小学及以下	初中	高中中专职高	大专及以上	小学及以下	初中	高中中专职高	大专及以上
有酬劳动	66.3	71.1	62.3	67.9	52.0	53.4	41.0	56.6
无酬劳动	44.4	41.4	38.4	40.6	83.5	82.9	70.9	61.6
学习培训	0.9	2.5	14.0	13.7	0.6	3.2	15.8	15.2
休闲社交	88.2	90.0	90.1	91.0	87.8	85.0	82.9	86.3
自我照料	100	100	100	100	100	100	100	100

第二章 时间利用概况

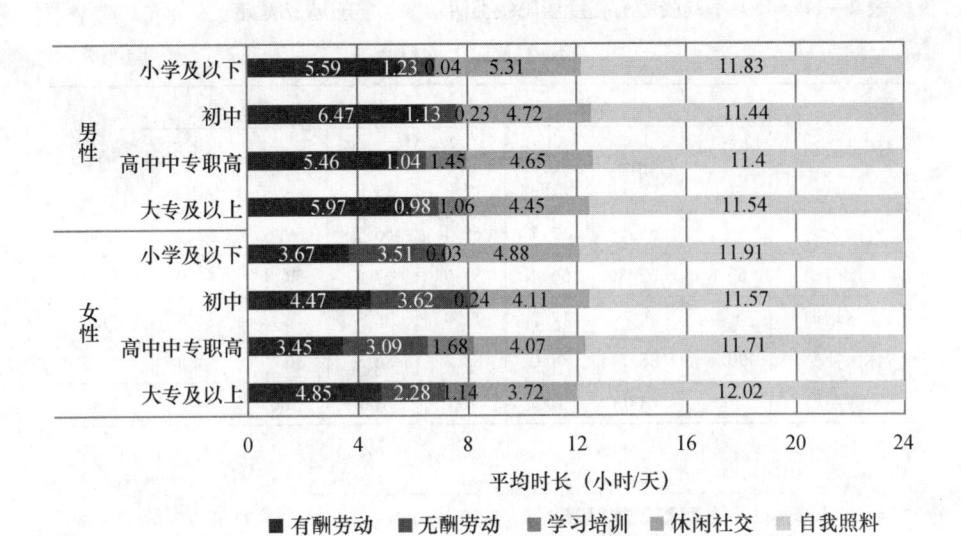

图 2—8 不同受教育程度居民各类活动平均时长的性别差异

性别	受教育程度	有酬劳动	无酬劳动	学习培训	休闲社交	自我照料
男性	小学及以下	5.59	1.23	0.04	5.31	11.83
男性	初中	6.47	1.13	0.23	4.72	11.44
男性	高中中专职高	5.46	1.04	1.45	4.65	11.4
男性	大专及以上	5.97	0.98	1.06	4.45	11.54
女性	小学及以下	3.67	3.51	0.03	4.88	11.91
女性	初中	4.47	3.62	0.24	4.11	11.57
女性	高中中专职高	3.45	3.09	1.68	4.07	11.71
女性	大专及以上	4.85	2.28	1.14	3.72	12.02

不同受教育程度居民时间利用的城乡差异如表 2—13、表 2—14、图 2—9 所示。

可以发现，城镇居民和乡村居民五类活动的平均时长随受教育程度的变化相似。但值得注意的是，随着受教育程度的提高，城镇居民和乡村居民休闲社交的性别差异明显缩小。

表 2—13 不同受教育程度居民各类活动平均时长的城乡差异（16 岁及以上人口） 单位：小时/天

活动类别	城镇				乡村			
	小学及以下	初中	高中中专职高	大专及以上	小学及以下	初中	高中中专职高	大专及以上
有酬劳动	3.57	5.35	4.66	5.68	4.90	5.83	4.25	4.06
无酬劳动	2.77	2.27	2.04	1.61	2.52	2.26	1.80	1.28
学习培训	0.06	0.20	1.29	0.86	0.02	0.28	2.21	2.56
休闲社交	5.71	4.76	4.58	4.13	4.68	4.02	3.90	4.02
自我照料	11.88	11.42	11.43	11.71	11.87	11.61	11.84	12.08

表 2—14　　不同受教育程度居民各类活动参与率的城乡差异
（16 岁及以上人口）　　　　　　　　　单位：%

活动类别	城镇				乡村			
	小学及以下	初中	高中中专职高	大专及以上	小学及以下	初中	高中中专职高	大专及以上
有酬劳动	43.1	58.1	52.7	65.1	65.7	69.6	52.5	48.1
无酬劳动	69.8	62.3	56.4	51.7	67.1	57.8	44.9	39.6
学习培训	1.1	2.7	12.2	11.4	0.5	3.1	21.5	33.5
休闲社交	90.0	88.8	88.0	88.8	86.9	86.2	84.0	89.7
自我照料	100	100	100	100	100	100	100	100

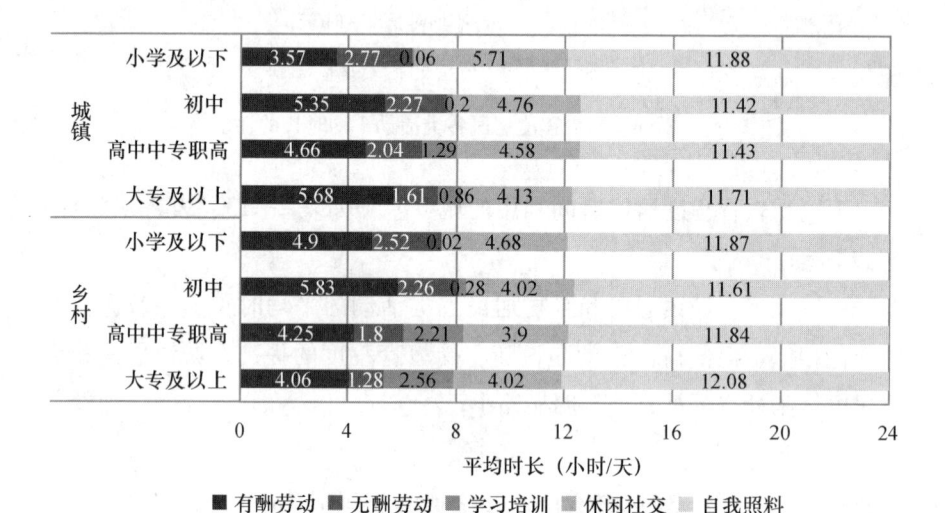

图 2—9　不同受教育程度居民各类活动平均时长的城乡差异

第二节　2008—2017 年中国居民时间利用的变化

2008—2017 年，中国的经济、社会状况发生了重大变化。经济总量翻了一番，第三产业的产出占比、就业占比明显上升，第一产业的就业占比急剧下降，城镇化率快速上升。相关的主要指标如表 2—15 所示。

表 2—15 2008—2017 年中国主要经济、社会发展指标

指标	2008 年	2017 年	2008—2017 年变化
年末总人口（亿人）	13.28	13.90	上升 4.7%
常住人口城镇化率（%）	47.0	58.5	上升 11.5 个百分点
国内生产总值（万亿元）	31.95	82.71	实际上升 102%
第一产业占比（%）	10.3	7.9	下降 2.4 个百分点
第二产业占比（%）	46.9	40.5	下降 6.4 个百分点
第三产业占比（%）	42.8	51.6	上升 8.8 个百分点
人均国内生产总值（元）	24121	59660	实际上升 93%
就业人员（亿人）	7.56	7.76	上升 2.6%
第一产业占比（%）	39.6	27.7*	下降 11.9 个百分点
第二产业占比（%）	27.2	28.8*	上升 1.6 个百分点
第三产业占比（%）	33.2	43.5*	上升 10.3 个百分点

注：*2016 年数据。

资料来源：国家统计局，http://data.stats.gov.cn/easyquery.htm? cn = C01；《中华人民共和国 2017 年国民经济和社会发展统计公报》，http://www.stats.gov.cn/tjsj/zxfb/201802/t20180228_1585631.html。

由于经济发展和社会变迁必然反映到居民的时间利用上面。本节基于中国仅有的两套大规模时间利用调查数据，比较中国居民在 2008 年、2017 年的时间利用情况。

国家统计局在 2008 年进行了中国首次大规模时间利用调查，于次年出版了资料汇编①。由于 2008 年调查的调查对象为调查户中 15—74 岁的人口，本节计算了 2017 年调查中 15—74 岁样本的时间利用情况，以求年龄段的可比性。

2008 年的调查覆盖了北京、河北、黑龙江、浙江、安徽、河南、广东、四川、云南、甘肃 10 个省份（调查省份的选择考虑了地理、经济发展程度的代表性），而 2017 年的调查覆盖了 29 个省份（除新疆、西藏以

---

① 国家统计局社会和科技统计司：《2008 年时间利用调查资料汇编》，中国统计出版社 2009 年版。2018 年 5 月，国家统计局在这 10 个省份又进行了一次时间利用调查，这次调查的数据还没有发表。

外的所有大陆其他省份）。为了判断调查地理范围的变化对调查结果的影响，表2—16和图2—10比较了2017年10个省份（与2008年调查完全相同的省份）与29个省份的各类活动平均时长。

表2—16　　2017年两个地理范围各类活动平均时长比较　　单位：小时/天

范围	活动类别	合计	男性	女性	城镇	乡村
10个省份	有酬劳动	5.26	6.22	4.31	5.23	5.30
	无酬劳动	2.17	1.04	3.28	2.12	2.22
	学习培训	0.78	0.79	0.76	0.82	0.73
	休闲社交	4.08	4.33	3.84	4.22	3.93
	自我照料	11.71	11.62	11.81	11.61	11.82
29个省份	有酬劳动	5.15	6.09	4.20	5.11	5.20
	无酬劳动	2.18	1.08	3.30	2.11	2.28
	学习培训	0.74	0.77	0.70	0.77	0.69
	休闲社交	4.34	4.58	4.09	4.50	4.12
	自我照料	11.60	11.48	11.71	11.52	11.71

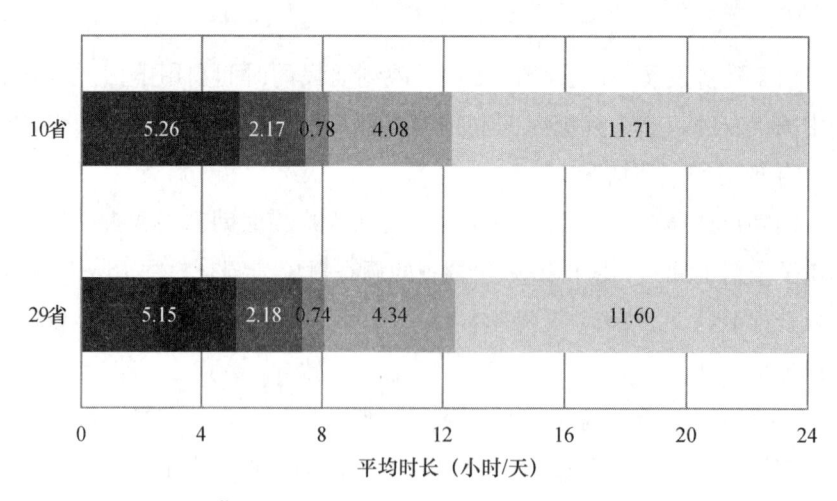

图2—10　2017年10省与29省各类活动平均时长比较

可见，2017年10省结果与29省结果有着不可忽略的差异。因此，本章用 2017 年 10 省份数据与 2008 年比较，以排除调查范围变化的影响。

一　概述

2008—2017 年，中国居民的时间利用情况的变化如表 2—17、图 2—11、图 2—12、图 2—13 所示。

表 2—17　　　　2008/2017 年各类活动平均时长比较　　　单位：小时/天

年份	活动类别	合计	男性	女性	城镇	乡村
2008	有酬劳动	5.18	6.00	4.38	4.12	6.35
	无酬劳动	2.72	1.50	3.90	2.93	2.50
	学习培训	0.55	0.57	0.52	0.63	0.45
	休闲社交	3.90	4.22	3.60	4.63	3.12
	自我照料	11.63	11.70	11.58	11.68	11.57
2017	有酬劳动	5.26	6.22	4.31	5.23	5.30
	无酬劳动	2.17	1.04	3.28	2.12	2.22
	学习培训	0.78	0.79	0.76	0.82	0.73
	休闲社交	4.08	4.33	3.84	4.22	3.93
	自我照料	11.71	11.62	11.81	11.61	11.82

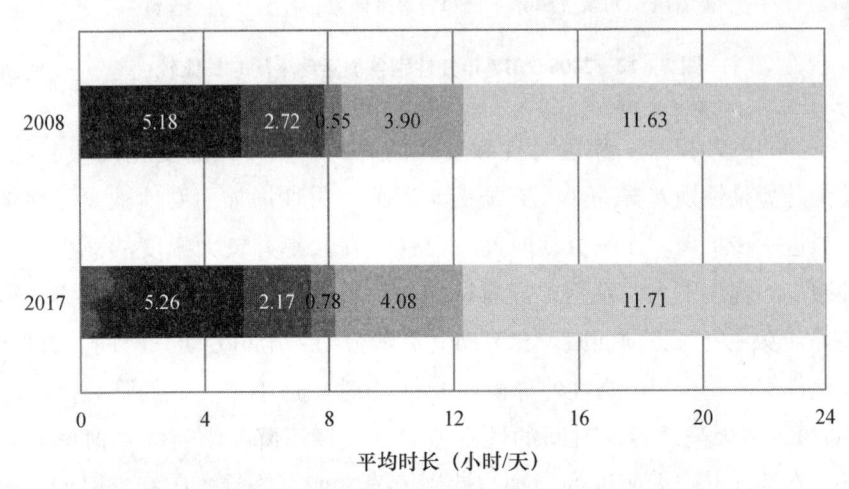

图 2—11　2008/2017 年各类活动平均时长比较

2008—2017年，中国成年人的时间利用模式发生了较大变化。有酬劳动时间略有增加。无酬劳动时间每天减少了0.55小时；这可能与部分家务外包、节省时间的家用电器的普及、网络购物的兴起有关。总劳动（有酬劳动+无酬劳动）时间每天减少了0.47小时。学习培训时间每天增加了0.23小时。休闲社交时间每天增加了0.18小时；这与居民收入提高后，更追求生活品质有关。另外自我照料时间略有增加。

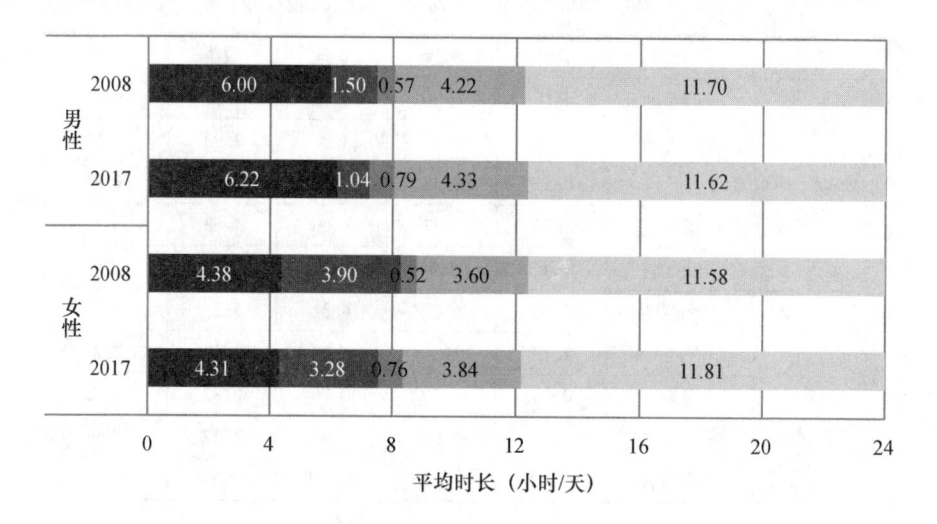

性别	年份	有酬劳动	无酬劳动	学习培训	休闲社交	自我照料
男性	2008	6.00	1.50	0.57	4.22	11.70
男性	2017	6.22	1.04	0.79	4.33	11.62
女性	2008	4.38	3.90	0.52	3.60	11.58
女性	2017	4.31	3.28	0.76	3.84	11.81

图2—12　2008/2017年分性别各类活动平均时长比较

2008—2017年，中国男性和女性的时间利用模式的变化同中有异，总的趋势是性别差异缩小。有酬劳动时间，男性增加而女性减少，性别差异进一步扩大。无酬劳动时间，男性、女性都有较大幅度的减少；女性减少的幅度更大，性别差异有所缩小。家庭内部劳动分工向传统"男主外，女主内"方向回归。总劳动（有酬劳动+无酬劳动）时间，男性、女性都有所减少，但男性的降幅（0.24小时）远小于女性的降幅（0.69小时），结果是总劳动时间的性别差异大幅度下降。学习培训时间，男性、女性都有较大幅度的增加，性别差异有所下降。休闲社交时间，男性、女性都有增加；女性增加的幅度更大，缩小了性别差异。自我照料时间，男性减少而女性增加；结果，自我照料时间由男多女少变为女多男少。

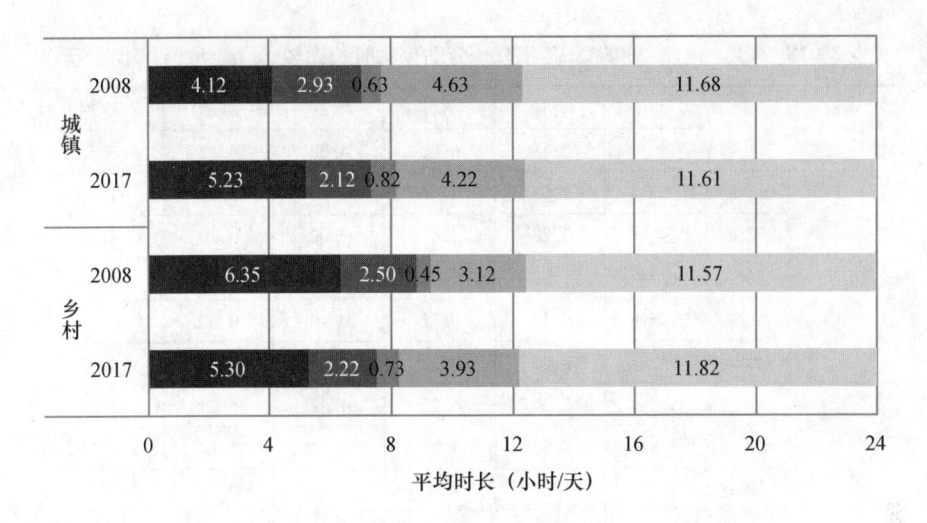

		有酬劳动	无酬劳动	学习培训	休闲社交	自我照料

(条形图数据)
城镇 2008: 4.12 / 2.93 / 0.63 / 4.63 / 11.68
城镇 2017: 5.23 / 2.12 / 0.82 / 4.22 / 11.61
乡村 2008: 6.35 / 2.50 / 0.45 / 3.12 / 11.57
乡村 2017: 5.30 / 2.22 / 0.73 / 3.93 / 11.82

横轴：平均时长（小时/天），刻度 0、4、8、12、16、20、24

图 2—13　2008/2017 年分城乡各类活动平均时长比较

可以发现，2008—2017 年，中国城镇和乡村的时间利用模式有着不同的变化，总的趋势是城乡差异大幅缩小。有酬劳动时间，城镇居民大幅增加，但乡村居民大幅减少；原本存在的巨大城乡差异几乎完全消失；这反映了城市工作更加繁忙，而农业机械化水平提高减少了农业劳动时间投入。无酬劳动时间，城乡居民均有较大幅度的减少；但城镇居民减少幅度更大，使得无酬劳动时间由城镇高乡村低变为城镇低乡村高。总劳动（有酬劳动+无酬劳动）时间的城乡差异大幅下降。学习培训时间，城乡居民都有较大幅度的增加，城乡差异有所下降。休闲社交时间，城镇居民明显减少，但乡村居民明显增加；原本存在的巨大城乡差异大幅下降。自我照料时间，城镇居民减少而乡村居民增加；结果，自我照料时间由城镇高乡村低变为城镇低乡村高。

下文分别介绍各类活动下属的小类活动的变化。

二　有酬劳动

2008 年、2017 年，中国居民的有酬劳动方面的时间利用情况如表 2—18、图 2—14 所示。

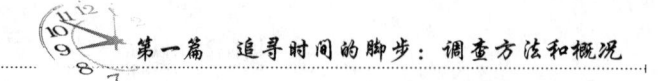

表 2—18　　　　　2008/2017 年有酬劳动平均时长比较　　　　单位：小时/天

年份	活动类别	合计	男性	女性	城镇	乡村
2008	有酬劳动	5.18	6.00	4.38	4.12	6.35
	工作	2.95	3.55	2.37	3.92	1.87
	家庭生产经营	2.23	2.45	2.02	0.20	4.48
	#家庭第一产业	1.82	1.92	1.73	0.02	3.83
	#家庭第二产业	0.17	0.22	0.10	0.02	0.32
	#家庭第三产业	0.25	0.32	0.18	0.17	0.33
2017	有酬劳动	5.26	6.22	4.31	5.23	5.30
	工作	4.03	4.84	3.23	4.84	3.14
	家庭生产经营	1.23	1.39	1.08	0.39	2.16
	#家庭第一产业	1.07	1.21	0.93	0.24	1.99
	#家庭第二产业	0.02	0.03	0.02	0.02	0.02
	#家庭第三产业	0.14	0.15	0.13	0.13	0.15

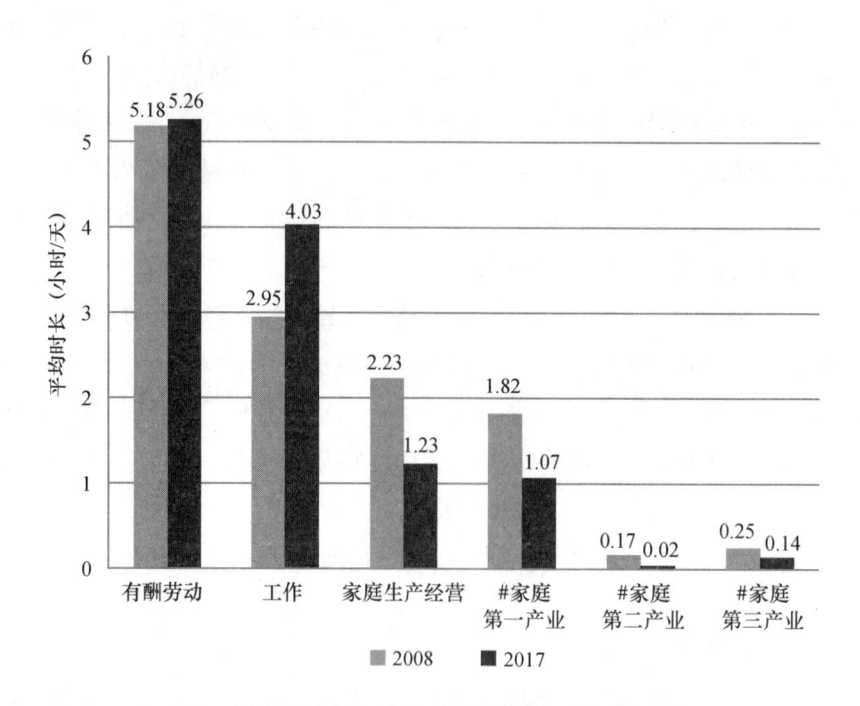

图 2—14　2008/2017 年各类有酬劳动平均时长比较

可以发现，2008—2017年，有酬劳动时间仅略有增加，变化不大，但各类有酬劳动的时间利用模式有着截然相反的变化。工作时间每天大幅上升1.08小时。其原因是：（1）城乡的工作时间都在上升；（2）城镇的工作时间远高于乡村，而城镇化水平的快速提高（从47.0%上升到58.5%）使得城镇权重上升。家庭生产经营时间每天大幅下降1.00小时，而且家庭第一、第二、第三产业时间都有大幅下降。其原因可能是：（1）机械化节省了农业劳动时间；（2）2008年的调查在5月进行，正是农忙时节；而2017年的调查在7—8月进行，农忙程度下降；（3）乡村的家庭生产经营时间远高于城镇，而城镇化的快速推进使得乡村权重下降。

2008—2017年，男性和女性的工作时间均有明显上升，家庭生产经营时间均有明显下降。家庭第一产业时间占总有酬劳动时间的比例，男性从0.32下降到0.19，而女性从0.39下降到0.22。考虑到农业（第一产业）劳动报酬比非农劳动报酬低，男性和女性的有酬劳动质量都有明显提高，而女性提高得更多。

2008年，乡村居民农业劳动时间比工资劳动（工作）时间高出1倍，而2017年两者关系反转，工资劳动时间比农业劳动时间高出1个小时以上。可见，乡村居民的有酬劳动质量有了显著提高。

三 无酬劳动

2008年、2017年，中国居民的无酬劳动方面的时间利用情况如表2—19、图2—15所示。

表2—19　　　　2008/2017年无酬劳动平均时长比较　　　单位：小时/天

年份	活动类别	合计	男性	女性	城镇	乡村
2008	无酬劳动	2.72	1.50	3.90	2.93	2.50
	#做家务	1.85	0.90	2.77	1.88	1.83
	#照顾家人和对外提供帮助	0.53	0.35	0.72	0.58	0.50
	#照顾未成年家人	0.35	0.18	0.52	0.33	0.37
	#购买商品与服务	0.33	0.25	0.42	0.47	0.17

续表

年份	活动类别	合计	男性	女性	城镇	乡村
2017	无酬劳动	2.17	1.04	3.28	2.12	2.22
	#做家务	1.29	0.57	2.00	1.20	1.39
	#照顾家人和对外提供帮助	0.74	0.36	1.12	0.76	0.72
	#照顾未成年家人	0.65	0.28	1.03	0.65	0.65
	#购买商品与服务	0.14	0.11	0.17	0.16	0.11

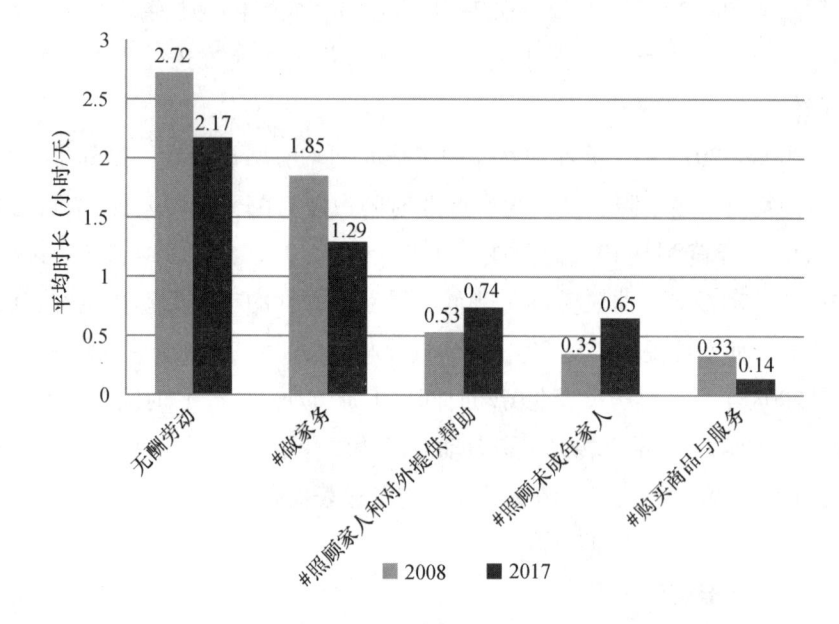

图2—15 2008/2017年各类无酬劳动平均时长比较

可以发现，2008/2017年，无酬劳动时间有明显下降，但各类无酬劳动的时间利用模式有着不同的变化。做家务时间每天下降0.56小时。这反映了市场服务业的发展，部分家务外包和节省时间的家用电器的普及。照顾未成年家人时间每天上升0.30小时，升幅接近1倍。可能的原因是：（1）生活水平提高后对小孩的养育更加重视；（2）由于开放二胎，家庭儿童数量增加。购物时间每天下降0.19小时，降幅超过50%，这可能与网络购物的兴起有关。

2008—2017年，男性和女性、城镇居民和乡村居民，分项的无酬劳动时间的变化模式完全相同。

四 学习培训

2008 年、2017 年，中国居民学习培训方面的时间利用情况如表 2—20、图 2—16 所示。

表 2—20　　　　　2008/2017 年学习培训平均时长比较　　　单位：小时/天

年份	活动类别	合计	男性	女性	城镇	乡村
2008	学习培训	0.55	0.57	0.52	0.63	0.45
	#受教育	0.53	0.55	0.48	0.58	0.45
	#培训	0.02	0.02	0.03	0.05	0
2017	学习培训	0.78	0.79	0.76	0.82	0.73
	#受教育	0.73	0.75	0.72	0.77	0.70
	#培训	0.04	0.04	0.04	0.05	0.03

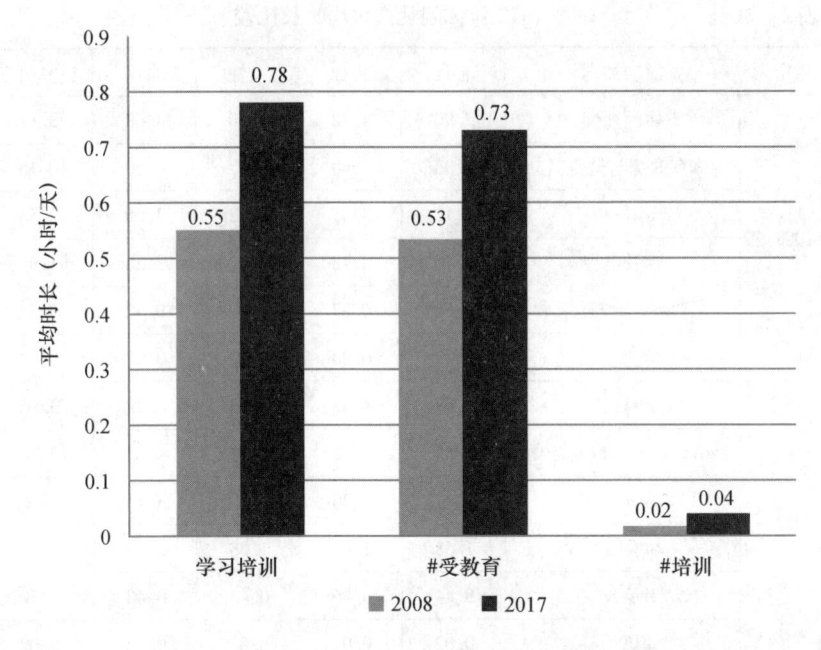

图 2—16　2008/2017 年各类学习培训平均时长比较

可以发现，2008—2017 年，学习培训时间有明显上升，两类学习培训的时间利用模式有着相同的变化。受教育时间每天上升 0.20 小时。可能的原因是：（1）高中、大学、研究生入学率的提高；（2）升学竞争压力使得学生增加了学习时间。培训时间上升 1 倍，尽管绝对时长依然很低。

2008—2017 年，无论男性还是女性，城镇居民还是乡村居民，受教育时间和培训时间都有增加。其中，女性和乡村居民增加的幅度更大，使得受教育时间和培训时间的性别差异和城乡差异均有明显下降。

五 休闲社交

2008 年、2017 年，中国居民休闲社交方面的时间利用情况如表 2—21、图 2—17 所示。

表 2—21　　　　2008/2017 年休闲社交平均时长比较　　　　单位：小时/天

年份	活动类别	合计	男性	女性	城镇	乡村
2008	休闲社交	3.90	4.22	3.60	4.63	3.12
	#体育锻炼与健身活动	0.38	0.40	0.37	0.60	0.15
	#娱乐休闲	3.12	3.45	2.82	3.65	2.53
	##看电视	2.10	2.18	2.02	2.22	1.95
	#社会交往	0.38	0.37	0.40	0.37	0.42
	#宗教活动	0.02	0.00	0.02	0.02	0.02
2017	休闲社交	4.08	4.33	3.84	4.22	3.93
	#体育锻炼与健身活动	0.51	0.55	0.47	0.65	0.36
	#娱乐休闲	3.11	3.30	2.92	3.15	3.05
	##看电视	1.58	1.63	1.53	1.49	1.68
	#社会交往	0.44	0.46	0.43	0.40	0.50
	#宗教活动	0.02	0.02	0.02	0.02	0.02

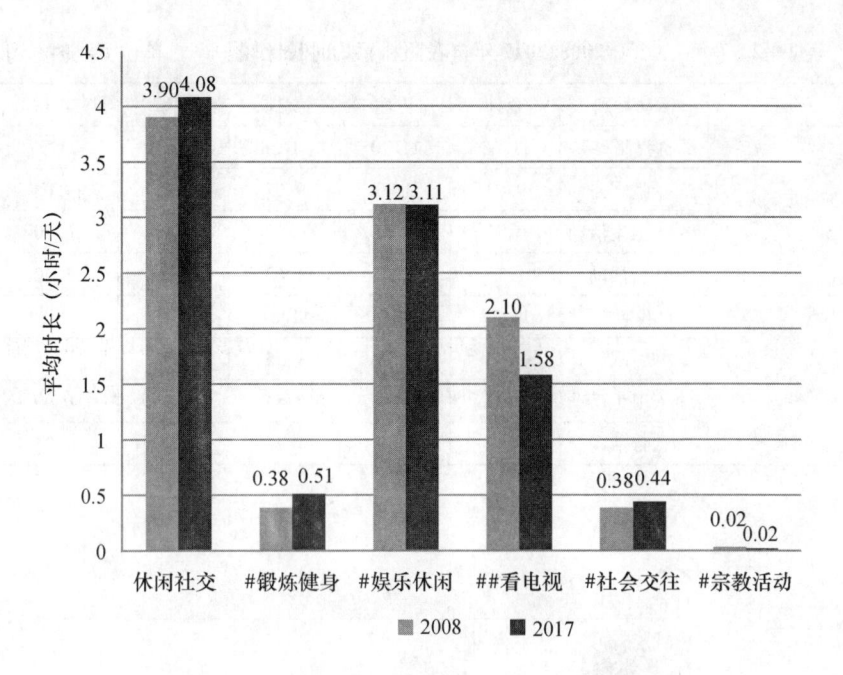

图 2—17　2008/2017 年各类休闲社交平均时长比较

可以发现，2008—2017 年，居民的休闲社交时间有明显上升。总体而言，高品质休闲社交时间增加，低品质休闲社交时间下降。锻炼健身时间每天上升 0.13 小时，升幅高达 1/3；这可能与人们富起来后追求生活品质，更加关心身体健康有关。看电视时间每天下降 0.52 小时，降幅高达 1/4；看电视之外的其他娱乐休闲时间每天上升 0.51 小时。毕竟现在娱乐休闲项目很多，自然看电视的时间会下降。社会交往时间略有上升。

无论是男性还是女性，城镇居民还是乡村居民，锻炼健身的时间都有增加，看电视的时间都有减少。可见，不仅人们的休闲时间有所增加，而且休闲质量有了提高。

六　自我照料

2008 年、2017 年，中国居民自我照料方面的时间利用情况如表 2—22、图 2—18 所示。

表 2—22　　　　　2008/2017 年自我照料平均时长比较　　　　单位：小时/天

年份	活动类别	合计	男性	女性	城镇	乡村
2008	自我照料	11.63	11.70	11.58	11.68	11.57
	#睡眠	9.03	9.00	9.07	8.98	9.08
	#个人卫生活动	0.77	0.77	0.77	0.83	0.70
	#饮食活动	1.75	1.83	1.67	1.80	1.70
2017	自我照料	11.71	11.62	11.81	11.61	11.82
	#睡眠	9.47	9.38	9.55	9.36	9.58
	#个人卫生活动	0.52	0.50	0.54	0.55	0.49
	#饮食活动	1.72	1.73	1.72	1.70	1.75

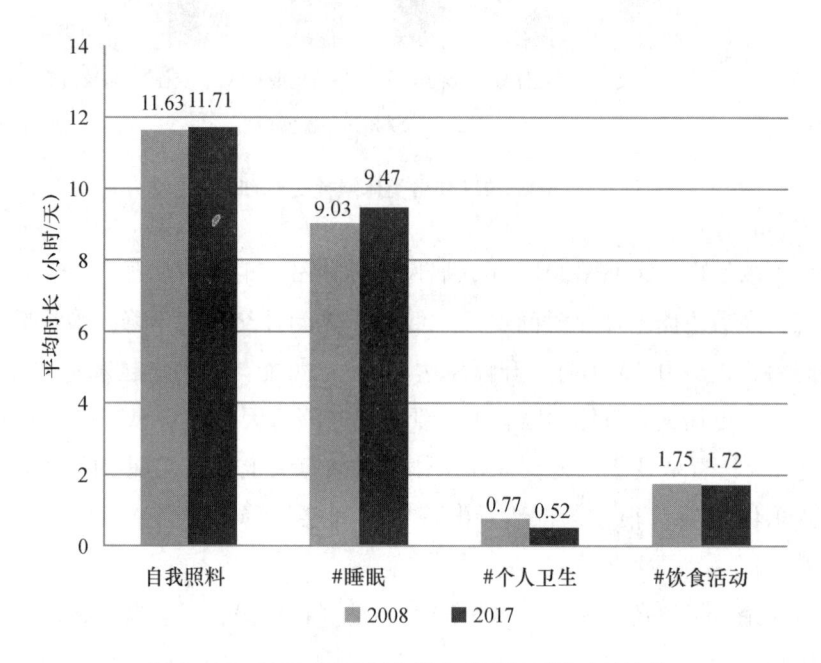

图 2—18　2008/2017 年各类自我照料平均时长比较

可以发现，2008—2017 年，人们的自我照料时间略有上升。其中，睡眠时间每天上升 0.44 小时，个人卫生时间每天下降 0.25 小时，饮食活动时间也略有下降。

男性和女性、城镇居民和乡村居民，睡眠时间都有所上升，个人卫生时间都有所下降。

第三节 中国与其他国家时间利用的比较

由于各国所处的发展阶段不同,文化背景有异,所以时间利用也会存在差异。本节基于可比的国际时间利用调查数据,比较了中国与10个主要发达国家、1个转型国家、3个发展中国家的时间利用差异。样本国家包括了所有人口超过2000万的发达国家。这些国家的时间利用数据来源于经济合作与发展组织(OECD)网站①,时间利用调查的基本信息如表2—23所示。

表2—23　　　　　各国时间利用调查基本信息

国家类型	国名	调查年份	年龄段
发达国家	美国	2016	15—64
	加拿大	2015	15—64
	澳大利亚*	2006	15+
	德国	2012/2013	15—64
	法国	2009/2010	15—64
	英国	2014/2015	15—64
	意大利	2013/2014	15—64
	西班牙	2009/2010	15—64
	日本	2016	15—64
	韩国	2009	15—64
转型国家	波兰*	2013	15+
发展中国家	中国2008*	2008	15—74
	中国2017	2017	15—64
	印度	1998/1999	15—64
	墨西哥	2014	15—64
	南非	2010	15—64

注:*本节呈现的中国2008年数据,由于数据来源和加总方法不同,与本章第二节的数据存在小差异。

---

① https://stats.oecd.org/Index.aspx?datasetcode=TIME_USE.

由于多数国家呈现的是 15—64 岁样本的时间利用数据,本节计算了中国 2017 年时间利用调查中 15—64 岁样本的时间利用数据。少数几个国家(澳大利亚、波兰、中国 2008)呈现的年龄段不同,其数据的可比性较差。为方便比较,以下的分析中也包括了 OECD 28 国的平均值。

一 有酬劳动

各国居民有酬劳动平均时长及其性别差异如图 2—19、图 2—20、图 2—21 所示。

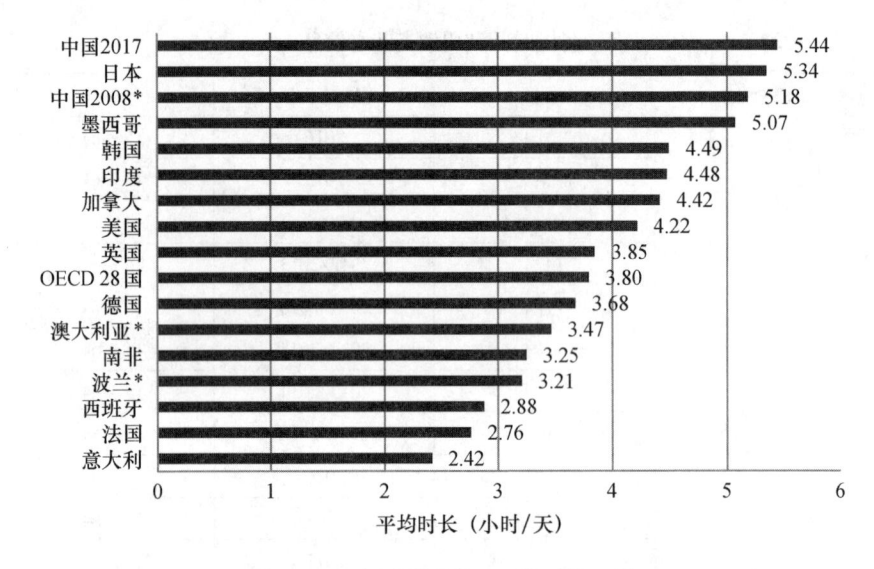

国家/地区	平均时长(小时/天)
中国2017	5.44
日本	5.34
中国2008*	5.18
墨西哥	5.07
韩国	4.49
印度	4.48
加拿大	4.42
美国	4.22
英国	3.85
OECD 28国	3.80
德国	3.68
澳大利亚*	3.47
南非	3.25
波兰*	3.21
西班牙	2.88
法国	2.76
意大利	2.42

图 2—19 各国有酬劳动平均时长比较

可以发现,在样本国家中,中国居民的有酬劳动时间在样本国家中最长,比排名最后的意大利高出 1 倍以上。和中国最接近的国家是日本、韩国这两个东亚发达国家,以及墨西哥、印度这两个发展中国家。

从不同性别的有酬劳动时间来看,中国男性仅次于墨西哥和日本,中国女性最高。

从有酬劳动时间的性别差异来看,所有的样本国家均为男性高于女性。中国排在前列,仅低于墨西哥、印度、日本、韩国、澳大利亚。

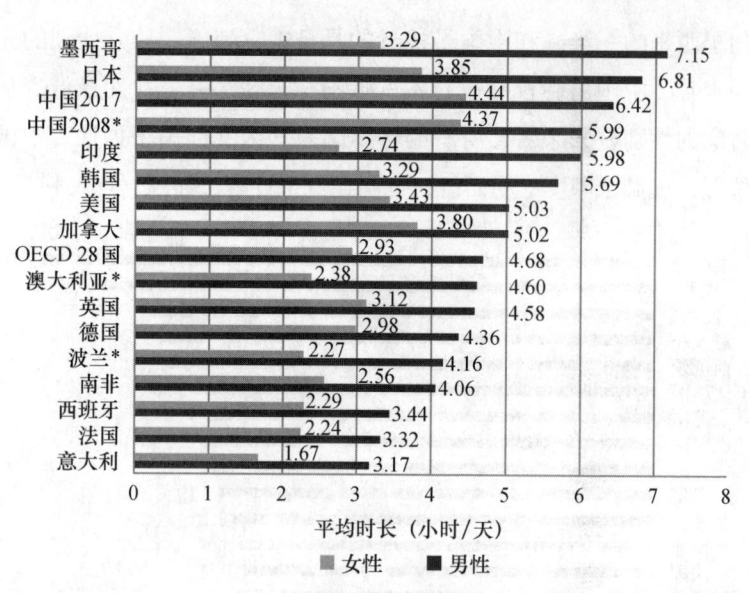

图 2—20 各国分性别的有酬劳动平均时长

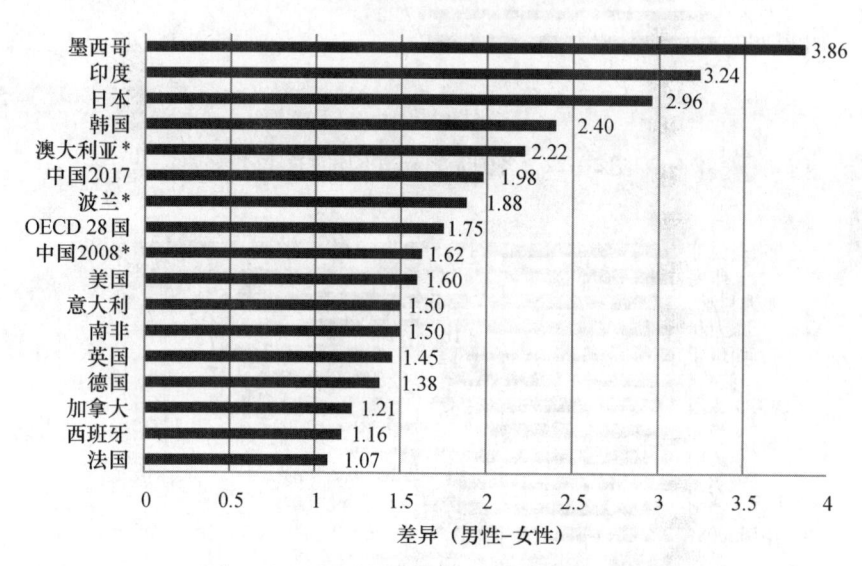

图 2—21 各国有酬劳动平均时长的性别差异

二 无酬劳动

各国居民无酬劳动平均时长及其性别差异如图 2—22、图 2—23、图 2—24 所示。

可以发现，在样本国家中，中国居民的无酬劳动时间最短，不到排名最高的墨西哥的一半。和中国最接近的是日本、韩国。从分性别的无酬劳动时间来看，中国男性仅高于日本、韩国、印度，中国女性最低。从无酬劳动时间的性别差异来看，所有的样本国家均为女性高于男性。中国排在中间位置，远低于印度、墨西哥，也明显低于日本、韩国、意大利。

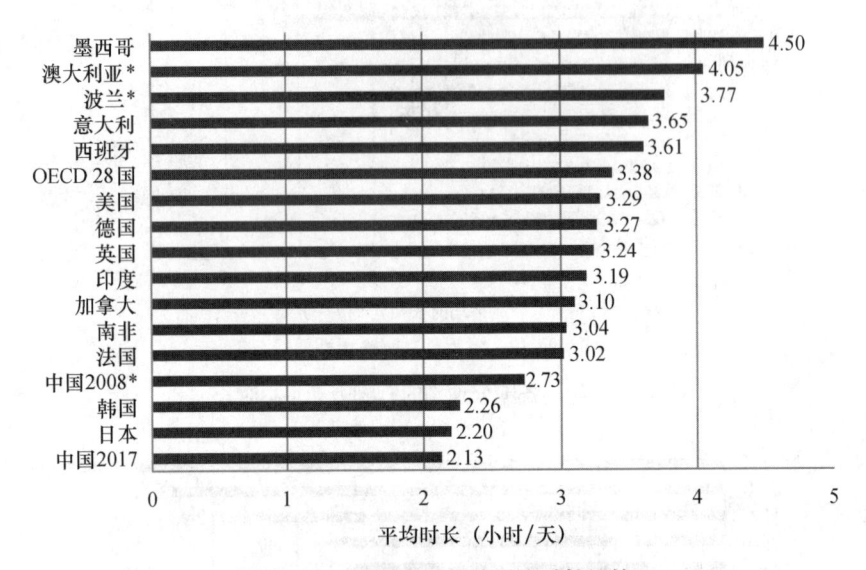

国家	平均时长（小时/天）
墨西哥	4.50
澳大利亚*	4.05
波兰*	3.77
意大利	3.65
西班牙	3.61
OECD 28国	3.38
美国	3.29
德国	3.27
英国	3.24
印度	3.19
加拿大	3.10
南非	3.04
法国	3.02
中国2008*	2.73
韩国	2.26
日本	2.20
中国2017	2.13

图2—22　各国无酬劳动平均时长比较

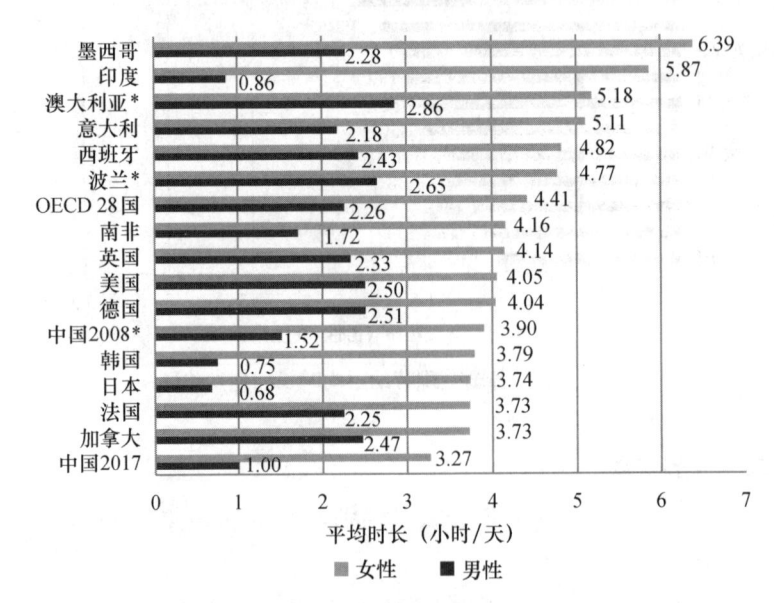

国家	女性	男性
墨西哥	6.39	2.28
印度	5.87	0.86
澳大利亚*	5.18	2.86
意大利	5.11	2.18
西班牙	4.82	2.43
波兰*	4.77	2.65
OECD 28国	4.41	2.26
南非	4.16	1.72
英国	4.14	2.33
美国	4.05	2.50
德国	4.04	2.51
中国2008*	3.90	1.52
韩国	3.79	0.75
日本	3.74	0.68
法国	3.73	2.25
加拿大	3.73	2.47
中国2017	3.27	1.00

图2—23　各国分性别的无酬劳动平均时长

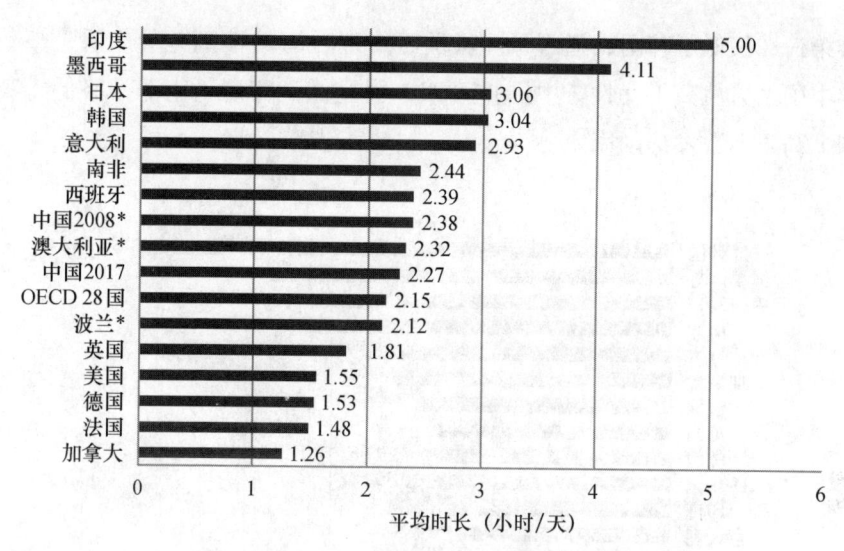

国家	平均时长（小时/天）
印度	5.00
墨西哥	4.11
日本	3.06
韩国	3.04
意大利	2.93
南非	2.44
西班牙	2.39
中国2008*	2.38
澳大利亚*	2.32
中国2017	2.27
OECD 28国	2.15
波兰*	2.12
英国	1.81
美国	1.55
德国	1.53
法国	1.48
加拿大	1.26

图 2—24 各国无酬劳动平均时长的性别差异

三 学习培训

各国居民学习培训平均时长及其性别差异如图 2—25、图 2—26、图 2—27 所示。

可以发现，在样本国家中，中国居民的学习培训时间排在第三，仅低于韩国、墨西哥。从分性别的学习培训时间来看，中国男性、女性均

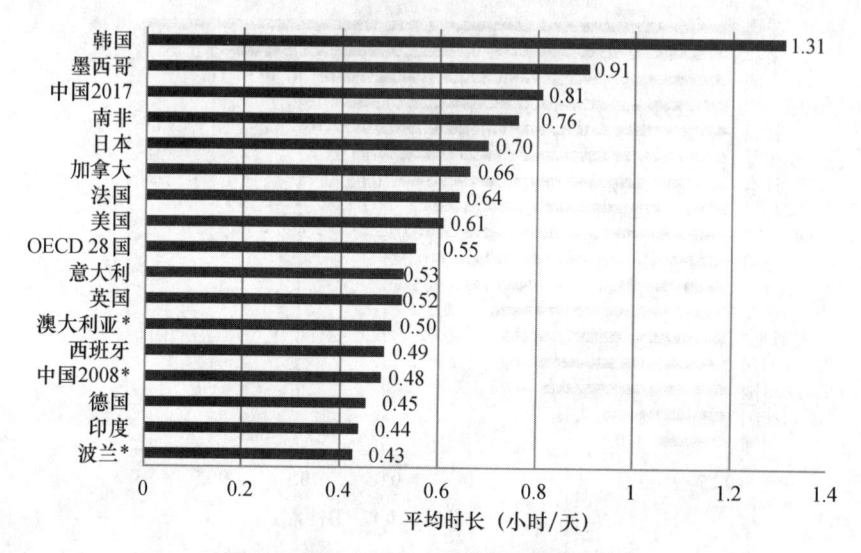

国家	平均时长（小时/天）
韩国	1.31
墨西哥	0.91
中国2017	0.81
南非	0.76
日本	0.70
加拿大	0.66
法国	0.64
美国	0.61
OECD 28国	0.55
意大利	0.53
英国	0.52
澳大利亚*	0.50
西班牙	0.49
中国2008*	0.48
德国	0.45
印度	0.44
波兰*	0.43

图 2—25 各国学习培训平均时长比较

排第三,仅低于韩国、墨西哥。从学习培训时间的性别差异来看,多数样本国家男性高于女性。中国排第四,明显低于印度、南非,略低于英国,高于多数发达国家。

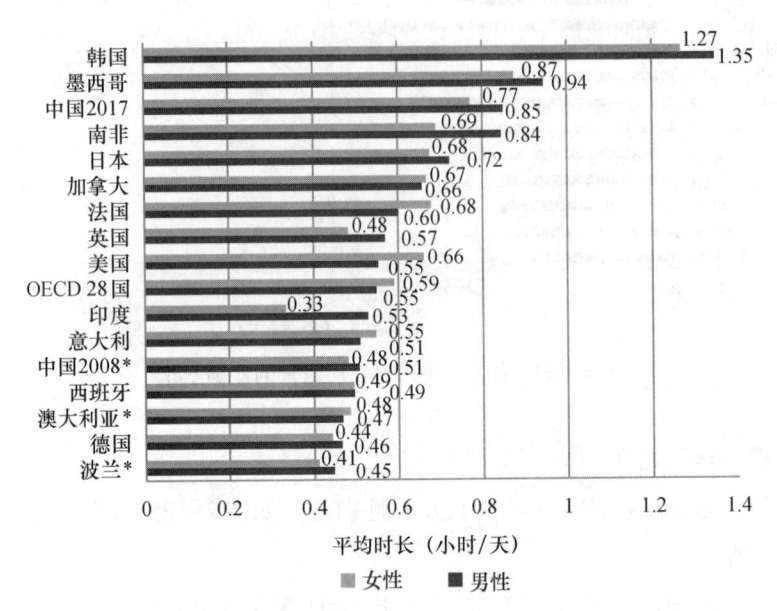

国家	女性	男性
韩国	1.27	1.35
墨西哥	0.87	0.94
中国2017	0.77	0.85
南非	0.69	0.84
日本	0.68	0.72
加拿大	0.67	0.66
法国	0.60	0.68
英国	0.48	0.57
美国	0.55	0.66
OECD 28国	0.55	0.59
印度	0.33	0.53
意大利	0.55	0.51
中国2008*	0.48	0.51
西班牙	0.49	0.49
澳大利亚*	0.48	0.47
德国	0.44	0.46
波兰*	0.41	0.45

平均时长(小时/天)

图2—26 各国分性别的学习培训平均时长

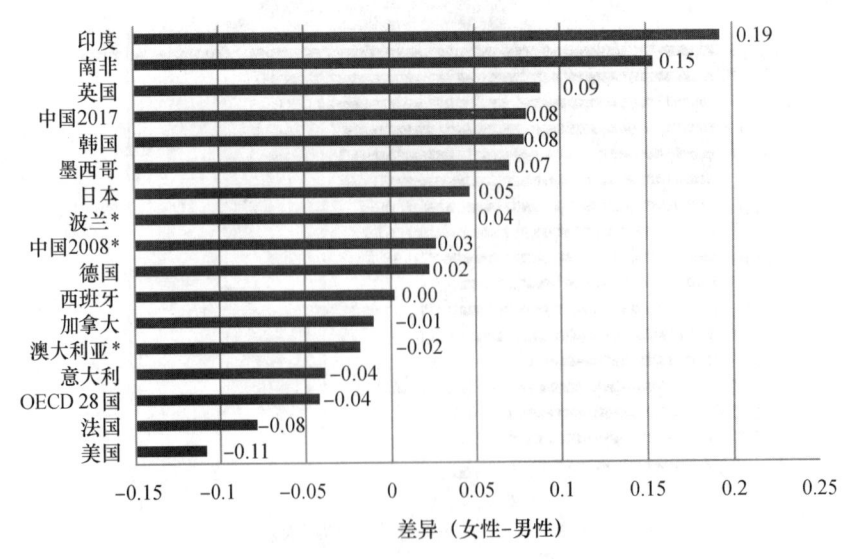

国家	差异(女性-男性)
印度	0.19
南非	0.15
英国	0.09
中国2017	0.08
韩国	0.08
墨西哥	0.07
日本	0.05
波兰*	0.04
中国2008*	0.03
德国	0.02
西班牙	0.00
加拿大	-0.01
澳大利亚*	-0.02
意大利	-0.04
OECD 28国	-0.04
法国	-0.08
美国	-0.11

差异(女性-男性)

图2—27 各国学习培训平均时长的性别差异

四 休闲社交

各国居民休闲社交平均时长及其性别差异如图2—28、图2—29、图2—30所示。

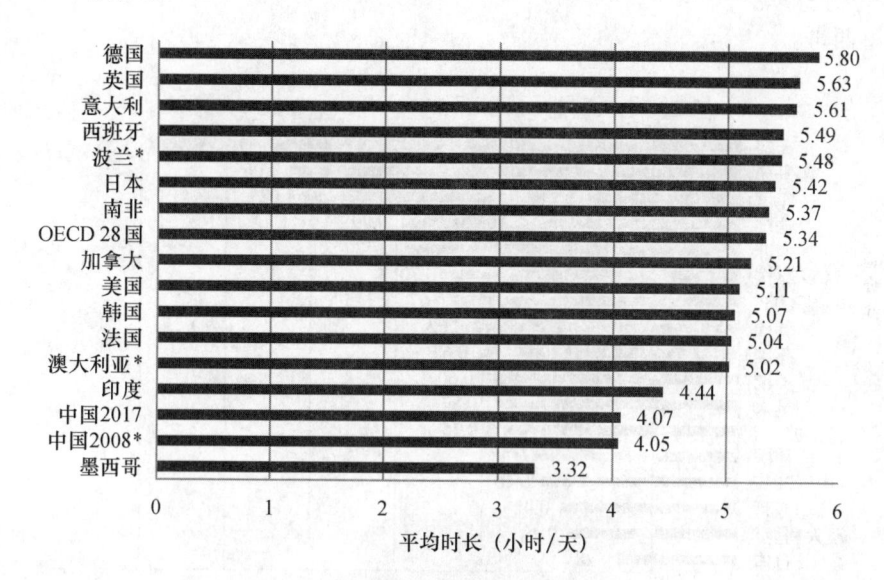

国家	平均时长（小时/天）
德国	5.80
英国	5.63
意大利	5.61
西班牙	5.49
波兰*	5.48
日本	5.42
南非	5.37
OECD 28国	5.34
加拿大	5.21
美国	5.11
韩国	5.07
法国	5.04
澳大利亚*	5.02
印度	4.44
中国2017	4.07
中国2008*	4.05
墨西哥	3.32

图2—28 各国休闲社交平均时长比较

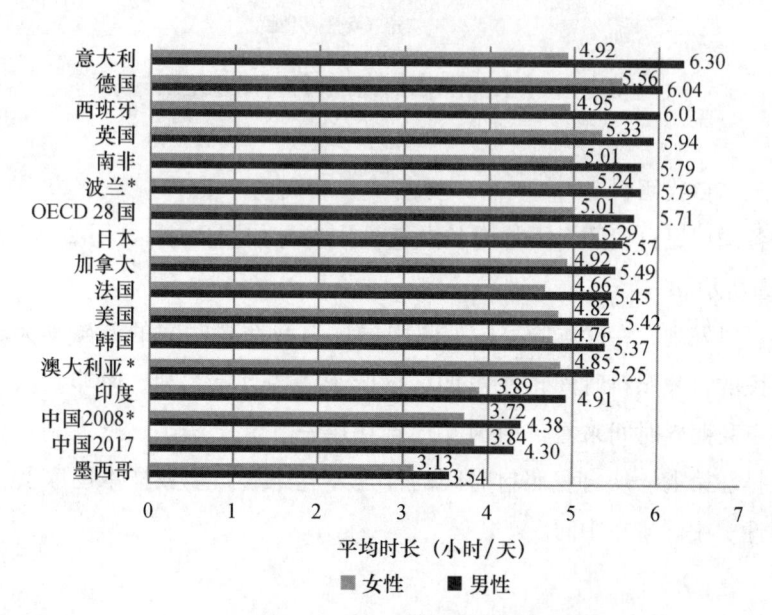

国家	女性	男性
意大利	4.92	6.30
德国	5.56	6.04
西班牙	4.95	6.01
英国	5.33	5.94
南非	5.01	5.79
波兰*	5.24	5.79
OECD 28国	5.01	5.71
日本	5.29	5.57
加拿大	4.92	5.49
法国	4.66	5.45
美国	4.82	5.42
韩国	4.76	5.37
澳大利亚*	4.85	5.25
印度	3.89	4.91
中国2008*	3.72	4.38
中国2017	3.84	4.30
墨西哥	3.13	3.54

图2—29 各国分性别的休闲社交平均时长

可以发现,在样本国家中,中国居民的休闲社交时间排在倒数第二,仅高于墨西哥。从分性别的休闲社交时间来看,中国男性、女性均排在倒数第二,仅高于墨西哥。从休闲社交时间的性别差异来看,所有样本国家均为男性高于女性。中国排在倒数第四,仅高于日本、澳大利亚、墨西哥。

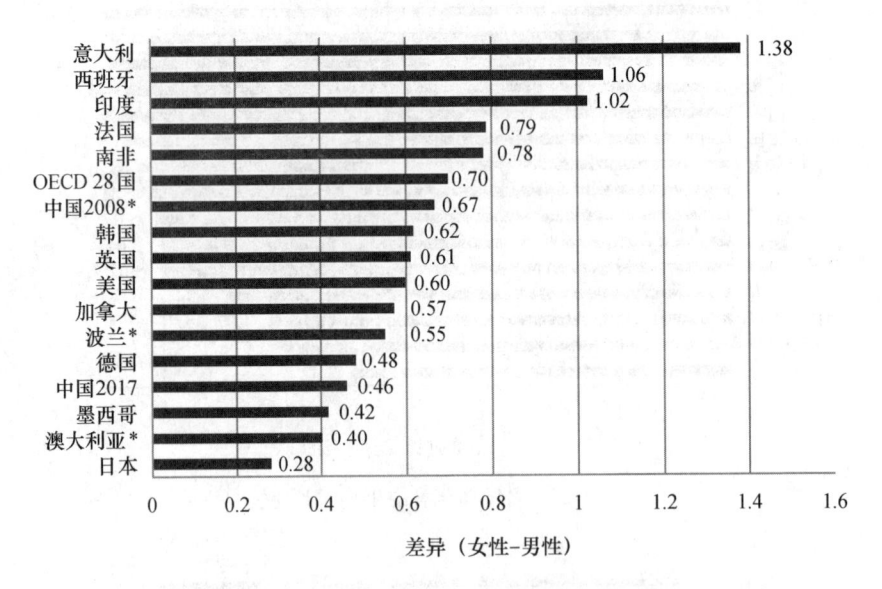

国家	差异（女性-男性）
意大利	1.38
西班牙	1.06
印度	1.02
法国	0.79
南非	0.78
OECD 28国	0.70
中国2008*	0.67
韩国	0.62
英国	0.61
美国	0.60
加拿大	0.57
波兰*	0.55
德国	0.48
中国2017	0.46
墨西哥	0.42
澳大利亚*	0.40
日本	0.28

图 2—30　各国休闲社交平均时长的性别差异

五　自我照料

各国居民自我照料平均时长及其性别差异如图 2—31、图 2—32、图 2—33 所示。

可以发现,在样本国家中,各国居民自我照料时间的差异不大。中国居民的自我照料时间排在第四,仅低于法国、意大利、南非。从分性别的自我照料时间来看,中国女性排在第三,低于法国、意大利;中国男性排在第七。从自我照料时间的性别差异来看,多数样本国家女性高于男性。中国排在中间。

第二章 时间利用概况

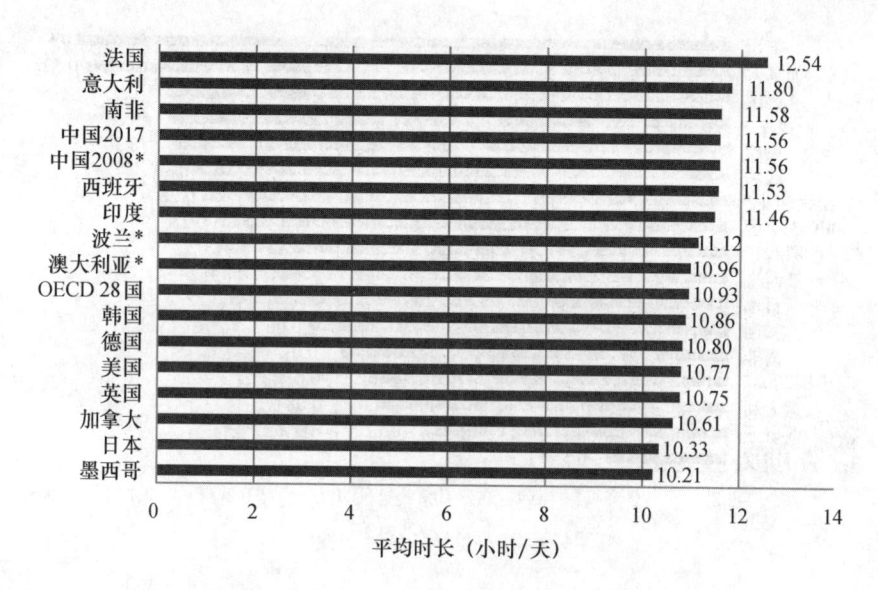

国家	平均时长（小时/天）
法国	12.54
意大利	11.80
南非	11.58
中国2017	11.56
中国2008*	11.56
西班牙	11.53
印度	11.46
波兰*	11.12
澳大利亚*	10.96
OECD 28国	10.93
韩国	10.86
德国	10.80
美国	10.77
英国	10.75
加拿大	10.61
日本	10.33
墨西哥	10.21

图2—31　各国自我照料平均时长比较

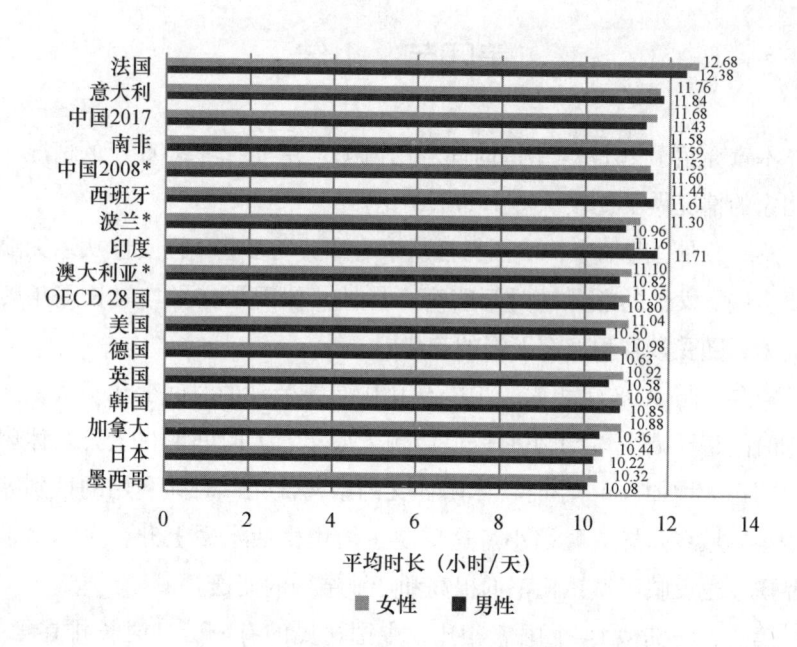

国家	女性	男性
法国	12.68	12.38
意大利	11.76	11.84
中国2017	11.68	11.43
南非	11.58	11.59
中国2008*	11.53	11.60
西班牙	11.44	11.61
波兰*	11.30	10.96
印度	11.16	11.71
澳大利亚*	11.10	10.82
OECD 28国	11.05	10.80
美国	11.04	10.50
德国	10.98	10.63
英国	10.92	10.58
韩国	10.90	10.85
加拿大	10.88	10.36
日本	10.44	10.22
墨西哥	10.32	10.08

图2—32　各国分性别的自我照料平均时长

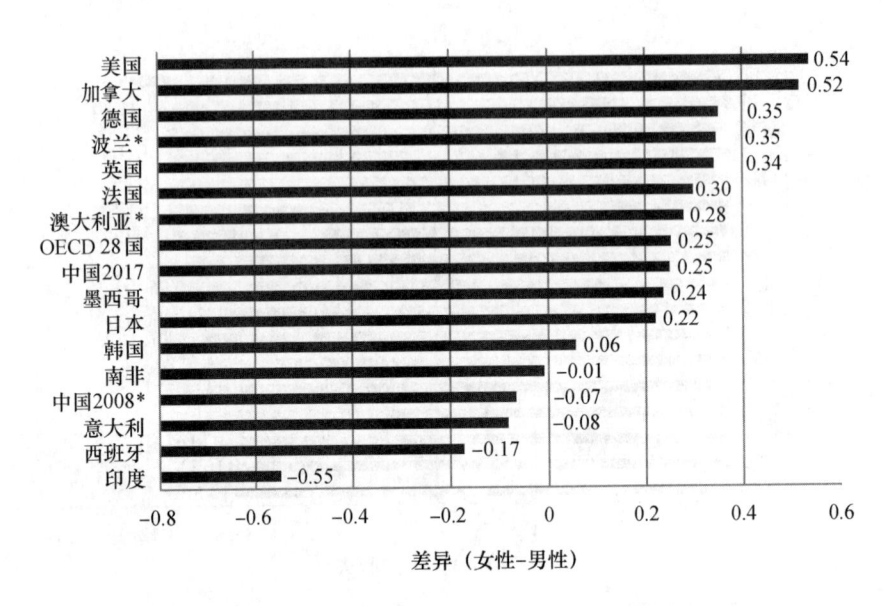

国家	差异
美国	0.54
加拿大	0.52
德国	0.35
波兰*	0.35
英国	0.34
法国	0.30
澳大利亚*	0.28
OECD 28国	0.25
中国2017	0.25
墨西哥	0.24
日本	0.22
韩国	0.06
南非	-0.01
中国2008*	-0.07
意大利	-0.08
西班牙	-0.17
印度	-0.55

差异（女性-男性）

图2—33 各国自我照料平均时长的性别差异

第四节 小结

本章介绍了2017年中国时间利用情况，并与中国2008年的情况、其他国家的情况做了比较。得出如下结论。

第一，在总劳动中，中国男性从事有酬劳动多些，而女性从事无酬劳动更多些。女性的总劳动时间略高于男性。休闲社交平均时长随年龄先减后增，随受教育程度有下降的趋势。

第二，与2008年相比，2017年中国有酬劳动的时间变化不大，无酬劳动时间每天减少0.54小时，但照顾未成年家人时间明显上升。休闲社交时间每天增加0.44小时，休闲社交的结构优化。时间利用的性别差异在缩小，城乡差异大幅缩小。这反映了居民生活水平上升，更加追求生活品质，也反映了城镇化率的提高和产业结构的变迁。

第三，与其他14个国家相比，中国居民的有酬劳动时长排在第一，而无酬劳动时长排在倒数第一。中国居民的学习培训时长和自我照料时长排在前列，而休闲社交时长排在后列。

第二篇

忙碌的中国人：工作和家庭的平衡

第三章

超时工作的上班族

就业活动是现代社会大多数人获取收入和社会认同的主要途径。为就业者提供良好的工作①条件是国际劳工组织"体面工作议程"（Decent Work Agenda）的重要内容之一。在时间维度上，合宜的劳动时间是衡量体面劳动的指标之一，也是良好工作条件的体现②。

在中国，无论是俗称"打工族"的企业单位员工，还是俗称"铁饭碗"的机关及企事业单位职员，都普遍存在着劳动者超时工作的现象。超时工作，俗称"加班加点"，是指劳动者的工作时间超过法律规定的标准工作时间。按照《中华人民共和国劳动法》（以下简称《劳动法》）规定，国家实行劳动者每日净工作时间不超过 8 小时、平均每周工作时间不超过 44 小时的工时制度。根据《劳动法》，劳动者日净工作时间③超过 8 小时即定义为超时工作。本章从超时工作率④、严重超时工作率⑤、非正常时间工作率⑥三个维度来关注中国工资劳动者⑦，即"上班族"的超

---

① 指在劳动力市场上的受雇工作（不含自我雇佣）。
② 齐良书、安新莉、董晓媛：《从时间利用统计看我国居民的有酬劳动》，《统计研究》2012 年第 4 期。
③ 日净工作时间是指扣除交通、工作间隙、工间休息以及相关等待活动、在职培训、找工作和离职之外的工作时间。
④ 超时工作率是指净工作时间大于 8 小时的人数与工作人数之比。
⑤ 严重超时工作率是指工作时间超过 11 小时的人数与工作人数之比。
⑥ 非正常工作时间是指早上 7 点之前或晚上 8 点之后还在工作；非正常时间工作率为非正常时间上班人数与工作人数之比。
⑦ 工资劳动者是指劳动力市场上通过受雇佣而取得工资性收入的劳动者，即就业身份为职员（不含雇主）。

时工作（加班加点）现象。

本章使用的数据来自 2017 年中国时间利用调查，研究的样本包括：被调查者的就业身份为雇员（不含雇主、自我雇佣、家庭帮工）、年龄在 16 岁及以上的所有工资劳动者，共计 7178 人，其中男性为 4072 人，女性为 3106 人。城镇居民 5894 人，农村居民 1284 人。按照中国劳动年龄人口的规定，男性的法定工作年龄是 16—60 岁，女性的法定工作年龄是 16—55 岁，在本章使用的数据中，16—60 岁的男性雇员占男性雇员总数的 92.0%，16—55 岁的女性雇员占女性雇员总数的 91.9%。

第一节　超时工作概况

总体来看，从开始工作到结束工作，中国工资劳动者的日均总工作[1]时间为 7.7 小时；扣除花在交通、喝水、抽烟、休息、上厕所等活动上的时间后，其日均净工作时间是 7.0 小时。与 2008 年相比，日均总工作时间增加 1.8 小时，日均净工作时间增加 2.3 小时。中国工资劳动者的周净工作时间为 48.9 小时[2]。与 OECD 国家相比（见图 3—1），中国劳动者的每周平均净工作时间高于多数发达国家，如美国、英国、德国等，与一些发展中国家相当，如哥伦比亚、墨西哥、土耳其等。

从性别来看，男性日均总工作时间和日均净工作时间分别多出女性约 38 分钟和 32 分钟。总体来看，约 42% 的人日均净工作时间超过 8 小时，其中男性超时工作率约为 45%，高出女性 6 个百分点。2008 年的超时工作率仅为 12%，9 年间超时工作率增加了 30 个百分点。这反映出中国居民工作压力变得更大、生活更加忙碌，加班加点现象更加普遍。

按照《劳动法》规定，因特殊原因需要延长劳动者工作时间的，在保障劳动者身体健康的条件下延长工作时间每日不得超过 3 小时。但由

---

[1] "工作"指 2017 年中国时间利用调查活动分类中的"工作和工作相关活动"大项。

[2] 日均净工作时间乘以 7 可得周工作时间。

表3—1可见,约11%的人日均净工作时间超过11个小时,且男性高于女性约4个百分点。这表明,有相当数量的用人单位无视《劳动法》的规定,延长劳动者工作时间超过3个小时。此外,约14%的人在早上7点之前或晚上8点之后的非正常工作时间内还在工作。这从另一个层面反映出中国"上班族"超时工作(加班加点)现象较严重。

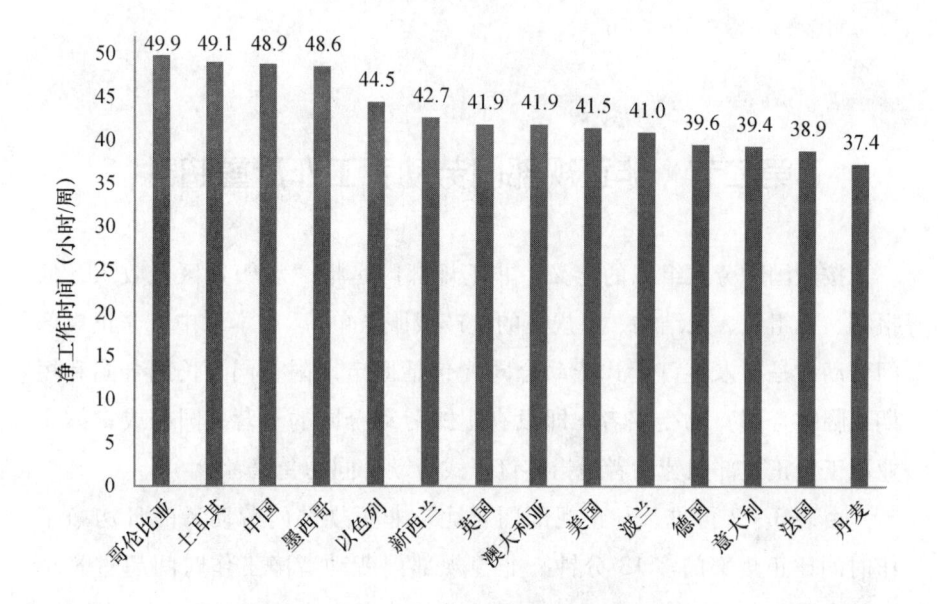

图3—1 中国与OECD国家的平均周净工作时间(2017年)

哥伦比亚 49.9；土耳其 49.1；中国 48.9；墨西哥 48.6；以色列 44.5；新西兰 42.7；英国 41.9；澳大利亚 41.9；美国 41.5；波兰 41.0；德国 39.6；意大利 39.4；法国 38.9；丹麦 37.4（单位：小时/周）

资料来源:中国数据来源于2017年中国时间利用调查(CTUS),其他国家数据来源于 https://stats.oecd.org/Index.aspx。

表3—1　　　　　　　　　按性别划分的超时工作情况

	全国	男性	女性
工作人数	7178	4072	3106
日均总工作时间(小时)	7.71	7.97	7.34
日均净工作时间①(小时)	6.99	7.21	6.68
超时工作率②(%)	42.2	44.7	38.7
严重超时工作率③(%)	10.6	12.3	8.2

续表

	全国	男性	女性
非正常时间工作率④（%）	14.3	14.6	13.8

注：①指扣除交通和工作间隙、工间休息以及相关等待活动、在职培训、找工作、离职之外的工作时间；②指净工作时间大于 8 小时的人数与工作人数之比；③指工作时间超过 11 小时的人数与工作人数之比；④指非正常工作时间上班人数与工作人数之比，非正常工作时间是指早上 7 点之前或晚上 8 点之后还在工作。

第二节 非正规部门劳动者工作严重超时

按照国际劳工组织的定义，非正规部门是指"城镇地区低收入、低报酬、无组织、无结构、小规模的生产或服务单位"。本章中，非正规部门劳动者是指未签订正式劳动合同（包括固定期限合同、长期合同和短期或临时合同）的受雇者，即没有正式劳动合同的私营、国有或集体企业职工。正规部门劳动者是指签订正式劳动合同的受雇者。

由表 3—2 可见，与正规部门相比，非正规部门劳动者的日均净工作时间比正规部门多 13 分钟。非正规部门劳动者净工作时间超过 8 小时的人数比例高达 49%，比正规部门劳动者高出 12 个百分点。此外，约 14% 的非正规部门劳动者净工作时间超过 11 小时，此百分比是正规部门的近 2 倍。非正规部门劳动者的非正常时间工作率约为 16%，比正规部门高 3 个百分点。由上可见，超时工作现象普遍存在于中国正规部门和非正规部门中，而且这一现象在非正规部门表现得更为严重。

表3—2　　　　　　　按部门划分的超时工作情况

	正规部门	非正规部门
工作人数	4222	2740
日均总工作时间（小时）	7.62	7.79

续表

	正规部门	非正规部门
日均净工作时间① （小时）	6.88	7.10
超时工作率② （%）	37.2	49.3
严重超时工作率③ （%）	7.8	14.3
非正常时间工作率④ （%）	13.0	15.8

注：①指扣除交通和工作间隙、工间休息时间以及相关等待活动、在职培训、找工作、离职之外的工作时间；②指净工作时间大于 8 小时的人数与工作人数之比；③指工作时间超过 11 小时的人数与工作人数之比；④指非正常工作时间上班人数与工作人数之比，非正常工作时间是指早上 7 点之前或晚上 8 点之后还在工作。

第三节 低收入人群工作严重超时

表 3—3 报告了不同收入水平的中国工资劳动者超时工作情况。《劳动法》规定国家实行最低工资保障制度，用人单位支付劳动者的工资不得低于当地最低工资标准。最低工资标准一般采用月最低工资标准和小时最低工资标准两种形式。月最低工资标准适用于本章关注的全职工资劳动者。按照国际通用的定义①，每周工作时间在 35 小时及以上的工作称为全职工作。本小节中，样本为全职劳动者，即每天净工作时间在 5 小时及以上的工资劳动者。根据各省全职劳动者月工资性收入中位数的 60% 以下、60%—160%、160% 以上将全职劳动者分别划分为低、中、高收入人群。

由表 3—3 可见，各收入人群的日均净工作时间均超过 8 小时，低收入人群的日均净工作时间近 9 小时，多于高收入人群约 23 分钟。中低收入人群的超时工作率均在 56% 以上，二者相当，但比高收入人群多 7 个百分点。低收入人群的严重超时工作率最高，是高收入人群的约 1.6 倍。

---

① Blau F. D., Ferber M. A., Winkler A. E., *The Economics of Women, Men, and Work*, Prentice Hall, 1998, p. 337.

中低收入人群的非正常时间工作率普遍高于高收入人群约6个百分点。由此可见，超时工作现象普遍存在于中国各收入人群中，且中低收入人群超时工作较高收入人群更为严重。

表3—3　　　　　　　按收入划分的超时工作情况

	低收入人群①	中等收入人群②	高收入人群③
工作人数	864	3558	1134
日均总工作时间（小时）	9.54	9.55	9.50
日均净工作时间（小时）	8.98	8.83	8.59
超时工作率（%）	56.7	56.3	49.4
严重超时工作率（%）	16.5	14.3	10.6
非正常时间工作率（%）	19.9	18.8	13.2

注：①指低于各省级全职工资收入中位数的60%的人；②指介于各省级全职工资收入中位数60%及160%的人；③指高于各省级全职工资收入中位数的160%的人。

第四节　低学历人群工作严重超时

按照工资劳动者受教育程度，将其分为低学历、中等学历、高学历三类，分别为初中及以下、高中（含中专）、本科（含大专）及以上。从表3—4可见，随着学历的提升，日均净工作时间逐渐减少。低学历劳动者的日均净工作时间最长，比高学历劳动者多1小时。他们的超时工作率也最高，达53%，是高学历劳动者的1.7倍。低学历劳动者的严重超时工作率高达16%，是中等学历劳动者的1.8倍、高学历劳动者的3.4倍。低学历劳动者的非正常时间工作率也最高，是高学历劳动者的2倍。整体来看，教育水平越低，超时工作现象越严重。这可能是因为受学历限制，低学历劳动者更可能在非正规部门就业，更可能为低收入工作者，如前所述，这些群体超时现象更为严重，同时低学历劳动者大多选择劳动密集型行业，如制造业、建筑业和低端服务业，从下文的分析可以看到，这些行业的工作时间往往较长。

表 3—4　　　　　按教育水平划分的超时工作情况

	初中及以下	高中（中专）	本科（大专）及以上
工作人数	3103	1635	2432
日均总工作时间（小时）	8.10	7.67	7.28
日均净工作时间①（小时）	7.45	7.01	6.45
超时工作率②（%）	53.0	40.7	30.9
严重超时工作率③（%）	16.4	9.3	4.8
非正常时间工作率④（%）	19.0	14.0	9.1

注：①指扣除交通和工作间隙、工间休息时间以及相关等待活动、在职培训、找工作、离职之外的工作时间；②指净工作时间大于 8 小时的人数与工作人数之比；③指工作时间超过 11 小时的人数与工作人数之比；④指非正常工作时间上班人数与工作人数之比，非正常工作时间是指早上 7 点之前或晚上 8 点之后还在工作。

第五节　超时工作的行业差异

从表 3—5 可见，分行业来看，制造业、信息软件业、文体娱乐业劳动者的日均总工作时间高于 8 小时。制造业劳动者的日均净工作时间最长，其次是文体娱乐业。制造业劳动者的超时工作率最高，约为 59%；其次是文体娱乐业，最后是建筑业。相比较，科教卫社、高端服务业的超时工作率相对较低，保持在 30% 左右。文体娱乐业、制造业、建筑业的严重超时工作率相对较高，是信息软件业、科教卫社、高端服务业的 2 倍多。低端服务业、制造业、文体娱乐业的非正常时间工作率相对较高，可能和所属行业的工作性质有关。

表 3—5　　　　　按行业划分的超时工作情况

	制造业	建筑业	低端服务业①	高端服务业②	信息软件业	文体娱④	科教卫社⑤
工作人数	1095	659	1196	441	176	118	1548
日均总工作时间（小时）	8.45	7.83	7.67	7.61	8.13	8.37	6.78

续表

	制造业	建筑业	低端服务业①	高端服务业②	信息软件业③	文体娱④	科教卫社⑤
日均净工作时间（小时）	7.75	6.99	7.09	6.69	7.11	7.62	6.11
超时工作率（%）	58.8	53.6	40.9	31.9	42.0	54.1	28.3
严重超时工作率（%）	13.9	12.1	12.1	5.5	6.6	15.8	5.9
非正常时间工作率（%）	18.6	4.7	20.8	6.6	13.4	17.5	10.1

注：①指住宿业与餐饮业、居民服务、修理和其他服务业；②指金融业、房地产业以及租赁和商务服务业；③指信息传输、软件和信息技术服务业科学研究；④指文化、体育和娱乐业；⑤指科学研究、技术服务业、教育业、卫生、公共管理、社会保障和社会组织。

第六节　超时工作的职业差异

从表3—6可见，从职业来看，生产制造人员的日均净工作时间最长，其次是服务人员，再次是专业技术人员。生产制造人员的日均净工作时间比国家机关、企事业单位的办事人员多近1小时。生产制造人员的超时工作率最高，达58%，再次是服务人员，约为45%。生产制造人员的超时工作率是国家机关、企事业单位的办事人员的1.5倍。生产制造人员的严重超时工作率最高，其次是服务人员。生产制造人员的严重超时工作率是国家机关、企事业单位的办事人员的1.8倍。生产制造人员、服务人员的非正常时间工作率相当。

表3—6　　　　　　按职业划分的超时工作情况

	单位负责人①	办事人员②	专业技术人员	服务人员③	生产人员④
工作人数	270	1879	1532	1547	1061
日均总工作时间（小时）	7.28	7.28	7.76	8.00	8.11
日均净工作时间（小时）	6.38	6.59	6.98	7.31	7.51

续表

	单位负责人①	办事人员②	专业技术人员	服务人员③	生产人员④
超时工作率（%）	25.6	38.4	35.6	45.4	57.8
严重超时工作率（%）	3.5	8.5	7.2	13.5	15.2
非正常时间工作率（%）	3.4	11.8	11.9	18.5	18.2

注：①指党的机关、国家机关、群团和社会组织、企事业单位负责人；②指党的机关、国家机关、群团和社会组织、企事业单位的办事人员和有关人员；③指社会生产服务和生活服务人员；④指生产制造及有关人员。

第七节 非公企业劳动者工作严重超时

从表3—7可见，从工作单位类型来看，个体工商户、私营企业、外资企业工作的劳动者日均总工作时间均超过8小时。个体工商户、私营企业的劳动者日均净工作时间最长，约为7.5小时，其次是外资企业工作的劳动者。个体工商户的超时工作率最高，其次是私营企业，再次是外资企业工作的劳动者。14%的私营企业劳动者日均工作时间超过11个小时，是国家机关、企事业单位劳动者的2.7倍。约17%的个体工商户、私营企业、外资企业的劳动者在非正常工作时间还在工作。

表3—7　　　　　　按工作单位类型划分的超时工作情况

	机关团体/事业单位	国有及国有控股企业	集体企业	个体工商户	私营企业	外商、港澳台投资企业
工作人数	1523	1107	221	962	2515	167
日均总工作时间（小时）	6.94	7.50	7.75	8.16	8.22	8.11
日均净工作时间①（小时）	6.26	6.66	7.10	7.46	7.52	7.20
超时工作率②（%）	25.2	34.8	38.0	54.2	51.3	48.8
严重超时工作率③（%）	5.1	6.2	10.4	13.2	14.0	9.8

续表

	机关团体/事业单位	国有及国有控股企业	集体企业	个体工商户	私营企业	外商、港澳台投资企业
非正常时间工作率[4]（%）	9.9	13.0	13.9	17.2	16.7	18.2

注：①指扣除交通和工作间隙、工间休息时间以及相关等待活动、在职培训、找工作、离职之外的工作时间；②指净工作时间大于8小时的人数与工作人数之比；③指工作时间超过11小时的人数与工作人数之比；④指非正常工作时间上班人数与工作人数之比，非正常工作时间是指早上7点之前或晚上8点之后还在工作。

第八节 小结

本章从超时工作率、严重超时工作率、非正常时间工作率三个维度来看中国工资劳动者超时工作情况，得出以下主要结论及政策建议。

第一，整体来看，在中国各行各业的劳动者都普遍存在着不同程度的超时工作现象。超负荷的任务量、绩效考核压力、经济压力、职业晋升压力、加班文化等是劳动者超时工作的主要原因[1]。无论何种原因，若劳动者工作时间过长，势必挤占其满足休息、娱乐休闲等基本需求的时间，即劳动者会陷入所谓"时间贫困"[2]的窘境。长此以往，过量的超时工作会对劳动者的身心健康造成损害，甚至可能会导致"过劳死"。因此，这种常态化的超时工作现象需引起政府、社会的高度重视，应当通过立法等制度安排确定有限制性的、合理的、科学的工作时间制度，对某些合理的超时用工行为加以规范，对违法的不合理的超时用工行为加以遏制[3]。

---

[1] 孟续铎、王欣：《企业员工超时工作成因与劳动时间特征》，《经济与管理研究》2015年第12期。

[2] Vickery, Clair, "The Time-poor: A New Look at Poverty", *Journal of Human Resources*, 1977, 12 (1).

[3] 郭正模：《中国特色的企业超时用工能算"体面劳动"吗——超时用工及企业内部劳动力市场交易双方的行为分析》，《社会科学研究》2015年第4期。

第二，非正规部门劳动者超时工作较正规部门劳动者更严重。虽然《劳动法》规定：劳动者每日净工作时间不超过8小时、每周净工作时间不超过44小时，且用人单位如果需要延长员工的工作时间，应当按照相应标准支付高于员工正常工作时间的工资报酬。然而，有些用人单位或雇主常以赶工期等为由迫使劳动者加班，而工期结束后又减少劳动者的工作时间，使其平均工作时间不超过《劳动法》规定的8小时，从而规避支付给劳动者超时工资。由于非正规劳动者与用人单位或雇主间未签订正式劳动合同，其合法权益则更难得到保障。2017年中国家庭金融调查（CHFS）数据显示，中国有约56%的超时工作劳动者领不到《劳动法》规定的加班工资。因此，应着力强化对《劳动法》《中华人民共和国劳动合同法》等法律、法规，特别在非正规部门中的执行和监管力度，以切实保障劳动者权益。

第三，低收入人群[①]的严重超时工作率最高。由表3—3可见，约57%的低收入劳动者净工作时间超过8小时；约17%的低收入劳动者净工作时间超过11个小时。如此常态的超时工作，使得低收入人群不得不面对工作—休闲的两难选择：一方面，为了赚取更多的收入以改善生活条件，他们不得不延长工作时间；另一方面，过长的工作时间又挤占了他们用于充分休息、陪伴家人、休闲娱乐等时间。这样，他们常常会陷入"收入贫困"和"时间贫困"的双重贫困境地。有研究表明，低收入、超时工作是造成劳动者"时间贫困"的重要原因，并且提高最低工资标准可以极大减少低收入人群的"时间贫困"比例[②]。目前，中国最低工资标准是按照当地城镇全职劳动者月平均工资额的一定比例设定的。绝大多数地区的最低工资标准低于当地城镇全职劳动者月平均工资的40%（一般为17%—40%），与"十二五"规划提出的"绝大多数地区最低工资标准达到当地城镇从业人员平均工资的40%以上"的目标还有一定距

---

① 指月工资低于各省全职劳动者月平均工资中位数60%的劳动者。目前，中国最低工资标准是按照当地城镇全职劳动者月平均工资的17%—40%设定的。因此，本章的低收入人群包含月平均工资为最低工资标准的劳动者。

② Liangshu Qi, Xiaoyuan Dong, "Gender, Low-paid Status, and Time Poverty in Urban China", *Feminist Economics*, 2018, 2 (1).

离。因此，进一步提高最低工资标准、遏制不合理的超时用工行为，一方面有助于改善低收入人群的物质生活状况，另一方面也有助于他们摆脱"时间贫困"状态。劳动者是否有充分的休息与休闲时间是国际劳工组织界定体面工作的重要维度之一[①]。只有在合理的工作时间下，低收入劳动者才能保障其享受家庭生活、从事个人人力资本投资等的权利，才能真正有尊严地生活。

---

① International Labour Organization (ILO), "Decent Work", Report of the Director General, 87th Session of the International Labor Conference, Geneva: International Labour Office, 1999.

第四章

无酬劳动的性别差异

"无酬劳动是指个人在家庭或社区从事的、为满足最终消费所提供的、无直接货币回报的服务活动，主要包括家务劳动，对老人、儿童和病人的照料以及志愿活动"①。作为人力资源再生产投入，无酬劳动不仅对提高居民的健康和福利至关重要，并且决定一个国家现在与未来劳动供给的质量和数量，从而影响经济增长的速度与可持续性。因此，无酬劳动就本质而言对国民福利的作用与市场经济活动同等重要②。忽视无酬劳动会导致对家庭消费和儿童、老人照料投入不足，影响人民生活水平和健康福利的提高，进而不利于社会经济发展③。

在世界多数国家，无酬劳动都主要由女性承担。女性无酬劳动责任影响她们的就业机会、职业选择、升职空间和工资水平，使她们在劳动力市场处于不利的地位。大量文献显示，无酬劳动对男性、女性的劳动收入都有负向影响，这种影响被称为无酬劳动的惩罚效应（penalty effects of housework）。而且，因为无酬劳动对劳动收入的影响同时具有门槛效应④，兼之不同类型无酬劳动对收入的影响也不同，而男性无酬劳动时间较短，从事的无酬劳动在时间安排方面比较灵活，所以无酬劳动对已婚男性收入的负面影响远没有对已婚女性大。来自美国、加拿大、德国等

---

① 安新莉、董晓媛：《中国无酬劳动总价值的测算及其政策含义》，《中国妇运》2012年第7期。
② 同上。
③ 王兆萍、张健：《无酬家务劳动价值的新估算》，《统计与决策》2015年第5期。
④ 这里的门槛效应是指当无酬劳动时间较低时，无酬劳动对劳动收入没有影响。

国家大量经验研究还发现有孩子女性的工资远远低于没有孩子女性，文献中称为"对母亲的工资惩罚"（motherhood wage penalty）。同时，对于就业女性来说，工作和家庭的"双重负担"使她们没有足够的时间和精力投入到学习培训和休闲社交等活动，这不仅阻碍她们人力资本和社会资本的积累，而且会影响她们的身心健康。综上，无酬劳动时间和类型的性别差异是导致性别不平等的主要原因，在劳动力市场上表现尤为明显[1]。无酬劳动对女性自身发展的负面影响会进一步降低女性的结婚意愿与生育意愿，引起"少子化"，进而导致劳动力供给不足与老龄化等一系列社会问题[2]。鉴于此，联合国 2030 可持续发展目标[3]中的第 5 个目标提出，通过提供公共服务、基础设施以及社会保护政策和倡导无酬劳动在家庭内部的共同分担等举措，承认和支持无酬劳动，实现性别平等，提升所有妇女和女童的权能。

本章使用 2017 年中国时间利用调查数据分析中国无酬劳动的性别差异。由于性别差异与其他社会差异相互关联，不同社会群体中性别差异的表现形式有所不同。基于此，本章从城乡、年龄、受教育程度和家庭收入四个方面分析无酬劳动的性别差异，回答下列问题：中国家庭是如何在男性和女性之间分配无酬劳动的？不同群体的性别差异有什么不同？哪些社会群体无酬劳动负担最重，性别差异最大？对这些问题的回答有助于提高我们对家庭中无酬劳动分工的认识，帮助政府更有针对性地制定相关政策。

第一节　无酬劳动的界定

本章将无酬劳动分为家务劳动、照顾家人和对外提供帮助两大类活

---

[1] Walker J. R., "Earnings, Effort, and Work Flexibility of Self-employed Women and Men: The Case of St. Croix County", *Journal of Labor Research*, 2009, 30 (3).

[2] McDonald, Peter, "Gender Equity, Social Institutions and the Future of Fertility", *Journal of Population Research*, 2000, 17 (1).

[3] 2015 年 9 月 15 日，联合国 193 个成员国正式通过 17 个可持续发展目标，以指导 2015—2030 年的全球发展工作。

动。其中，家务劳动又分为常规日常家务、非常规日常家务和购买商品与服务三类活动，照顾家人和对外提供帮助分为照顾未成年人、照顾成年人和志愿活动三类活动。具体分类如表4—1所示。

表4—1　　　　　　　　　无酬劳动各类活动界定

大类	活动类型	活动描述
家务劳动	常规日常家务劳动	做饭
		洗碗
		打扫卫生
		洗衣、整理、制作衣物
	非常规日常家务劳动	饲养宠物
		自己动手进行的小规模装修、维护和修理
		家庭事务的安排
		其他家务活动
	购买商品与服务	购物、修理电器、理发、医疗及办理业务等
照顾家人和对外提供帮助	照顾未成年人	照顾未成年家人
		照顾未成年亲戚
	照顾成年人	照顾成年家人
		照顾成年亲戚
	志愿活动	对其他家庭提供的无偿家务帮助
		社区服务与公益活动

本章研究所用数据来自2017年中国时间利用调查数据，研究对象为16岁及以上中国居民，剔除16岁以下样本的主要原因：（1）16岁以下居民参与无酬劳动的平均时长和参与率都非常小。（2）从认识的角度，人们习惯于把无酬劳动与有酬劳动相对应，而16岁是国家法定就业年龄的下限，因此将16岁作为样本年龄选取的下限。本章研究的样本为26770人，其中男性12857人，女性13913人。

第二节 无酬劳动的基本情况

中华人民共和国成立以来,经过半个多世纪的努力,女性在教育、就业和工资等方面有了很大改善,社会地位在不断提升,与男性的差距也在逐步缩小。但是,无酬劳动在家庭内部的分工依然存在明显的性别差异和分配不公平现象[①]。这一节,笔者分析全国无酬劳动的性别差异,并与2008年国家统计局时间利用数据进行比较。

一 无酬劳动的性别差异极大

从表4—2统计数据可以看出,女性承担了主要的无酬劳动。从全国来看,女性无酬劳动的日平均时长为3.25小时,男性为1.10小时,女性无酬劳动的日平均时长是男性的2.95倍。全国女性无酬劳动的参与率为77.4%,比全国男性参与率高36.2个百分点。除志愿活动外,女性在各项家务劳动上的平均时长和参与率都要高于男性,且女性常规日常家务劳动的平均时长是男性的3.77倍,女性照顾未成年人的平均时长是男性的3.59倍,女性在常规日常家务劳动的参与率上比男性多39.0个百分点,女性在照顾未成年人的参与率上比男性多11.8个百分点。

从各项家务活动参与者平均时长可以看出,女性无酬劳动参与者的日平均时长为4.20小时,男性为2.67小时,女性是男性的1.57倍。女性常规日常家务劳动参与者的日平均时长为2.60小时,男性为1.56小时,女性是男性的1.67倍,女性照顾未成年人参与者的日平均时长为4.75小时,男性为3.19小时,女性是男性的1.49倍。

综上所述,女性是家庭无酬劳动的主要承担者,同时无酬劳动的性别差异很大。

---

① 王琪延、韦佳佳:《不同性别群体家务劳动时间差异研究》,《山东女子学院学报》2018年第1期。

表4—2　　　　中国居民分性别无酬劳动时间利用基本情况

	男性			女性		
	平均时长（小时/天）	参与者时长（小时/天）	参与率（%）	平均时长（小时/天）	参与者时长（小时/天）	参与率（%）
无酬劳动	1.10	2.67	41.2	3.25	4.20	77.4
#家务劳动	0.74	2.07	35.7	2.20	3.04	72.4
##常规日常家务劳动	0.48	1.56	30.7	1.81	2.60	69.7
##非常规日常家务劳动	0.13	2.06	6.3	0.20	1.75	11.4
#购买商品与服务	0.13	1.24	10.5	0.19	1.71	11.1
#照顾家人和对外提供帮助	0.36	3.40	10.6	1.05	4.69	22.4
##照顾未成年人	0.27	3.19	8.5	0.97	4.75	20.3
##照顾成年人	0.06	3.19	1.9	0.07	3.23	2.2
#志愿活动	0.03	4.77	0.6	0.02	2.71	0.6

二　女性无酬劳动更缺乏灵活性

男性和女性不仅从事无酬劳动的时间有差别，他们所从事无酬劳动的类型也有差别。根据无酬劳动对参与者时间的约束性，将无酬劳动分为低灵活性和灵活性两类，其中低灵活性无酬劳动包括常规日常家务劳动和照顾未成年人，灵活性无酬劳动包括非常规日常家务劳动、购买商品与服务、照顾成年人和志愿活动。

如图4—1所示，女性低灵活性无酬劳动平均时长为2.78小时/天，男性为0.75小时/天，女性是男性的3.71倍，其中女性常规日常家务平均时长为1.81小时/天，男性为0.48小时/天，女性是男性的3.77倍，女性照顾未成年人平均时长为0.97小时/天，男性为0.27小时/天，女性是男性的3.59倍。女性灵活性无酬劳动平均时长为0.48小时/天，男性为0.35小时/天，女性是男性的1.37倍。比起女性，男性参与的无酬劳动更具有社会性、灵活性、对个人时间配置自主权的制约小。有研究显示，男性和女性通过各自承担的家务劳动量和劳动类型，强化各自的性别身份。女性在婚后尤其是生育子女后会乐意从事女性化的家务，如做饭、清洁、照料并教育孩子，使其看起来更像一个好妻子或好妈妈①。女性常规日常家务劳动与照顾未成年人在无酬劳动时间的占比高于男性，这对女性自身的发展有一定的阻碍作用。

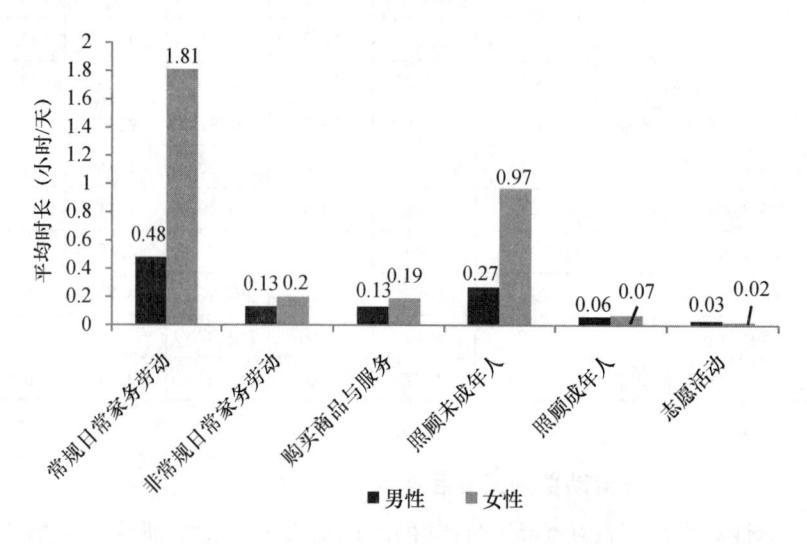

图4—1 分性别不同活动类型的平均时长

三 2008年以来无酬劳动性别差异扩大

通过和2008年国家统计局时间利用调查数据进行比较，从2008年到2017年的9年间，中国居民收入水平大幅提高，从2008年人均国内生产总值24121元到2017年的59660元，服务业发展迅速，第三产业增加值占国内生产总值比重由2008年的40.1%上升到2017年的51.6%②。收入水平提高和产业结构变化如何影响中国居民无酬劳动时间及性别差异呢？图4—2描述了2008年与2017年中国居民无酬劳动平均时长的变化。该图显示，与2008年相比，男性无酬劳动平均时间减少0.23小时/天，降低了17.7%，女性无酬劳动平均时间减少0.04小时/天，降低了1.2%；

---

① 肖洁：《近20年来我国家务劳动的社会学研究述评》，《山东女子学院学报》2017年第3期。

② 数据来自《中华人民共和国2008年国民经济和社会发展统计公报》和《中华人民共和国2017年国民经济和社会发展统计公报》。

男性家务劳动平均时间减少 0.33 小时/天，降低了 32.0%，女性家务劳动平均时间减少 0.81 小时/天，降低了 27.0%；男性照顾家人与对外提供帮助平均时长增加 0.10 小时/天，上升了 37.0%，女性照顾家人与对外提供帮助平均时长增加 0.50 小时/天，上升了 83.3%。2008 年女性无酬劳动时间、家务劳动时间和照顾家人与对外提供帮助时间分别是男性的 2.56 倍、2.91 倍和 2.22 倍，到 2017 年这个比值变为 3.07 倍、3.13 倍和 2.97 倍。

无论男性还是女性，无酬劳动时间和家务劳动时间都减少，男性减少的比率大于女性，而照顾家人和对外提供帮助时间有所增加，女性增加比率要高于男性，并且男性和女性在无酬劳动时间上的差异变大。男性与女性的家务劳动时间的减少，主要源于经济的发展与服务的社会化。一方面，随着服务业的发展，各种家政、餐饮等服务供给增加；另一方面，居民收入普遍增加，逐渐在市场中寻求家务劳动的替代服务。男性

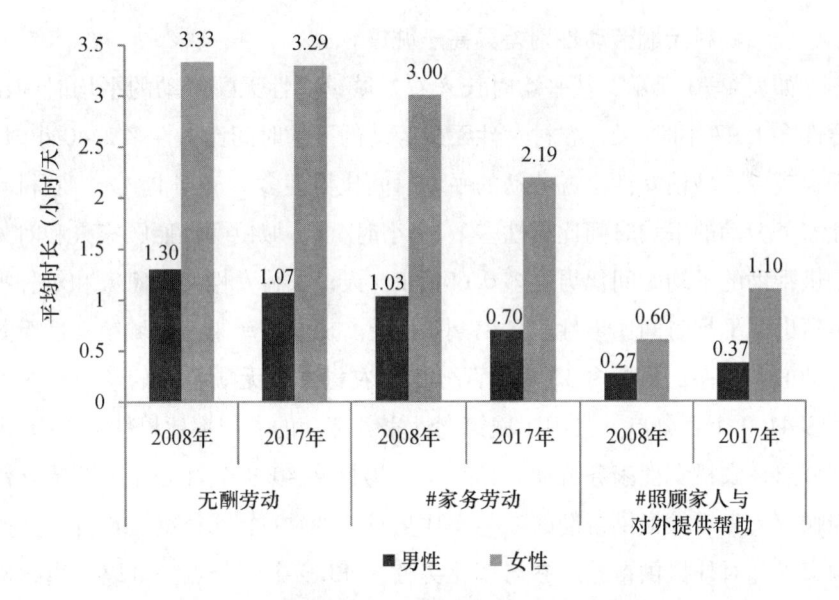

图 4—2　2008 年与 2017 年无酬劳动平均时长的比较①

---

① 该图中 2017 年统计数据的样本为 15—74 岁，与 2008 年国家统计局时间调查年龄样本一致。

与女性照顾家人和对外提供帮助的平均时长有所增加，主要原因是照顾未成年人的平均时间增加①，也就是说，中国居民愿意花更多的时间照顾孩子的生活、辅导孩子作业、陪孩子学习与阅读等。综上所述，经济发展和收入水平提高对无酬劳动时间影响是有性别差异的，男性家务劳动的减少速度高于女性，而照顾家人和对外提供帮助的增加速度低于女性，女性与男性无酬劳动时间的比率从2008年的2.56上升为2017年的3.07，无酬劳动的性别差异扩大。

第三节　城乡居民无酬劳动时间的性别差异

关心城乡差异是因为与城镇相比，农村现代化程度低，"男主外，女主内"的传统性别观念更加严重，公共服务提供不足，家政服务的市场化程度低，这些因素都会加重农村女性的无酬劳动负担，扩大性别差异。

一　农村无酬劳动性别差异高于城镇

如表4—3所示，从平均时长来看，城镇女性无酬劳动的平均时间比男性多1.97小时/天，农村女性无酬劳动的平均时间比男性多2.40小时/天，其中，城镇女性家务劳动的平均时间比男性多1.37小时/天，农村女性家务劳动的平均时间比男性多1.59小时/天，城镇女性照顾家人和对外提供帮助的平均时间比男性多0.60小时/天，农村女性照顾家人和对外提供帮助的平均时间比男性多0.81小时/天。从参与率来看，城镇女性无酬劳动的参与率比男性多32.8个百分点，农村女性无酬劳动的参与率比男性多41.0个百分点，其中，城镇女性家务劳动的参与率比男性多33.8个百分点，农村女性家务劳动的参与率比男性多40.9个百分点，城镇女性照顾家人和对外提供帮助的参与率比男性多10.9个百分点，农村女性照顾家人和对外提供帮助的参与率比男性多13.0个百分点。可以看出，农村无酬劳动性别差异高于城镇，这反映出农村女性在家庭中议价能力相对较弱，从而承担更多的无酬劳动。

---

① 从无酬劳动活动类型分析发现，家务劳动和照顾未成年人是构成无酬劳动的主要活动。

表 4—3　中国居民分城乡分性别无酬劳动时间利用基本情况

		城镇		农村	
		男性	女性	男性	女性
无酬劳动	平均时长（小时/天）	1.14	3.11	1.05	3.45
	参与率（%）	43.0	75.8	38.6	79.6
	参与者时长（小时/天）	2.65	4.10	2.72	4.33
#家务劳动	平均时长（小时/天）	0.75	2.12	0.72	2.31
	参与率（%）	36.6	70.4	34.4	75.3
	参与者时长（小时/天）	2.05	3.01	2.09	3.07
#照顾家人和对外提供帮助	平均时长（小时/天）	0.39	0.99	0.33	1.14
	参与率（%）	12.3	23.2	8.3	21.3
	参与者时长（小时/天）	3.17	4.27	3.98	5.35

二　照顾家人和亲戚的性别差异，农村高于城镇

如图 4—3 所示，城镇女性照顾家人和亲戚的平均时间为 0.98 小时/天，比男性多 0.61 小时/天，农村女性照顾家人和亲戚的平均时间为 1.12 小时/天，比男性多 0.84 小时/天。可以看出，照顾家人和亲戚的性别差异，农村高于城镇，这一方面可能是因为女性在家中的议价能力弱，

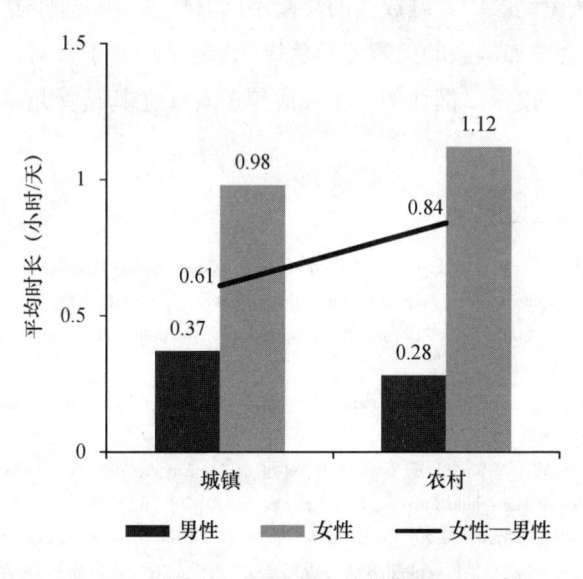

图 4—3　城乡居民照顾家人和亲戚的平均时长

更可能与居民的传统观念有关,与城镇相比,农村居民的传统观念更强,导致农村男性从事无酬照料时间要比城镇男性少,农村女性从事无酬照料的时间比城镇女性多。

第四节 不同年龄居民无酬劳动时间的性别差异

本节从年龄的角度来探讨处于生命历程不同阶段的男性、女性无酬劳动时间的分配和性别差异。许多学者从生命历程视角探讨了无酬劳动时间的利用情况。Baxter(2008)研究了婚姻和父母身份的转变对夫妻无酬劳动时间的影响,发现婚姻和父母身份转变对男性无酬劳动时间没有显著影响,而女性结婚和生育后无酬劳动时间明显增加,与男性无酬劳动时间投入的差距增大[1]。不同婚姻状况下,女性花在无酬劳动的时间都高于男性,婚后表现得更为明显;已婚女性与其他婚姻状态的女性比较,花费的无酬劳动时间最多,而未婚女性最少;未婚、同居和已婚男性的无酬劳动时间很相似,但离婚和丧偶男性花在无酬劳动的时间要大于未婚、同居和已婚男性[2]。子女出生前和出生后,家庭无酬劳动的类型发生变化[3]。无酬劳动会因家庭成员的年龄不同有所差异,有子女(尤其是学龄前子女)会增加母亲的无酬劳动负担[4],但学龄前子女对父亲的家务劳动时间影响不确定[5]。同住的少年或成年子女(尤其是女儿)帮助家长分

---

[1] Baxter J., Hewitt B., Haynes M., "Life Course Transitions and Housework: Marriage, Parenthood, and Time on Housework", *Journal of Marriage & Family*, 2008, 70 (2).

[2] South S. J., Spitze G., "Housework in Marital and Nonmarital Households", *American Sociological Review*, 1994, 59 (3).

[3] Rexroat C., Shehan C., "The Family Life Cycle and Spouses' Time in Housework", *Journal of Marriage and the Family*, 1987, 49 (4).

[4] Bianchi S. M., Milkie M. A, Sayer L C, et al., "Is Anyone Doing the Housework? Trends in the Gender Division of Household Labor", *Social Forces*, 2000, 79 (1).

[5] Coltrane S., *Family Man: Fatherhood, Housework, and Gender Equity*. Oxford University Press, 1997; Kalleberg A. L., Rosenfeld R. A., "Work in the Family and in the Labor Market: A Cross-national, Reciprocal Analysis", *Journal of Marriage and the Family*, 1990, 52 (2).

担家务，可能降低父亲和母亲的无酬劳动时间①。同样，同住或相邻的父母也会分担无酬劳动，减少已婚子女及其配偶的家务劳动②。这些角色或事件的顺序大致随年龄而变，因此，居民的无酬劳动时间投入是不同的，性别差异也有所不同。

一 各年龄段女性无酬劳动时间均大于男性

从图4—4可以看出，不论在哪个年龄段，女性无酬劳动的平均时间均大于男性。男性与女性无酬劳动时间相差最大出现在51—55岁，差值为3.26小时/天；相差最小出现在16—20岁，差值为0.34小时/天。在26—30岁和56—60岁两个年龄段，女性无酬劳动的平均时间出现2个波峰，分别为3.82小时/天和4.64小时/天；男性无酬劳动的平均时间的变化滞后于女性，2个波峰分别是在31—35岁和61—70岁，平均时长为1.11小时/天和1.84小时/天。56—60岁女性无酬劳动时间大于26—30岁女性；61—70岁老年男性无酬劳动时间大于31—35岁男性。有研究发现，城市双职工家庭中祖父母几乎承担了所有家务，祖父母（或外祖父母）带孩子做家务已成为当今社会的普遍现象（其中老年女性仍然是家务劳动的主体），这是一种代际支持和代际互惠③，当然，老年女性的福利遭到严重削减④。

女性在26—30岁和56—60岁无酬劳动平均时间增加的原因有所不同。结合图4—5和图4—6可以看出，女性在26—30岁无酬劳动时间增加主要来自照顾未成年人。根据国家统计局按年龄分生育率（人口抽样调查）的数据显示，2007—2015年25—29岁育龄妇女的生育率最高。26—30岁女性无酬劳动明显增加主要是由于孩子出生伴随而来的照料。同时，在这一过程中，增加了56—60岁（外）祖母对（外）孙子女的照料（1.3小时/天），但这不是56—60岁老年女性无酬劳动增加的主要原

---

① Blair S. L., Lichter D. T., "Measuring the Division of Household Labor: Gender Segregation of Housework among American Couples", *Journal of family issues*, 1991, 12 (1).

② Yang J., Short S., "Investigating China's 'Stalled Revolution': Husband and Wife Involvement in Housework in the PRC", Annual Meeting of Population Association of America, Philadelphia, PA. 2005.

③ 沈奕斐:《个体化与家庭结构关系的重构》，博士学位论文，复旦大学，2010年。

④ 陶艳兰:《代际互惠还是福利不足？——城市双职工家庭家务劳动中的代际交换与社会性别》，《妇女研究论丛》2011年第4期。

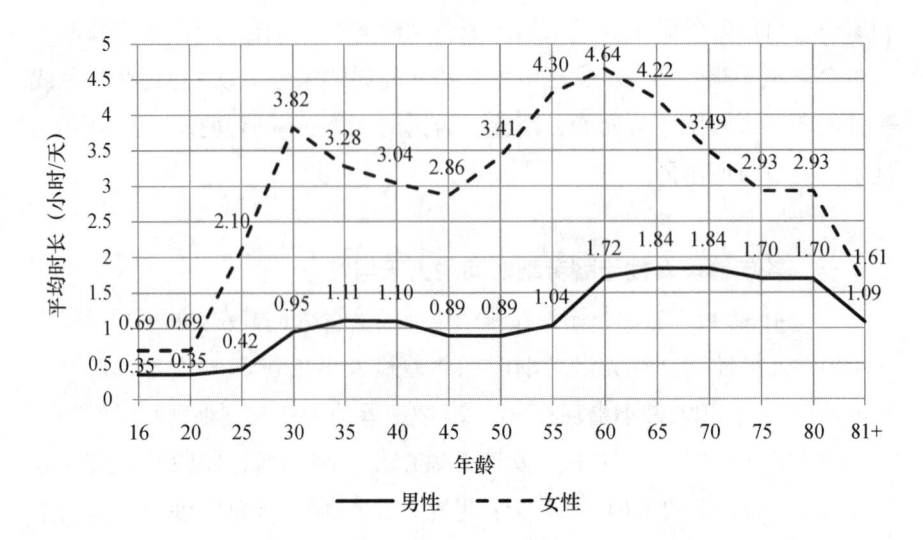

图4—4　不同年龄居民无酬劳动的平均时长

因。从图4—4可以看出，随着年龄的增加，女性家务劳动的平均时长逐渐变大，在56—60岁达到最大值（3.21小时/天），随后有所下降。因此，56—60岁女性无酬劳动时间的增加主要来自家务劳动。

男性无酬劳动的平均时间虽然小于女性，但其变化与女性非常相似，只是在60岁以后，不同于女性的平均时间明显下降，而是一直保持平稳，直到80岁之后明显变小。男性无酬劳动平均时间的变化滞后于女性，分别是在31—35岁、61—70岁（女性是在26—30岁、56—60岁）达到最大值，结合图4—5与图4—6可以认为，男性无酬劳动时间的2次变化同样来自孩子出世的照料问题，只是男性加入孩子的照料活动要晚于女性，这可能是由于男性平均的婚育年龄晚于女性。

二　婚姻对女性家务劳动时间的影响大于男性

图4—5显示，女性在60岁前家务劳动时间随年龄的增加而增加，男性在80岁前家务劳动时间随年龄的增加而变长，80岁以后可能由于年龄偏大，身体状况不佳，使得家务劳动时间减少。男性、女性在20岁前家务劳动时间相对较少，男性为0.23小时/天，女性为0.51小时/天。女性在21—25岁（中国女性法定婚龄20岁）每天家务劳动时间接近1小时，

随着年龄的增加家务劳动时间增加，在56—60岁达到最大值3.21小时/天，60岁以后有所减少。男性只有在56—60岁（接近退休年龄）每天家务劳动时间才达到1小时以上。在20岁以前，男性与女性家务劳动时间差比较小，仅为0.28小时/天，20岁以后，男性与女性家务劳动时间差逐渐增大，51—60岁年龄段达到每天2小时以上，随后差距有所缩小，仍保持在1小时以上，到80岁以后，男性、女性家务劳动时间都减少，二者之间每天用在家务劳动的时间仍相差半小时。同时，数据表明，56—70岁的女性比其他年龄段女性的家务劳动时间要长，56岁及以上的男性比其他年龄段男性的家务劳动时间要长。相关研究指出，年龄会影响家务劳动时间分配。如家务劳动时间随年龄增长而增加（调查对象为18—54岁）[1]，一方面可能是婚姻状况改变的影响，婚后女性的身份和责任发生改变，家务时间逐渐增加；另一方面可能是退出劳动力市场产生的影响[2]，退出劳动力市场后，时间相对比较充裕，将会承担更多的家务，在中国，退休老人会帮助子女照料家庭。因此，56岁及以上的男性、女性承担了更多的做饭、洗衣、收拾房间、简单维修等家务劳动。

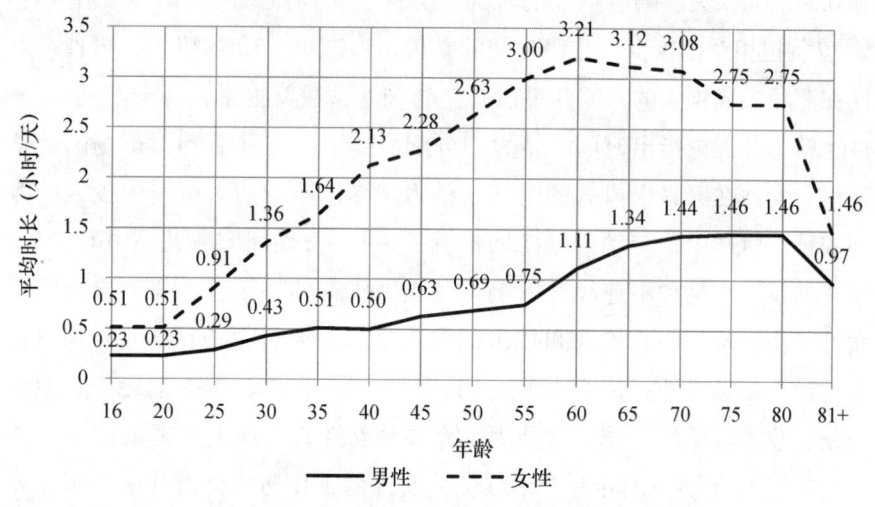

图4—5 不同年龄居民家务劳动的平均时长

---

[1] 杨菊华：《从家务分工看私人空间的性别界限》，《妇女研究论丛》2006年第5期。

[2] South S. J., Spitze G., "Housework in Marital and Nonmarital Households", *American Sociological Review*, 1994, 59 (3).

三 儿童照料显著增加女性无酬劳动时间

孩子出生增加了男性、女性的无酬劳动时间，女性无酬劳动时间的变化更明显。图4—6显示，女性在21—25岁、26—30岁和31—35岁三个年龄段照顾未成年人的平均时间分别为1.19小时/天、2.43小时/天和1.58小时/天，男性在21—25岁、26—30岁和31—35岁三个年龄段照顾未成年人的平均时间分别为0.04小时/天、0.46小时/天和0.55小时/天，母亲每天投入时间均比父亲多1小时以上，尤其在生育高峰期（女性26—29岁），母亲投入时间比父亲几乎多2个小时。51—60岁女性每天照顾未成年人的时间均在1小时以上，56—66岁男性每天照顾未成年人的时间不到半小时，（外）祖母投入时间是（外）祖父时间的2.95倍。母亲是照顾未成年人的主要承担者，（外）祖母、父亲与（外）祖父起到了辅助作用，但（外）祖母提供了主要的帮助。母亲照顾未成年人的平均时间比（外）祖母多1.13小时/天，几乎是（外）祖母的2倍；（外）祖母照顾未成年人的平均时间分别比父亲及（外）祖父多0.75小时/天和0.86小时/天。随着孩子的长大，男性、女性照顾时间减少，在40—50岁负担相对比较少，花费时间的差值也在减少。70岁以上，男性、女性在照顾未成年人的时间几乎没有差异，并且数值很小，每天不足10分钟。精力分配论指出时间、精力的分配决定了个体在劳动力市场的经济回报。女性在家庭中投入的时间、精力越多，在劳动力市场中投入的时间和精力就越少，劳动力经济回报就越少[1]。女性回家育儿、中断工作、就业的投入不足和不连续性影响了其人力资本的持续性积累，导致已育女性工作经验、职业培训和技术训练不足，或为照顾子女、方便随时进出劳动力市场而选择缺少上升空间，工作灵活性高、精力消耗少、通勤方便、收入较低的工作。这种因生育导致女性收入损失的现象称为"生育的惩罚效应"[2]。生养一个小孩已使女性的工作与生活有冲突明显，就

---

[1] 肖洁：《近20年来我国家务劳动的社会学研究述评》，《山东女子学院学报》2017年第3期。

[2] Budig M. J., England P., "The Wage Penalty for Motherhood", *American Sociological Review*, 2001, 66（2）.

业率走低①，收入下降5%—10%②，与男性收入差距拉大。通过"全面二孩"的人口政策来解决劳动力供给不足和老龄化问题，女性作为生育的承载者，生育政策调整对女性产生影响。在现有的社会政策设计和服务规划体系下，家庭承担了生育成本，女性是否会选择生育值得探讨。

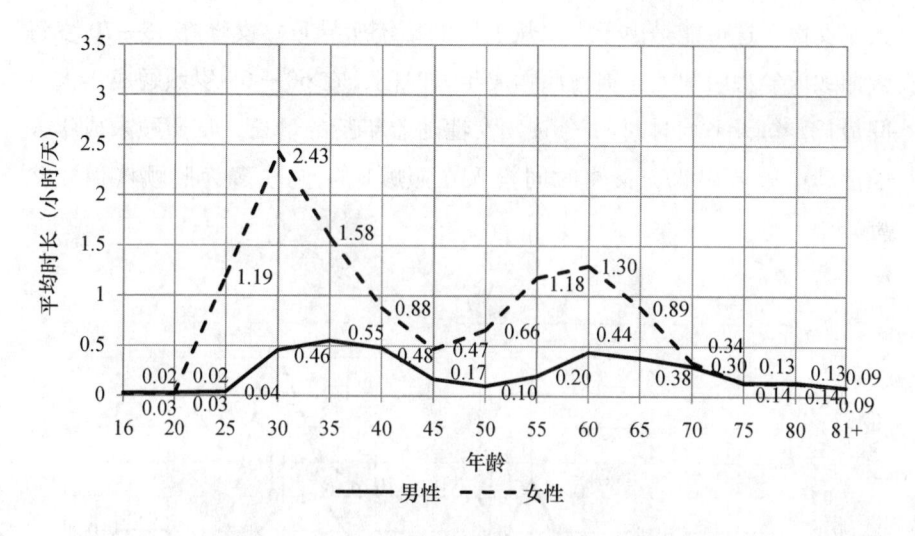

图 4—6　不同年龄居民照顾未成年人情况

四　老年人的照料"赤字"

在本章样本中，63%照顾成年人活动的照顾对象为老年人群（60岁及以上），照顾成年人情况大致体现了对老年人的照料情况。如图4—7所示，男性、女性照顾成年人的平均时长都很小，平均每天4分钟左右，女性每天比男性多0.6分钟，男性、女性照顾成年人的参与率分别为1.9%、2.2%。从图4—6可知，女性在30岁左右时花在照顾自己子女的平均时间为2.43小时/天（约146分钟），在60岁左右帮助子女照顾孩子（即照顾孙子女）的时间为1.30小时/天（约78分钟），男性尽管在

---

① 吴要武：《剥离收入效应和替代效应——对城镇女性市场参与变化的解释》，《劳动经济研究》2015年第4期。

② Gough M., Noonan M., "A Review of the Motherhood Wage Penalty in the United States", *Sociology Compass*, 2013, 7 (4).

照顾子女和孙子女方面投入的时间没有女性多，在 60 岁左右平均依然达到每天 26 分钟。从图 4—7 却发现，男性、女性 60 岁之前每天花在照顾成年人的时间均不足 7 分钟，所谓的反哺模式①存在严重的不平等，出现对老年人的照料"赤字"。

从图 4—7 可以发现，男性在 45 岁以前每天照顾成年人的平均时间要大于女性，这可能是由于中国从夫居的传统所导致。女性在 45—70 岁每天照顾成年人时间大于男性照顾成年人时间，在 60—65 岁照顾成年人时间最长，每天平均时间 11 分钟，女性随着年龄的增长，从照顾未成年人的活动中解放出来，又将时间投入在照顾成年人（多为照顾伴侣或父母）上。

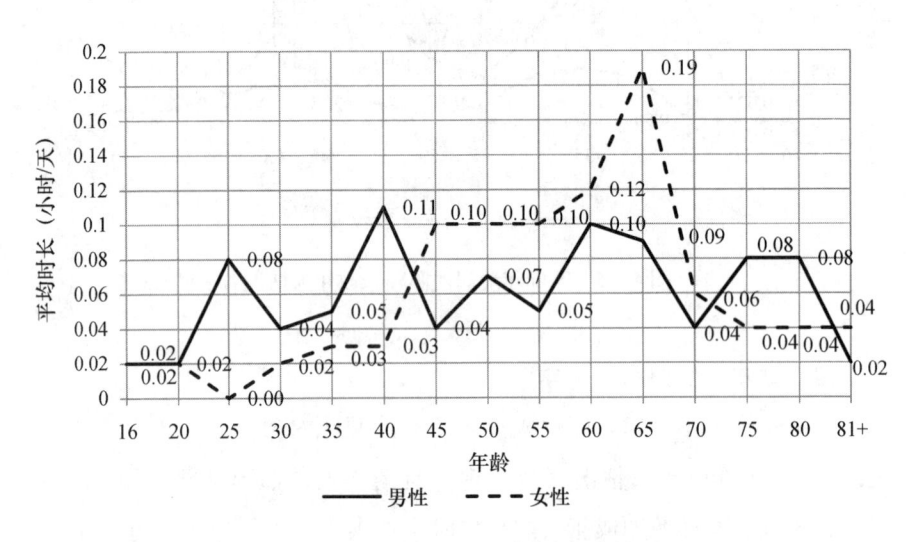

图 4—7 不同年龄居民照顾成年人情况

第五节 不同受教育程度居民无酬劳动时间的性别差异

本节探寻不同受教育程度的男性与女性是如何配置无酬劳动时间的，

---

① 反哺模式，这里是指家庭双向代际照料流动模式。

他们之间有什么差别。教育作为一种资源，对家务劳动分配起到很大的影响。受教育程度的提高不仅可以改善家庭生活条件、改变传统观念来帮助减少自身的家务劳动时间，还可以作为家庭内部的议价资本来帮助减少自身的家务劳动时间和相应的比例。受教育程度在夫妻家务劳动时间配置上的影响具有显著的性别差异[1]。通常女性的受教育程度越高，其在家务劳动时间方面的投入量将会有所下降；对男性来说，受教育程度会正向影响其家务劳动时间，这意味着受教育水平越高的丈夫会更乐于和妻子共同分担家务劳动[2]。也有研究认为女性接受更多教育并没有显著降低其无酬劳动时间[3]。

一 不同受教育程度女性无酬劳动时间均大于男性

如图4—8显示，不管受教育程度高还是低，女性无酬劳动平均时长均大于男性。不同受教育程度下，女性与男性的无酬劳动平均时长差值最大为2.48小时/天，最小差值也达到0.98小时/天。受教育程度越高，男性、女性花在无酬劳动的时间就越少，男性与女性无酬劳动时间的差距越少。随着教育程度的提高，女性的无酬劳动平均时长在减少，未上学人群比本科及以上学历人群的无酬劳动平均时长多1.42小时/天。男性无酬劳动平均时长的整体趋势也是在减少，未上学人群比本科及以上学历人群的无酬劳动平均时长多0.18小时/天，变化没有女性大。女性与男性的无酬劳动时间差异随受教育程度的提高呈倒"U"形变化，从高中前相差2.22小时/天、2.35小时/天、2.48小时/天，到本科及以上相差0.98小时/天。

二 教育降低家务劳动性别差距

如图4—9显示，随着受教育程度的提高，男性、女性的家务劳动平

---

[1] 胡军辉：《家务时间配置的影响因素研究》，《理论观察》2014年第8期。
[2] 畅红琴、董晓媛、Fiona MacPhail：《经济发展对中国农村家庭时间分配性别模式的影响》，《中国农村经济》2009年第12期。
[3] 袁晓燕、石磊：《受教育水平对女性劳动时间配置的影响研究》，《上海经济研究》2017年第6期。

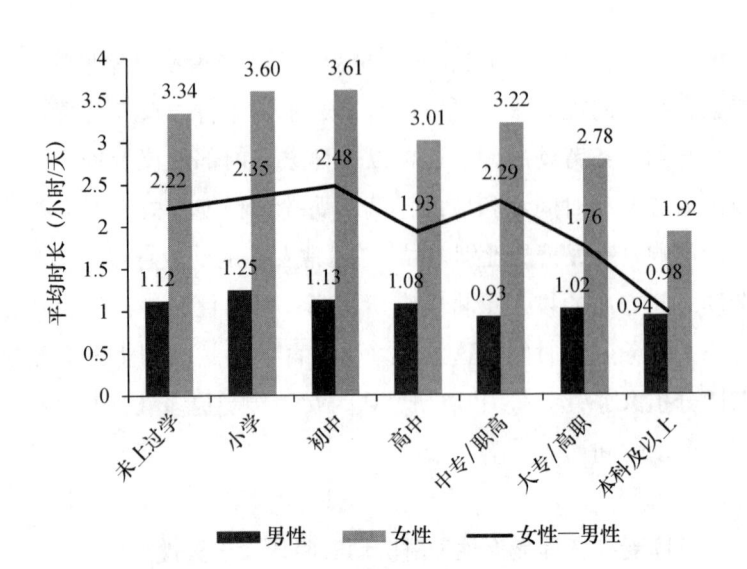

图4—8 不同受教育程度居民无酬劳动情况

均时长逐渐减少。女性未上学人群比本科及以上学历人群的无酬劳动平均时长多1.68小时/天。男性家务劳动平均时间随受教育程度提高有所波动，但整体趋势在减少，未上学人群比本科及以上学历人群的家务劳动平均时长多0.35小时/天。受教育程度对女性的影响远大于男性。男性无论受教育水平高低，其家务劳动时间都较少，而女性家务劳动时间却随受教育程度的提高而显著降低。女性与男性的家务劳动时间差异，随受教育程度的提高逐渐降低，从未上过学时相差1.74小时/天到本科及以上时相差0.41小时/天。从相对资源理论的角度来看，结构性资源（教育、职业、收入）影响夫妻之间的协商能力，是家务分工的主要决定因素之一①。由于家务枯燥乏味，无所回报，多资源的一方往往会在家务方面投入较少，甚至逃避家务②。夫妻之间，受教育程度越高、职业声望越好、收入越多的一方协商能力越强，在家务劳动时间分配更具有主导权，家

---

① 杨菊华：《从家务分工看私人空间的性别界限》，《妇女研究论丛》2006年第5期。
② Blair S. L., Lichter D. T., "Measuring the Division of Household Labor: Gender Segregation of Housework among American Couples", *Journal of Family Issues*, 1991, 12（1）; Huber J., Spitze G. D., "Sex Stratification: Children Housework and Jobs", *New York N*, 1983, 46（1）.

务劳动时间相对较短①。受教育程度越高，越容易获得更好的就业机会，更愿意购买家庭服务。另外，受过高等教育的人，其性别平等观念更强，女性要求家务劳动分工要平等，丈夫愿意更多分担家务劳动，使家庭内家务分工越平等②。

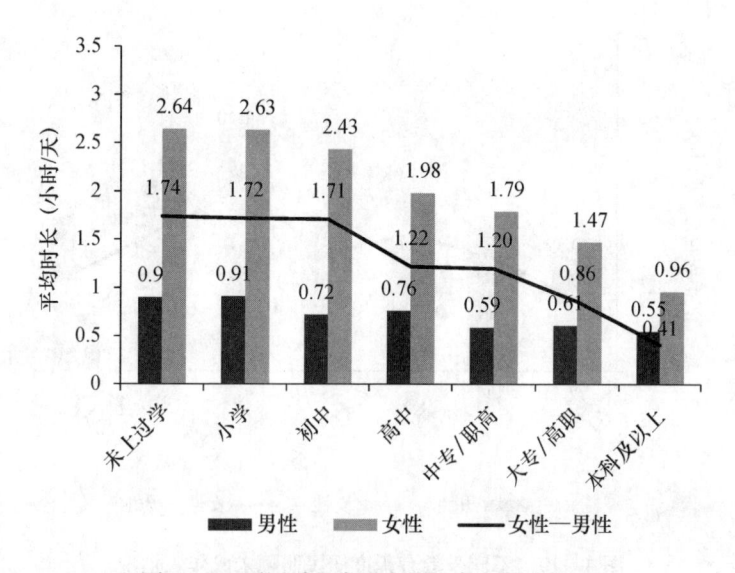

图 4—9　不同受教育程度居民家务劳动情况

三　受教育程度高的母亲花更多时间照料孩子

从图 4—10 可以看出，随受教育程度的提高，女性照顾未成年人平均时间呈倒"U"形增长；男性整体呈上升趋势。未上学的男性、女性在照顾未成年人上投入的时间均最少，随受教育程度的提高，男性、女性的时间都有所增加。男性和女性在照顾未成年人的平均时间差异，随受教育程度的提高呈倒"U"形，受教育程度高，在照顾未成年人的时间上差异小。有研究指出，父母对子女的时间投资对子女的人力资本发展具有重要的意义，受教育程度越高的父母陪孩子的时间越多。即受教育程度越

---

① Brines J., "Economic Dependency, Gender, and the Division of Labor at home", *American Journal of Sociology*, 1994, 100 (3): 652-688.

② 杨菊华：《从家务分工看私人空间的性别界限》，《妇女研究论丛》2006 年第 5 期。

高的父母,花在喂奶喂饭、哄孩子入睡、为子女朗读书籍、对子女进行道德教育、辅导子女家庭作业和陪子女做游戏等时间越多。而且较高教育程度父母的子女更喜欢父母的陪伴,这些父母的时间投资效率更高[1]。受教育程度高的父母,在对子女教育的投资能力和观念上更有利于子女的发展。

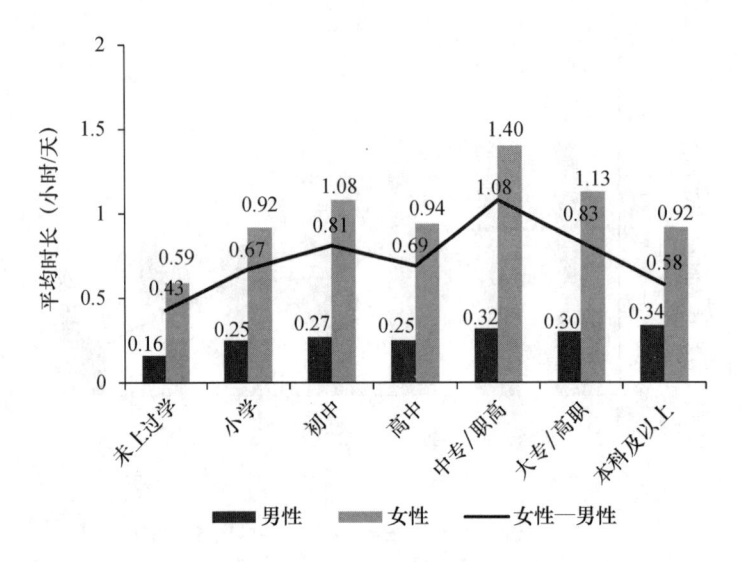

图4—10 不同受教育程度居民照顾未成年人情况

第六节 不同收入水平居民无酬劳动时间的性别差异

本节探寻不同家庭收入水平的男性与女性是如何配置无酬劳动时间的,他们之间有什么差别。新家庭经济学认为,劳动者市场工作的工资是其在家庭内部从事家务劳动的机会成本[2],即收入越高,从事无酬劳动的机会成本越高,从而越不倾向于从事无酬劳动。已有的相关研究,更

---

[1] Guryan J., Hurst E., Kearney M., "Parental Education and Parental Time with Children", *Journal of Economic Perspectives*, 2008, 22 (3).

[2] 胡军辉:《职业对劳动力时间配置选择的影响:以家务时间为例》,《人口与发展》2015年第2期。

多从相对资源理论出发,认为拥有高收入的一方可以做更少的家务,并且通过相对收入的不断增加而持续减少自己的家务劳动时间[1]。但是,受传统性别观念的影响,女性的相对收入超过了一定的范围时,随着相对收入的增加,妻子反而会增加家务劳动时间[2]。

本节中,按各省家庭人均年收入由低到高五等分,将所有样本家庭分为低收入、较低收入、中等收入、较高收入、高收入5个样本组。

一 性别差异随收入呈倒"U"形

如图4—11所示,从整体趋势来看,随收入的增加,女性无酬劳动时间呈倒"U"形变化,男性无酬劳动时间逐渐减少。男性无酬劳动平均时间从1.30小时/天,减少到1.05小时/天,降低了19.2%;女性无酬劳动平均时间从3.34小时/天,减少到2.92小时/天,降低了12.6%,女性下降比率小于男性。从男性和女性无酬劳动平均时间的差异来看,随着收入增加性别差异在减小,高收入人群无酬劳动性别差异最小。

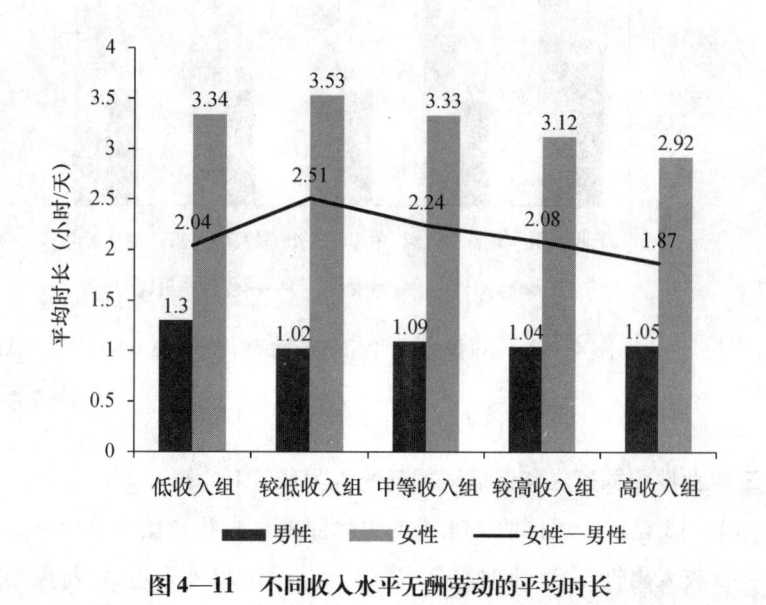

图4—11 不同收入水平无酬劳动的平均时长

[1] Bittman M., England P., Sayer L., et al., "When does Gender Trump Money? Bargaining and Time in Household Work", *American Journal of Sociology*, 2003, 109 (1).
[2] 于嘉:《性别观念、现代化与女性的家务劳动时间》,《社会》2014年第2期。

二 低收入者家务劳动负担更重

图4—12表明，低收入女性家务劳动的平均时长均高于其他类型，同时高于全国平均水平，低收入男性也有同样的特点，低收入女性家务劳动的平均时长为2.33小时/天，低收入男性家务劳动的平均时长为0.89小时/天。从男性和女性家务劳动平均时间的差异来看，随着收入的增加性别差异在减小，高收入人群家务劳动性别差异最小。可以看出，低收入人群家务劳动更为繁重，高收入人群家务劳动更为轻松，这是因为高收入家庭可以通过购买服务来减轻家务负担。

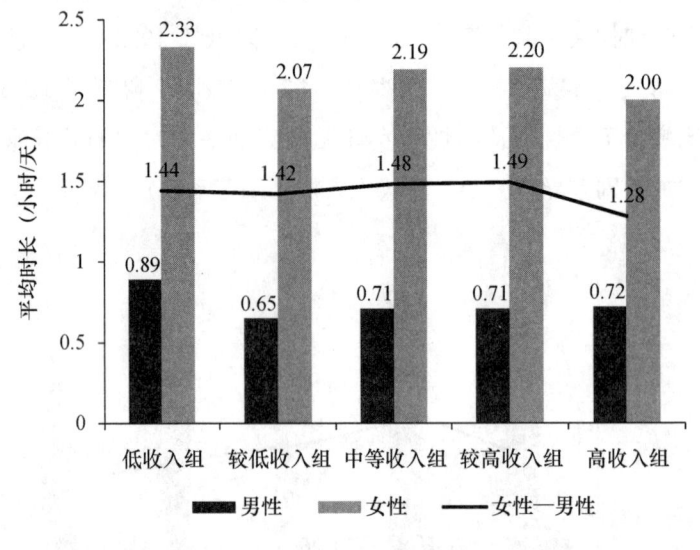

图4—12 不同收入水平家务劳动的平均时长

三 女性照顾家人和亲戚时间随收入呈倒"U"形

图4—13显示，不同收入水平的男性照顾家人和亲戚的平均时间变化不大，低收入男性0.35小时/天，高收入男性0.32小时/天，每天相差不到2分钟。从不同收入组来看，较低与中等收入女性照顾家人和亲戚的平均时长相对较高。从男性、女性照顾家人和亲戚平均时间的差异来看，随着收入的增加性别差异呈倒"U"形，高收入人群无酬照料性别差异最小。

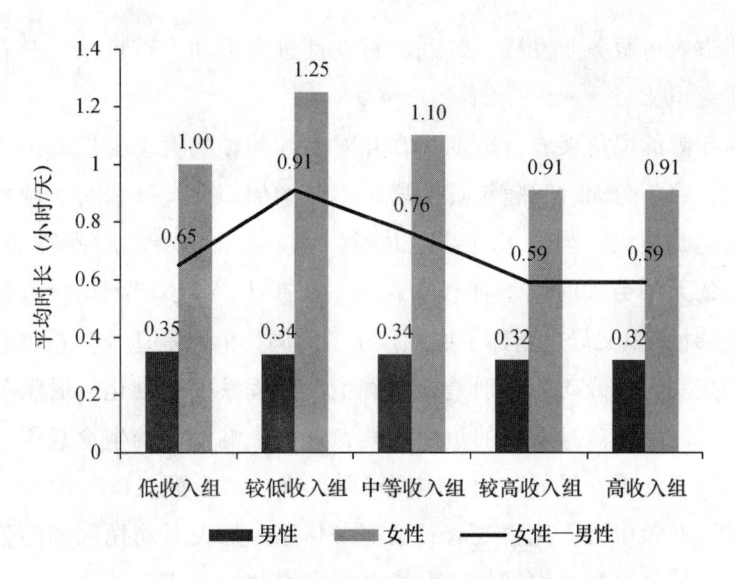

图4—13 不同收入水平照顾家人和亲戚的平均时长

第七节 小结

本章利用2017年中国时间利用调查数据，分析了城乡、不同年龄、不同受教育程度以及不同收入水平居民无酬劳动时间的性别差异。数据显示女性无酬劳动时间远远高于男性，约为男性无酬劳动平均时长的2.95倍。男性、女性无酬劳动的差异不仅仅表现在平均时长上，同时也反映在所从事活动类型的灵活性上。男性、女性差异较大的常规家务劳动和照顾未成年人均属于时间灵活性较小的活动，在时间安排上更为固化的活动，对工作生活影响更明显。从2008年到2017年，男性和女性的无酬劳动时间均减少，女性照顾家人的平均时长增加，整体无酬劳动时间的性别比变大。

从城乡的视角来看，农村无酬劳动平均时间女性比男性多2.40小时/天，城镇无酬劳动平均时间女性比男性多1.97小时/天，农村无酬劳动性别差异高于城镇；农村照顾家人和亲戚平均时间女性比男性多0.84小时/天，城镇照顾家人和亲戚平均时间女性比男性多0.61小时/天，农村照顾家人和亲戚性别差异同样高于城镇。为了减轻农村女性家务劳动负担，缩小城乡差异，政府可以加大对农村公共服务的提供，提高农村收入水平,推进农村服务业发展,鼓励农村女性进入劳动力市场,提升农村男女平等意识。

从年龄的视角来看,婚姻和育儿对女性的影响大于男性。进入婚姻的女性,家务劳动时间随年龄的增长不断增加,家有孙辈的女性家务劳动时间达到最大。当家里有新生儿时,母亲的无酬劳动时间增加较多,而父亲的无酬劳动时间增加较少,进一步扩大了无酬劳动的性别差异。同时,(外)祖父母也增加了照顾孩子的时间,依旧是(外)祖母有更明显的增加。无酬劳动的性别差异随着生命历程发生的变化,揭示了家庭照料责任对女性自身发展的负面影响,这会影响女性的生育意愿。国家应该把实现"男女平等"的基本国策融入推行"全面二孩"政策和"延迟退休"政策中去,完善现有社会服务体系,加大对幼托服务的公共投入,推动社会服务的均等化,由社会和家庭共同承担育儿成本,在家庭内部男女更平等地分担照料责任[1]。

从教育的视角来看,教育有助于减少家务劳动负担,缩小性别差异。教育提高女性在家庭的谈判力,减少女性的家务劳动负担。另外,教育可以改变传统的性别观念,鼓励男性分担家务和家庭照料。因此,国家在全面普及九年义务教育的基础上,应进一步推动高等教育大众化,确立基本公共教育服务体系,缩小城乡和地区教育差距,完善国家助学制度,使农村女孩的教育权利得到更好保障。

从收入的视角来看,低收入男性、女性的无酬劳动平均时长均大于中、高收入人群,比起经济状况好的家庭,低收入人群更可能面临着"时间和经济"的双重压力。他们没有经济能力购买社会化服务或现代化家电设备,所以花在家务劳动的时间更多,进而挤占了其有酬劳动时间。同时,低收入人群往往受教育水平低,尽管花在无酬劳动的时间长,但与孩子的高质量陪伴相对较少;他们为改善家庭经济状况将孩子留给祖辈看管(留守儿童),引起更多的社会问题。社会应该更多关注这一群体,提供有针对性的社会福利政策,帮助他们减轻生活压力,提升生活质量。

---

[1] 肖洁:《生育的收入惩罚效应有多大——基于已婚女性收入分布的研究》,《东南大学学报》(哲学社会科学版)2017年第3期。

第五章

回归家庭的女性

家庭内部的劳动分工决定着夫妻在家庭和社会的地位,世界上大多数国家都存在"男主外、女主内"的传统性别分工,即男性主要以有酬市场劳动为主,女性主要负责家务和照料等无酬劳动。随着社会的进步和性别平等的推进,越来越多的女性进入劳动力市场,但无酬劳动仍然主要由女性承担,中国也不例外[①]。无酬劳动对家庭福利至关重要,由于这些活动没有直接的货币回报,女性对家庭的贡献被严重低估,家庭照料的负担减少了女性的就业机会和收入,增加了女性对男性的经济依赖,弱化了女性在家庭内部的议价能力[②]。工作和家庭的双重负担使女性比男性更容易陷入"时间贫困",没有足够的时间休息和享受闲暇,限制了女性的发展[③]。可以说,家庭内部劳动时间配置的不平等是导致性别不平等的重要原因之一。

家庭内部性别分工不仅关系到社会公平,而且对经济增长和人口结构也有重要影响。麦肯锡全球研究机构估计,由于传统的性别角色定位和性别歧视等因素,世界上很多国家的经济参与率都存在着性别差距,若能够把女性的经济参与度提高到男性水平,2025年中国的GDP可额外

[①] 杨菊华:《时间利用的性别差异——1990—2010年的变动趋势与特点分析》,《人口与经济》2014年第5期;张弛:《总工作时间的性别差异及其影响因素分析——基于日本社会生活基本调查数据》,硕士学位论文,暨南大学,2016年。

[②] Boserup Ester, "Women's Role in Economic Development", *American Journal of Agricultural Economics*, 1970, 53 (3).

[③] Liangshu Qi, Xiao-yuan Dong, "Gender, Low-paid Status, and Time Poverty in Urban China", *Feminist Economics*, 2018, 24 (2).

增加2.5万亿美元，同期全球GDP会额外增长28万亿美元①。经济领域（有酬劳动）的性别平等与家庭内部无酬劳动时间如何在两性之间分配密切相关：如果大部分家庭照料由女性承担，实现男女同等的经济参与度是不可能的，因为人的时间和精力是有限的。面对工作和家庭的"双重压力"，许多女性将不得不在两者之间做出选择。许多发达国家在教育和劳动力市场倡导性别平等，但所推行的社会政策仍然在维系传统的性别分工，面对家庭照料对个人发展的制约，许多女性选择了不结婚、不生育，国家面临低生育难题②。而低生育率会加速人口老龄化和劳动力短缺，制约经济的可持续发展。

发达国家的研究显示，家庭内部劳动时间配置的性别差异与性别平等程度具有正相关关系。在北欧一些国家，经济发展伴随着对传统性别关系的制度变革。国家一方面通过反性别歧视、男女同工同酬的立法推动劳动力市场的性别平等；另一方面通过提供父母共享的产假和育儿假，加大对托幼机构和学前教育的投入，倡导"家庭友好"的工作安排等举措，鼓励男女共同承担家庭照料，减轻女性无酬劳动的负担和工作—家庭的冲突。在这些国家，不仅劳动参与率和性别工资差距较小，家庭内部有酬劳动和无酬劳动的分工以及总劳动时间的性别差距也比较小，并且生育率相对较高③。而在意大利和希腊这些南欧国家以及日本、韩国等东亚国家，经济增长没有从根本上改变"男人赚钱养家，女人照料家庭"的传统模式，社会政策和家庭税收模式基本是按传统性别分工设计的。因此，这些国家不论在家庭内部还是在劳动力市场上性别差异和不平等程度都比较大，生育率相对较低④。

---

① Mickinsey Global Institute, "The Power of Parity: How Advancing Women's Equality can Add $12 Trillion to Global Growth", 2015.

② Peter McDonald, "Gender Equity, Social Institutions and the Future of Fertility", *Journal of Population Research*, 2000, 17 (1).

③ Francesca Bettio, Janneke Plantenga, "Comparing Care Regimes in Europe", *Feminist Economics*, 2004, 10 (1).

④ Mary C. Briton, Xiana Bueno Garcia, Olah Livia Sz, et al., "Postindustrial Fertility Ideals, Intentions, and Gender Inequality: A Comparative Qualitative Analysis", *Population and Development Review*, 2018, 44 (2).

实现男女平等是中国的基本国策。联合国《2030年可持续发展议程》把"实现性别平等，为所有妇女和女童赋权"作为17个可持续发展目标之一，提出通过推进基础设施建设，增加公共服务，鼓励家庭成员更加平等地分配无酬劳动负担等举措来承认无酬家务和照料劳动的价值，实现性别平等。

本章利用2008年和2017年中国时间利用调查数据。分析中国家庭内部性别分工的变化，并同一些发达国家和转型国家进行比较。了解中国家庭内部性别分工的变化趋势。对于认识女性在家庭和劳动力市场上的弱势地位，制定有利于两性共同发展的经济和社会政策，落实男女平等的基本国策，实现2030可持续发展目标，具有重要的现实意义。

第一节　制度变迁

在中国传统社会中，"男主外、女主内"的传统观念影响深远，女性地位低下。中华人民共和国成立以来，国家把妇女参加社会劳动生产作为提升妇女地位的核心举措，通过提供带薪产假和补贴式托儿所、幼儿园来减轻女性的照料负担，提高女性劳动参与率。大多数中国妇女离开学校就进入劳动力市场，和男性一样从事全职工作，双收入家庭成为中国家庭的基本模式。虽然在工作场所"妇女撑起半边天"，但社会仍然把照料家人看作是女性的"天然职责"，女性担负着工作和家庭的双重负担。

改革开放以来，国家把男女平等作为基本国策，制定了一系列新的政策法规保障女性和男性具有同等的政治、经济和社会权利。经济的高速增长，工业化和城镇化的推进以及服务业的发展，为女性提供了新的就业岗位。女性受教育水平的提高，为缩小性别收入差距创造了条件。同时，家庭收入的提高，服务业市场的发展，劳动节约型家用电器的推广减轻了女性家务劳动负担。

改革开放既为中国女性创造了新机遇，也提出了许多挑战，社会上甚至出现了"妇女回归家庭"的呼声。第二次和第三次中国妇女社会地位调查显示，2000—2010年同意"男性应以事业为主，女性应以家庭为主"这一观点的男性比例由53.9%上升为61.6%，女性由50.4%上升为54.8%。国有企业改革、民营部门和非正规部门占比扩大增加了监管落实保护女性权益劳动法规的难度。面对激烈的市场竞争，有些用人单位不愿意招聘婚龄和育龄妇女，特别是在2016年"全面二孩"政策推出以后，进入生育年龄的女性在求职过程中受到各种公开和隐蔽的歧视①。许多在民营部门和非正规部门就业的妇女由于没有生育保险，不能享受产假待遇，不得不在生孩子之后退出劳动力市场②。

改革开放以来，社会福利政策定位一度体现"照料儿童、老人是家庭的私事"。单位福利制度改革导致公办托幼服务供给下降，0—2岁托幼机构服务几乎不复存在，托幼机构服务的缺失对城镇学龄前儿童母亲就业产生了负面影响③。同时，昂贵的托幼费用降低了母亲就业的净收益，从而降低了她们的就业意愿，特别是那些在低收入部门就业的母亲④。由于托幼机构服务稀缺，许多祖父母帮助子女照料孙子女，这也降低了仍处于就业年龄段（45—64岁）的祖父母（主要是祖母）的劳动参与和非农就业⑤。随着劳动力市场竞争日益激烈，社会阶层分化加剧，中国家长们对子女的教育空前"焦虑"，为了使孩子不输在起跑线上，家庭加大了对儿童早期照料和教育的投入；儿童照料主要由母亲承担，进一步增加了已婚女性的无酬劳动负担。已婚女性劳动参与率的下降侵蚀了中国"双收入"家庭模式，这也增加了已婚男性的经济压力，使他们不得不通过加班、延长工作时间来增加收入，满足

---

① 赖德胜等：《2016中国劳动力市场发展报告：性别平等化进程中的女性就业》，北京师范大学出版社2017年版，第147—158页。

② Nan Jia, Xiao-yuan Dong, Yue-ping Song, "Paid Maternity Leave and Breastfeeding in Urban China", *Feminist Economics*, 2018, 24 (2).

③ Fenglian Du, Xiao-Yuan Dong, "Women's Employment and Childcare Choices in Urban China during the Economic Transition", *Economic Development and Cultural Change*, 2013, 62 (1).

④ Yueping Song, Xiao-yuan Dong, "Childcare Costs and Migrant and Local Mothers' Labor Force Participation in Urban China", *Feminist Economics*, 2018, 24 (2).

⑤ 杜凤莲、张胤钰、董晓媛：《儿童照料方式对中国城镇女性劳动参与率的影响》，《世界经济文汇》2018年第3期；Yafeng Wang, Chuanchuan Zhang, "Gender Inequalities in Labor Market Outcomes of Informal Caregivers near Retirement Age in Urban China", *Feminist Economics*, 2018, 24 (2).

家庭支出需求。上述变化都会影响中国家庭内部有酬劳动和无酬劳动的性别分工。

第二节 女性的选择？从"双重压力"到"回归家庭"

本节使用的数据来自 2008 年国家统计局的中国时间利用调查和 2017 年内蒙古大学的中国时间利用调查。为确保数据可比性，本节样本只包括两个调查都覆盖的 10 个省市：北京、河北、黑龙江、浙江、安徽、河南、广东、四川、云南、甘肃。样本聚焦 22—64 岁已婚并与配偶生活在一起的居民。由于无法确认配偶关系，样本没有包括与户主居住在一起的成年子女及其配偶和老年父母。2008 年的样本共有 12507 个家庭，2017 年样本共有 2008 个家庭。

我们采用女性与男性的时间比率作为衡量性别差异的指标[①]，该比率等于 1 为无差异，大于和小于 1 均为有差异。与性别时间差距不同，性别时间比率剔除了基数的影响。例如，家庭 A 女性日平均无酬劳动时间是 3 小时，男性是 1 小时，性别时间差距为 2 小时；家庭 B 女性日均无酬劳动时间是 1.5 小时，男性是 0.5 小时，性别时间差距是 1 小时。我们说，这两个家庭的女性无酬劳动时间都是男性的 3 倍，性别时间比率同为 3，性别差异是相同的。

一 总体情况

在分析家庭内部已婚男性（丈夫）和已婚女性（妻子）时间利用变化之前，我们先看一下他们在 2008—2017 年劳动参与率的变化。总体上，中国居民的劳动参与率仍然属于高水平，但存在明显的性别差异。2008 年男性劳动参与率上升为 88.7%，女性劳动参与率为 78.9%；2017 年男性劳动参与率为 89.9%，女性劳动参与率下降为 74.2%。女性和男性的劳动参与率差距从 9.8 个百分点扩大为 15.7 个百分点。

[①] 这种方法在国际文献中很普遍。见世界经济论坛《2017 年全球性别差距报告》。

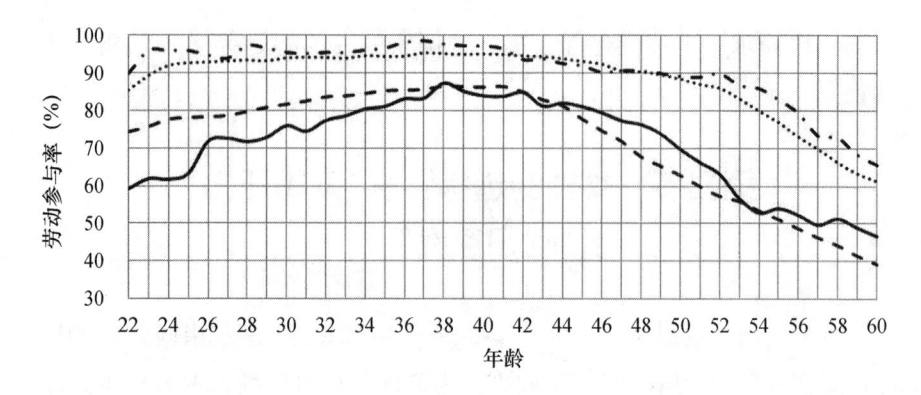

图5—1 不同年龄居民的劳动参与率①

资料来源：2008年中国时间利用调查和2017年中国时间利用调查。

图5—1显示，中国居民劳动参与率随着年龄呈现出先上升后下降的趋势。分性别来看，与2008年相比，2017年男性劳动参与率略有上升，但两年的劳动参与率线很接近，在整个就业年龄段没有出现大幅度分离情况。而女性劳动参与率在两个不同年龄段有较大的差别：一是处于22—38岁年龄段的女性，2017年的劳动参与率比2008年的劳动参与率有明显下降；二是处于45—60岁年龄段的女性，其劳动参与率比2008年有明显上升，这反映了中国"全面二孩"政策落地以及女性延期退休的影响。

从图5—2可以看出，孩子年龄对于女性劳动参与率影响较大，有学龄前儿童和小学生家庭的女性劳动参与率比9年前下降更多，图5—2与图5—1中22—38岁女性年龄段的结论相呼应。具体而言，家中有0—2岁孩子的女性，其劳动参与率由2008年的72.4%下降为2017年的61.4%，下降了11个百分点；家中有3—6岁孩子的女性，其劳动参与率由2008年的80.6%下降为2017年的68.8%，下降近12个百分点；家中有7—12岁孩子的女性，其劳动参与率由2008年的81.7%下降为2017

---

① 计算每个年龄的劳动参与率时使用的是相邻5个年龄的劳动参与率的移动平均数，即计算22岁的劳动参与率，把22岁、23岁、24岁、25岁、26岁的劳动参与率相加然后再除以5，依次类推。本图只列出22—60岁的劳动参与率。

年的78.0%，下降了3.7个百分点。相反，家中无0—18岁孩子的女性，其劳动参与率由2008年的81.0%上升为2017年的84.2%，提高3.2个百分点。

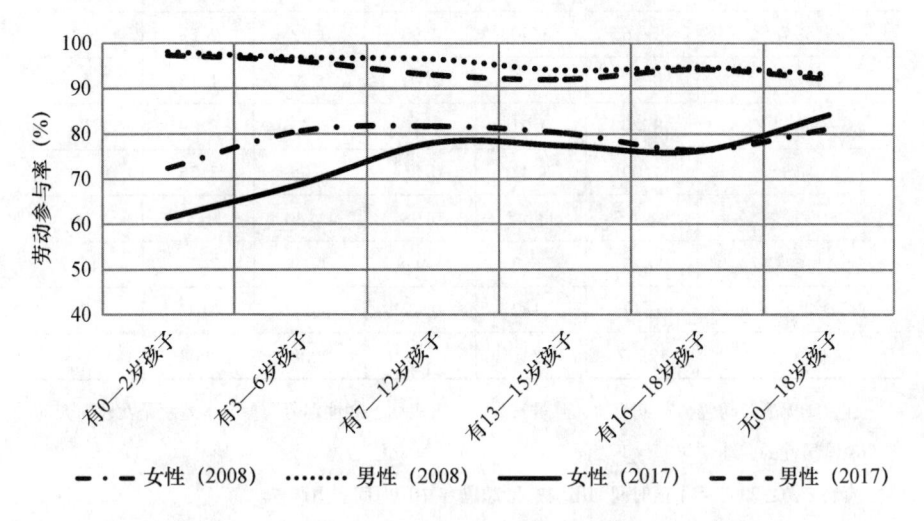

图5—2 中国22—49岁居民不同家庭结构劳动参与率

注：由于2008年中国时间利用调查没有详细的家庭结构的信息，2008年的数据来自2008CHIP。

资料来源：2008年中国家庭收入调查（CHIP）和2017年中国时间利用调查。

随着部分育龄女性退出劳动力市场，性别工资差距缩小了，女性和男性的工资比从0.72上升为0.79，这反映了中国劳动力市场净需求的变化。一方面，2008年国际金融危机爆发后，中国经济增长模式从出口导向转为内需驱动，从而推动了服务业快速发展，增加了对女性劳动力的需求；另一方面，部分育龄女性退出劳动力市场减少了劳动供给，这些变化使女性工资的上升速度快于男性工资，从而缩小了性别工资差异。

表5—1　　　　中国家庭内部时间利用性别差异和变化　　　单位：小时/天

	2008年			2017年		
	男性	女性	女/男	男性	女性	女/男
有酬劳动	6.66	4.89	0.73	7.34	5.20	0.71

续表

	2008 年			2017 年		
	男性	女性	女/男	男性	女性	女/男
无酬劳动[①]	1.54	4.13	2.68	1.11	3.68	3.32
#家务劳动	1.16	3.40	2.93	0.72	2.53	3.51
#照料家人	0.32	0.67	2.09	0.39	1.15	2.95
总劳动	8.20	9.01	1.10	8.45	8.89	1.05
闲暇	4.09	3.47	0.85	4.05	3.56	0.88
自我照料	11.65	11.45	0.98	11.40	11.44	1.00
劳动参与率[②]（%）	88.7	78.9	-9.8	89.9	74.2	-15.7
月劳动收入（元）	1642	1182	0.72	3951	3102	0.79
观测值	12507	12507		2008	2008	

注：①无酬劳动包括家务劳动、照料家人等，下表同；②性别劳动参与率差距是女性的劳动参与率减男性的劳动参与率，下表同。

资料来源：2008 年中国时间利用调查和 2017 年中国时间利用调查。

表 5—1 报告中国家庭内部分性别时间利用情况。中国家庭内部劳动分工存在明显的性别差异：女性有酬劳动时间少于男性，无酬劳动时间多于男性，总劳动时间多于男性，闲暇时间少于男性。2008—2017 年，无论男性还是女性，有酬劳动时间都增加了，但男性比女性增加得更多，女性与男性的有酬劳动时间比率由 0.73 下降为 0.71。同时，男性和女性的无酬劳动时间都减少了，女性无酬劳动时间降幅低于男性，女性与男性的无酬劳动时间比率由 2008 年的 2.68 上升为 2017 年的 3.32。无酬劳动时间的减少主要是由于家务劳动时间的下降，照料家人的时间反而增加了。与 2008 年相比，男性总劳动时间有所增加，女性总劳动时间略微减少，总劳动时间的性别差距由每天 0.81 小时下降为 0.44 小时，总劳动时间比率由 1.10 下降为 1.05。随着总劳动时间分配变得更平均，性别间闲暇和自我照料等活动的时间分配也更平均了。

表5—2　　　中国双收入家庭内部时间利用性别差异和变化　单位：小时/天

	2008年			2017年		
	男性	女性	女/男	男性	女性	女/男
有酬劳动	7.62	6.24	0.82	8.44	6.99	0.83
无酬劳动	1.28	3.54	2.76	0.91	2.80	3.08
#家务劳动	0.97	3.00	3.10	0.64	2.07	3.23
#照料家人	0.26	0.50	1.91	0.27	0.72	2.67
总劳动	8.90	9.79	1.10	9.35	9.79	1.05
闲暇	3.50	2.87	0.82	3.35	2.88	0.86
自我照料	11.54	11.28	0.98	11.20	11.22	1.00
月劳动收入（元）	1642	1182	0.72	4278	3203	0.75
观测值	9257	9257		1147	1147	

资料来源：2008年中国时间利用调查和2017年中国时间利用调查。

表5—2报告夫妻双方都就业的双收入家庭时间利用情况。双收入家庭女性担负着工作和家庭的双重负担，通常她们的总劳动时间比男性的长。从表5—2可以看到，无论是2008年还是2017年，双收入家庭同样存在女性有酬劳动时间少于男性，无酬劳动时间多于男性，总劳动时间多于男性，闲暇时间少于男性的特点。2008—2017年，男性和女性的有酬劳动时间都增加了（男性每天增加0.82小时，女性每天增加0.75小时），相对各自的基数，女性有酬劳动时间增幅更大一些；因此，女性与男性的有酬劳动时间比率略微上升。与全国总体情况一样，双收入家庭男性和女性的无酬劳动时间都减少了（男性每天减少0.37小时，女性每天减少0.74小时），女性无酬劳动时间由每天比男性多2.26小时，下降为1.89小时，女性与男性的无酬劳动时间比率却由2.76上升为3.08。与2008年相比，男性总劳动时间每天增加0.45小时，女性总劳动时间没有变化；因此，女性总劳动时间由每天比男性多0.89小时，下降为每天仅比男性多0.44小时，总劳动时间比率由1.10下降为1.05。双收入家庭的总劳动时间分配更平等了，这种变化主要是由女性无酬劳动时间减少带来的，而不是无酬劳动负担的分配更平等了。

二 城乡家庭内部时间利用性别差异

城乡居民的工作和生活方式有很大差异,因此本小节分城乡分析家庭内部时间利用性别差异。表5—3报告城镇和农村家庭时间利用状况和变化趋势。

表5—3　　中国城镇和农村家庭内部时间利用性别差异和变化　　单位:小时/天

	2008年			2017年		
	男性	女性	女/男	男性	女性	女/男
城镇家庭						
有酬劳动	5.45	4.06	0.74	7.24	4.95	0.68
无酬劳动	1.91	4.24	2.22	1.28	3.64	2.84
#家务劳动	1.44	3.42	2.37	0.74	2.37	3.20
#照料家人	0.42	0.75	1.79	0.54	1.27	2.35
总劳动	7.36	8.29	1.13	8.52	8.59	1.01
闲暇	4.90	4.04	0.83	4.18	3.84	0.92
自我照料	11.66	11.57	0.99	11.20	11.46	1.02
劳动参与率(%)	82.9	69.8	-13.1	86.9	67.1	-19.8
月劳动收入(元)	2226	1616	0.73	4349	3345	0.77
观测值	6691	6691		1303	1303	
农村家庭						
有酬劳动	8.05	5.84	0.73	7.45	5.49	0.74
无酬劳动	1.12	4.01	3.57	0.91	3.73	4.10
#家务劳动	0.83	3.37	4.07	0.69	2.71	3.93
#照料家人	0.21	0.58	2.76	0.22	1.03	4.68
总劳动	9.17	9.84	1.07	8.36	9.22	1.10
闲暇	3.16	2.81	0.89	3.89	3.24	0.83
自我照料	11.63	11.31	0.97	11.65	11.42	0.98
劳动参与率(%)	95.3	89.4	-5.9	93.7	82.1	-11.6
月劳动收入(元)	959	645	0.67	2722	2140	0.79
观测值	5816	5816		705	705	

资料来源:2008年中国时间利用调查和2017年中国时间利用调查。

首先看城镇的数据，和全国的变化趋势相同，2008—2017年城镇男性劳动参与率由82.9%上升为86.9%，女性劳动参与率由69.8%下降为67.1%，性别劳动参与率差异由13.1个百分点扩大到19.8个百分点；但性别工资差距缩小了，女性与男性的工资比由0.73上升为0.77。性别劳动参与率差异扩大会影响城镇家庭内部的劳动分工。如表5—3所示，城镇家庭男性和女性的有酬劳动时间均增加了，无酬劳动时间均减少了，但是两类劳动的性别差异扩大了。2008年男性有酬劳动时间比女性每天平均多1.39小时，而在2017年这一数字扩大到2.29小时，女性与男性的有酬劳动时间比率由0.74下降为0.68，无酬劳动时间性别差异略有扩大（从每天2.33小时增加到2.36小时），女性与男性的无酬劳动时间比率由2.22上升为2.84。这些变化带来了总劳动时间性别差异的变化，2008年女性总劳动时间每天比男性多0.93小时，2017年女性总劳动时间每天比男性多0.07小时，女性与男性的总劳动时间比率由1.13下降为1.01，闲暇时间在男女之间的分配也因此变得更平均了。虽然有酬劳动性别差异扩大在一定程度上缩小了总劳动时间的性别差异，但是女性对家庭收入的贡献降低了，女性的家庭总收入占比由2008年的40%下降为37.3%，女性的经济依赖性增加了[①]。

表5—3的第二部分报告农村家庭时间利用的情况。与城镇的变化趋势不同，在农村不仅女性劳动参与率下降，男性劳动参与率也有所下降，只是下降幅度略低于女性。2017年，农村居民劳动参与率仍然明显高于城镇居民，农村男性为93.7%，比城镇男性高6.8个百分点；农村女性为82.1%，比城镇女性高15个百分点。有酬劳动时间的变化也与城镇不同，农村居民有酬劳动时间都有所下降，但是男性下降更多，所以，女性与男性的有酬劳动时间比率略有上升，由0.73上升为0.74。与城镇情况相似，男女花费在无酬劳动上的时间都减少了（男性每天减少0.21小时，女性每天减少0.28小时），但是女性与男性的无酬劳动时间比率由3.57上升为4.10。与城镇居民总劳动时间都有所增加不同，农村居民总

---

① 笔者只计算了城镇家庭女性在家庭总劳动收入占比，因为农村家庭劳动收入包括家庭农业经营收入无法量化个人的贡献。

劳动时间都减少了，其中男性总劳动时间减少程度大于女性（男性每天减少 0.81 小时，女性每天减少 0.62 小时）。2008 年农村女性总劳动时间每天比男性多 0.67 小时，而 2017 年每天比男性多 0.86 小时，女性与男性的总劳动时间比率由 1.07 上升为 1.10。由于总劳动时间分配得更不平均了，闲暇时间在两性之间的分配也变得更不平等了。

比较表 5—3 中城镇和农村家庭的数据，我们看到在劳动参与率、有酬劳动时间、无酬劳动时间和总劳动时间等方面，城乡差异明显缩小了，经济发展减轻了农村居民的劳动负担，使他们有更多的时间享受闲暇、照料家人（主要是孩子）。但是农村女性福利提升没有男性的大，相对于男性，农村女性总劳动时间更长了，无酬劳动时间的性别差异扩大了。

三 学龄前儿童对家庭内部时间利用性别差异的影响

生育是女性平衡工作和家庭必须考虑的因素，有无未成年孩子、孩子的数量以及孩子年龄等因素会对家庭内部时间配置产生影响。表 5—4 报告有无 0—6 岁孩子对家庭内部时间利用的影响。

表 5—4　　　　有无 0—6 岁孩子中国家庭内部时间
利用性别差异和变化　　　　单位：小时/天

	2008 年			2017 年		
	男性	女性	女/男	男性	女性	女/男
有 0—6 岁孩子的家庭						
有酬劳动	6.44	4.19	0.65	7.39	4.15	0.56
无酬劳动	1.89	5.07	2.68	1.49	5.33	3.58
#家务劳动	1.14	3.34	2.94	0.57	2.27	3.98
#照料家人	0.68	1.66	2.45	0.92	3.05	3.32
总劳动	8.34	9.26	1.11	8.89	9.48	1.07
闲暇	3.86	3.11	0.81	3.34	2.65	0.79
自我照料	11.75	11.57	0.99	11.67	11.76	1.01
劳动参与率（%）	87.1	73.0	−14.1	91.2	66.1	−25.1
月劳动收入（元）	1582	1141	0.72	4627	4009	0.87
观测值	3026	3026		446	446	

续表

	2008 年			2017 年		
	男性	女性	女/男	男性	女性	女/男
没有 0—6 岁孩子的家庭						
有酬劳动	6.72	5.11	0.76	7.32	5.53	0.76
无酬劳动	1.43	3.83	2.67	0.99	3.18	3.21
#家务劳动	1.16	3.41	2.93	0.76	2.61	3.42
#照料家人	0.21	0.35	1.67	0.23	0.57	2.48
总劳动	8.16	8.94	1.10	8.31	8.70	1.05
闲暇	4.16	3.58	0.86	4.26	3.84	0.90
自我照料	11.62	11.41	0.98	11.32	11.34	1.00
劳动参与率（%）	89.1	80.8	-8.3	89.6	76.7	-12.9
月劳动收入（元）	1662	1194	0.72	3739	2892	0.77
观测值	9481	9481		1562	1562	

资料来源：2008 年中国时间利用调查和 2017 年中国时间利用调查。

从表 5—4 中可以看出，有 0—6 岁孩子的家庭性别分工向传统性别分工模式回归的趋势更为明显。有学龄前儿童的家庭中男性劳动参与率由 2008 年的 87.1% 上升为 2017 年的 91.2%，而女性劳动参与率却由 73.0% 下降为 66.1%，性别劳动参与率差异达到 25.1 个百分点，比 2008 年扩大了 11 个百分点。从时间配置来看，男性有酬劳动时间每天增加 0.95 小时，无酬劳动减少 0.40 小时；女性有酬劳动时间每天减少 0.04 小时，无酬劳动增加 0.26 小时。其结果是有酬劳动时间性别比率由 0.65 下降为 0.56，而无酬劳动时间性别比率由 2.68 上升为 3.58。在总劳动时间上，男性和女性的总劳动时间都增加了，但是性别差异缩小了，总劳动时间性别比率由 1.11 下降为 1.07。总劳动时间的性别差异缩小，主要是由于男性的有酬劳动时间增加量超过女性的无酬劳动时间增加量，有酬劳动和无酬劳动时间的性别差异变得更大了。

没有 0—6 岁孩子家庭的时间利用性别差异与双收入家庭相似。无论男性还是女性，有酬劳动时间都增加了，无酬劳动时间都减少了，由于变化幅度不同，男性总劳动时间每天由 8.16 小时上升为 8.31 小时，女性总劳动时间每天由 8.94 小时下降为 8.70 小时。相对而言，女性与男性的有酬劳动时间比率保持不变，为 0.76，无酬劳动时间比率由 2.67 上升为 3.21，总劳动时间比率由 1.10 下降为 1.05。尽管总劳动时间在两性之间分配得更平均了，但从总劳动时间绝对量上来讲，女性仍然比男性每天多劳动 0.39 小时。与有 0—6 岁孩子的家庭相比，没有 0—6 岁孩子家庭的夫妻总劳动时间要少一些，男性每天少劳动 0.58 小时，女性少劳动 0.78 小时，换句话说，没有 0—6 岁孩子的夫妻有更多的时间享受闲暇。

四 不同受教育程度家庭内部时间利用性别差异

本小节比较不同教育程度家庭内部时间利用的性别差异和变化趋势。按丈夫的受教育程度把样本家庭分为三类：初中及以下、高中和中专、大专及以上。表 5—5 报告这三类家庭内部时间利用的情况①。

表 5—5　不同受教育程度家庭内部时间利用性别差异和变化

单位：小时/天

	2008 年			2017 年		
	男性	女性	女/男	男性	女性	女/男
初中及以下						
有酬劳动	7.30	5.10	0.70	7.32	5.28	0.72
无酬劳动	1.36	4.23	3.11	1.07	3.74	3.50
#家务劳动	1.03	3.54	3.44	0.72	2.61	3.63
#照料家人	0.25	0.62	2.48	0.35	1.13	3.23
总劳动	8.66	9.33	1.08	8.39	9.02	1.08
闲暇	3.64	3.26	0.90	4.03	3.47	0.86
自我照料	11.67	11.37	0.97	11.48	11.40	0.99
劳动参与率（%）	88.7	79.4	−9.3	88.9	75.7	−13.2
观测值	6478	6478		1248	1248	
高中和中专						
有酬劳动	6.22	4.66	0.75	7.45	4.86	0.65

---

① 按妻子受教育程度划分，大专及以上的样本家庭会更少。

续表

	2008年			2017年		
	男性	女性	女/男	男性	女性	女/男
无酬劳动	1.68	4.16	2.48	1.13	3.80	3.36
#家务劳动	1.31	3.44	2.63	0.77	2.63	3.42
#照料家人	0.32	0.67	2.09	0.35	1.17	3.34
总劳动	7.90	8.83	1.12	8.58	8.66	1.01
闲暇	4.46	3.65	0.82	4.26	3.96	0.93
自我照料	11.56	11.45	0.99	11.06	11.27	1.02
劳动参与率（%）	86.8	76.0	-10.8	88.4	65.4	-23.0
观测值	3358	3358		422	422	
大专及以上						
有酬劳动	5.65	4.64	0.82	7.27	5.33	0.73
无酬劳动	1.81	3.85	2.13	1.26	3.26	2.59
#家务劳动	1.27	3.00	2.36	0.65	2.08	3.20
#照料家人	0.50	0.80	1.60	0.61	1.18	1.93
总劳动	7.46	8.49	1.14	8.53	8.59	1.01
闲暇	4.70	3.75	0.80	3.85	3.47	0.90
自我照料	11.71	11.63	0.99	11.51	11.83	1.03
劳动参与率（%）	90.8	81.4	-9.4	95.8	78.6	-17.2
观测值	2671	2671		337	337	

资料来源：2008年中国时间利用调查和2017年中国时间利用调查。

表5—5显示，不论受教育程度如何，中国家庭内部时间配置都具有以下特点：与男性相比，女性有酬劳动时间短，无酬劳动时间长，总劳动时间长，闲暇时间短。但是劳动分工的性别差异总体上有随着受教育程度提高而缩小的趋势。2008年的数据显示，在初中及以下、高中和中专、大专及以上家庭中，女性与男性的有酬劳动时间比率分别为0.70、0.75、0.82，而无酬劳动时间比率分别为3.11、2.48、2.13，总劳动时间比率分别为1.08、1.12、1.14，与有酬劳动和无酬劳动时间的性别差异变化趋势相反。从总劳动时间绝对量上来讲，丈夫有大专及以上学历的女性每天比丈夫多劳动1.03小时，丈夫有高中和中专学历的女性每天

多劳动0.93小时,丈夫有初中及以下学历的女性每天多劳动0.67小时。造成这一现象的原因可能是:随着丈夫受教育水平的提高,夫妻有酬劳动时间都减少,但丈夫有酬劳动时间的减少量要多于妻子,同时无酬劳动时间变动幅度不大,导致总劳动时间的性别差异随受教育水平的提高而扩大。

2017年在三类不同受教育程度的家庭中,男性和女性的有酬劳动时间都增加了,无酬劳动时间都减少了,但时间利用的性别差异发生了很大的变化。大专及以上学历家庭内部劳动分工明显向传统模式回归,与2008年相比,男性的劳动参与率由90.8%上升为95.8%,女性劳动参与率由81.4%下降为78.6%,性别差距由9.4个百分点扩大为17.2个百分点;女性与男性的有酬劳动时间比率由0.82下降为0.73,无酬劳动时间比率由2.13上升为2.59,总劳动时间比率由1.14下降为1.01;从总劳动时间绝对量上来讲,2008年女性平均每天比男性多劳动1.03小时,而2017年女性总劳动时间仅比男性多0.06小时。

与大专及以上学历家庭相似,高中和中专学历家庭的男性劳动参与率有所上升,而女性的劳动参与率大幅度下降(由76.0%下降为63.8%),性别差异由10.8个百分点扩大为23个百分点;女性与男性的有酬劳动时间比率由0.75下降为0.65,无酬劳动时间比率由2.48上升为3.36,总劳动时间比率由1.12下降为1.01;从总劳动时间绝对量上来讲,2008年女性平均每天比男性多劳动0.93小时,而2017年女性的总劳动时间仅比男性多0.08小时。

与以上两类高学历家庭不同,在初中及以下学历家庭中,虽然女性劳动参与率也有所下降,但是女性与男性的有酬劳动时间比率没有下降反而上升了,由0.70上升为0.72。和其他两类家庭相同,初中及以下学历家庭中女性与男性的无酬劳动时间比率也由3.10上升为3.50。虽然男性和女性的总劳动时间都减少了,但女性对家庭有酬劳动和无酬劳动的相对贡献增加了,女性总劳动时间每天仍然比男性多0.63小时,与男性的总劳动时间比率不变,仍为1.08。

对不同受教育程度家庭的比较揭示了中国女性面临的两难选择:一旦社会把照料儿童和老人看作是"家庭的私事""女人的职责",虽然追求劳动力市场性别平等有助于降低女性的经济依赖性,提高女性的议价能力,但却使女性不得不承担工作和家庭的"双重压力",没有足够的时间休息和享受闲暇。对于高学历家庭的女性,由于丈夫收入高,部分人可以选择"回归家庭",这会导致人力资本的浪费;而对于中国多数生活在中低学历家庭(中低收入家庭)的女性来说,她们依然承受工作和家庭的"双重压力"。经济发展虽然通过减少家务劳动在某种程度上减轻了女性的总劳动负担,但没有从根本改变中国女性面临的两难选择。

第三节 性别分工的国际比较

由于不同国家的时间利用观念、社会分工、性别不平等程度不同,所以各国居民劳动时间分配也存在显著差异。本节选取高福利国家,如瑞典;发达国家,如 G7 国家(美国、加拿大、法国、德国、英国、日本、意大利);转型国家,如波兰和匈牙利;地域和文化都和中国接近的东亚国家,如韩国和日本,作为对照组,同中国居民 2008 年和 2017 年的时间利用性别差异进行比较。通过比较各国时间利用的性别差异,可以进一步理解家庭内部时间利用性别差异和性别平等的关系,看到与先进国家的差距,从其他国家的经历中汲取经验教训,推动中国的性别平等。

表 5—6 报告这些国家的性别平等程度排名、性别平等指数、男性和女性的劳动参与率、女性与男性工资比率和生育率。这些国家中,瑞典、法国、德国、英国、加拿大、波兰和美国性别平等排名较高,除了德国和波兰,这些国家的生育率也比其他国家高一些,而意大利、匈牙利、日本和韩国排名较低,这些国家的生育率也比较低。

表5—6　　　　　　相关国家性别平等指标(2017)

国家	全球排名	性别平等指数	劳动参与率(%)		女性/男性工资比率	生育率
			男性	女性		
瑞典	5	0.816	84.1	79.8	0.74	1.91
法国	11	0.778	75.1	67.2	0.47	1.98

续表

国家	全球排名	性别平等指数	劳动参与率（%）		女性/男性工资比率	生育率
			男性	女性		
德国	12	0.778	82.6	73.1	0.68	1.46
英国	15	0.770	82.6	71.9	0.67	1.87
加拿大	16	0.769	81.5	74.4	0.68	1.58
波兰	39	0.728	75.5	62.0	0.55	1.30
美国	49	0.718	77.4	66.2	0.73	1.87
意大利	82	0.692	73.7	54.3	0.49	1.47
中国	100	0.674	84.3	70.3	0.64	1.62
匈牙利	103	0.670	74.4	61.6	0.49	1.37
日本	114	0.657	85.0	66.4	0.67	1.46
韩国	118	0.650	76.4	55.9	0.51	1.30

资料来源：2017年世界经济论坛：《2017年全球性别差距报告》。

接下来分析这些国家的有酬劳动和无酬劳动时间性别差异与性别平等程度的关系。表5—7报告相关国家男性和女性日平均有酬劳动和无酬劳动时间。除了中国以外其他国家的数据来自Jacques Charmes为2015年联合国人类发展报告办公室撰写的背景文章[1]。这些数据是作者从有关国家的统计网站获取，各国时间利用调查的时间不同，受访者的年龄段也不同[2]，由于没有微观数据，本文没有做出相应的调整。虽然样本年龄段不同在一定程度上影响各国数据的可比性，但是从劳动时间的性别差距和比率上还是可以看出各国之间时间利用的性别差异。鉴于表5—7中相关国家的样本年龄多数是15岁及以上，因此本节中2008年和2017年中国时间利用调查的样本年龄为15—74岁，2017年样本包括29个省份。

---

[1] Jacques Charmes, "Time Use across the World: Findings of a World Compilation of Time Use Survey", UNDP Human Development Report Office Background Paper, 2015.

[2] 每个国家选取的受访者的年龄如下：瑞典2010（20—84岁）、美国2014（15岁及以上）、加拿大2010（15岁及以上）、法国2010（15岁及以上）、德国2001—2002（10岁及以上）、英国2005（15岁及以上）、意大利2008—2009（15岁及以上）、波兰2003—2004（15—64岁）、匈牙利1999—2000（15—74岁）、日本2011（10岁及以上）、中国2008（15—74岁）、中国2017（15—74岁）、韩国2009（10岁及以上）。

表 5—7 显示，女性有酬劳动时间少于男性，无酬劳动时间多于男性，总劳动时间多于男性的现象在所有国家都存在。与其他国家相比，性别平等程度排名最高的瑞典在两类劳动时间上性别差异最小，女性有酬劳动时间每天比男性少 0.66 小时，无酬劳动时间比男性多 0.77 小时，总劳动时间比男性多 0.11 小时。除了意大利和日本，其他 5 个性别平等程度排名较高的 G7 国家的性别差异比瑞典大，女性有酬劳动时间每天比男性少 1.25—1.47 小时，无酬劳动时间多 1.45—1.69 小时，总劳动时间多 0.03—0.37 小时。与上述国家相比，两个转型国家的性别差异比较大：波兰和匈牙利女性的有酬劳动时间每天比男性分别少 1.63 小时和 1.50 小时，无酬劳动时间分别多 2.30 小时和 2.35 小时，总劳动时间分别多 0.67 小时和 0.85 小时。在 G7 国家中，意大利性别平等程度排名较低，劳动分工的性别差异较大，女性有酬劳动时间每天比男性少 2.00 小时，无酬劳动时间多 3.15 小时；而且在总劳动时间上女性要远高于男性，每天多劳动 1.15 小时。中国的东亚邻居（日本和韩国），性别平等程度排名比意大利更低，劳动分工的性别差异也比较大，日本和韩国女性的有酬劳动时间每天比男性分别少 2.75 小时和 1.68 小时，无酬劳动时间比男性分别多 2.95 小时和 2.48 小时，相对而言，日本总劳动时间的性别差异比韩国小一些，日本女性每天比男性多劳动 0.20 小时，而韩国女性每天比男性多劳动 0.80 小时。与其他国家相比，韩国男性无酬劳动时间最少（0.65 小时/天），其次是 2017 年的中国男性（1.13 小时/天），日本和意大利紧随其后，分别为 1.28 小时/天和 1.62 小时/天。

与表 5—7 中其他国家相比，中国劳动时间的性别差距与波兰和匈牙利这两个转型国家相似，比意大利、日本和韩国要小一些。许多转型国家在转型前的社会主义体制下，劳动力市场性别平等取得很大进步，但在鼓励男女平等分担家务劳动方面没有取得相应的进展，因此，女性面临工作和家庭的双重负担。经济转型之后，社会主义性别平等的意识形态面临很大的挑战，劳动性别分工出现了向"男人赚钱养家，女人照料家庭"的传统模式回归。

表 5—7　不同国家女性和男性有酬劳动和无酬劳动时间　　单位：小时/天

	男性		女性	
	有酬劳动	无酬劳动	有酬劳动	无酬劳动
瑞典 2010	3.68	3.23	3.02	4.00
美国 2014	4.28	2.65	2.93	4.10
加拿大 2010	4.25	2.83	3.00	4.28
法国 2010	3.32	2.47	2.10	3.90
德国 2001—2002	3.70	2.28	2.23	3.78
英国 2005	3.52	2.18	2.20	3.87
意大利 2008—2009	3.72	1.62	1.72	4.77
波兰 2003—2004	3.90	2.62	2.27	4.92
匈牙利 1999—2000	4.35	2.12	2.85	4.47
日本 2011	5.50	1.28	2.75	4.23
中国 2017	6.03	1.13	4.19	3.37
中国 2008	6.09	1.57	4.38	3.95
韩国 2009	4.10	0.65	2.42	3.13

资料来源：中国数据来自 2008 年和 2017 年中国时间利用调查，其他国家的数据来自 Jacques Charmes，"Time Use across the World: Findings of a World Compilation of Time Use Survey"，UNDP Human Development Report Office Background Paper, 2015。

考虑到不同国家的时间利用调查样本年龄段不同，样本中包括青少年和老年人的国家，其平均劳动时间会比样本主要覆盖劳动力年龄段的国家低一些，为了减少时间绝对量的影响，图 5—3、图 5—4 和图 5—5 分别报告每个国家女性与男性的有酬劳动时间比率、无酬劳动时间比率和总劳动时间比率。从图 5—3 可以看出，所有国家女性与男性的有酬劳动时间比率都小于 1，但各国存在明显差异，其中瑞典、中国、加拿大、美国这四个国家差异相对较小，分别为 0.82、0.72（2017 年下降为 0.69）、0.71、0.68。差异最大的四个国家是意大利、日本、波兰、韩国，分别为 0.46、0.50、0.58、0.59。

国家	比率(女性/男性)
意大利2008—2009	0.46
日本2011	0.50
波兰2003—2004	0.58
韩国2009	0.59
德国2001—2002	0.60
英国2005	0.63
法国2010	0.63
匈牙利1999—2000	0.66
美国2014	0.68
中国2017	0.69
加拿大2010	0.71
中国2008	0.72
瑞典2010	0.82

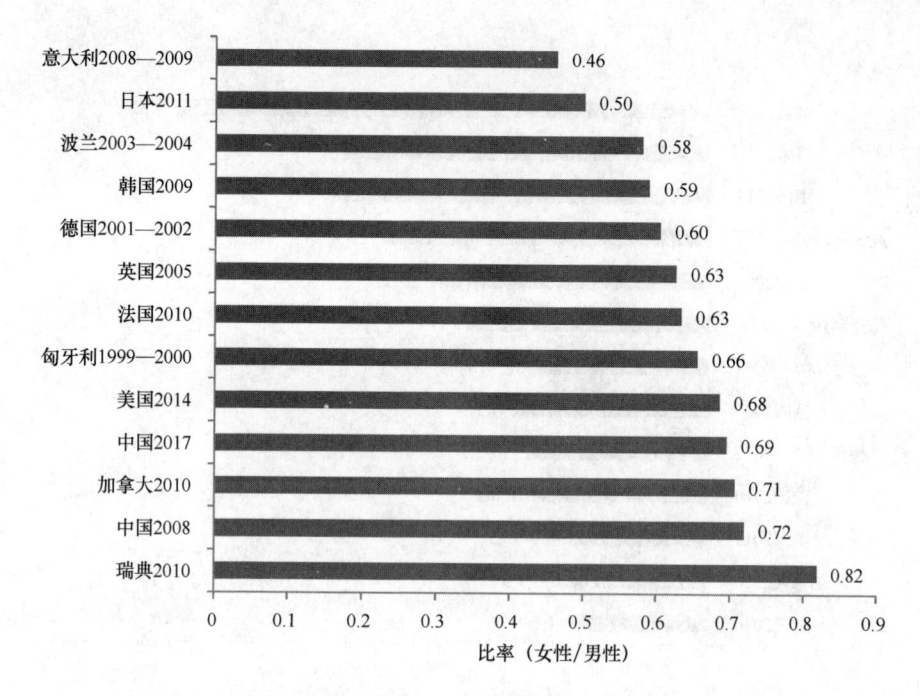

图5—3 不同国家女性有酬劳动时间与男性有酬劳动时间的比率

从图5—4我们看到，瑞典、加拿大和美国不仅在有酬劳动上性别差异比较小，而且无酬劳动的性别差异也不大，这三个国家女性与男性的无酬劳动时间比率分别为1.24、1.51、1.55。而韩国、日本、意大利这些国家不仅在有酬劳动上性别差异比较大，而且无酬劳动的性别差异也比较大，女性与男性的无酬劳动时间比率分别为4.82、3.30、2.95。与上述国家不同，中国有酬劳动的性别差异比较小，但是无酬劳动的性别差异却比较大，2008年无酬劳动时间性别比率为2.52，2017年上升为2.98，超过了意大利。中国女性不仅要承担与男性差不多的有酬劳动，还要承担很大一部分无酬劳动，所以中国女性的总劳动时间要比男性更多一些，这一现象在匈牙利、波兰等国也同样存在。而在日本，性别分工更明确，男性从事大量的有酬劳动，较少参与无酬劳动，女性则在无酬劳动上花费时间较多，在有酬劳动上花费时间较少。因此，总劳动时间在两性之间的分配比较平均。

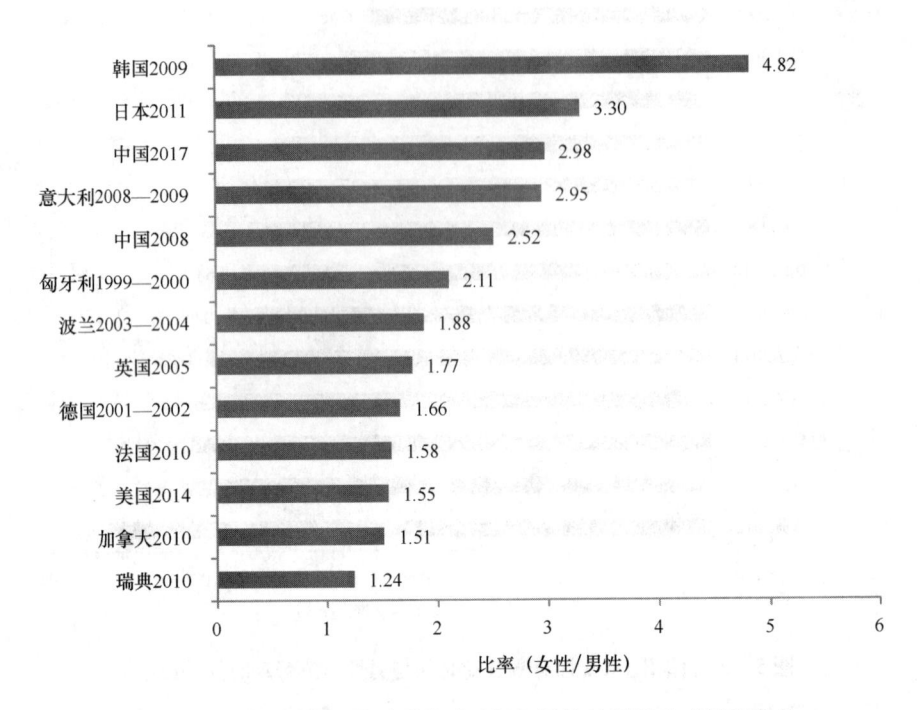

国家	比率
韩国2009	4.82
日本2011	3.30
中国2017	2.98
意大利2008—2009	2.95
中国2008	2.52
匈牙利1999—2000	2.11
波兰2003—2004	1.88
英国2005	1.77
德国2001—2002	1.66
法国2010	1.58
美国2014	1.55
加拿大2010	1.51
瑞典2010	1.24

比率（女性/男性）

图5—4　不同国家女性无酬劳动时间与男性无酬劳动时间的比率

图5—5报告的总劳动时间性别比率验证了我们前面对不同国家的判断。由图5—5可知所有国家女性的总劳动时间都高于男性。其中瑞典、美国和德国性别差异最小，女性与男性的总劳动时间比率为1.01，其次是加拿大和日本，女性与男性的总劳动时间比率为1.03，而意大利、韩国、匈牙利、波兰女性劳动负担最重，女性与男性的总劳动时间比率分别为1.22、1.17、1.13、1.10。2008年中国女性与男性的总劳动时间比率为1.09，2017年下降为1.06，与英国相同。中国总劳动时间分配变得更平均了，但这种平均现象不是由于有酬劳动和无酬劳动时间的性别差异变小了，而是由于两类劳动时间的性别差异都扩大了，在这一点上，中国家庭内部的性别分工模式与日本家庭更相似。

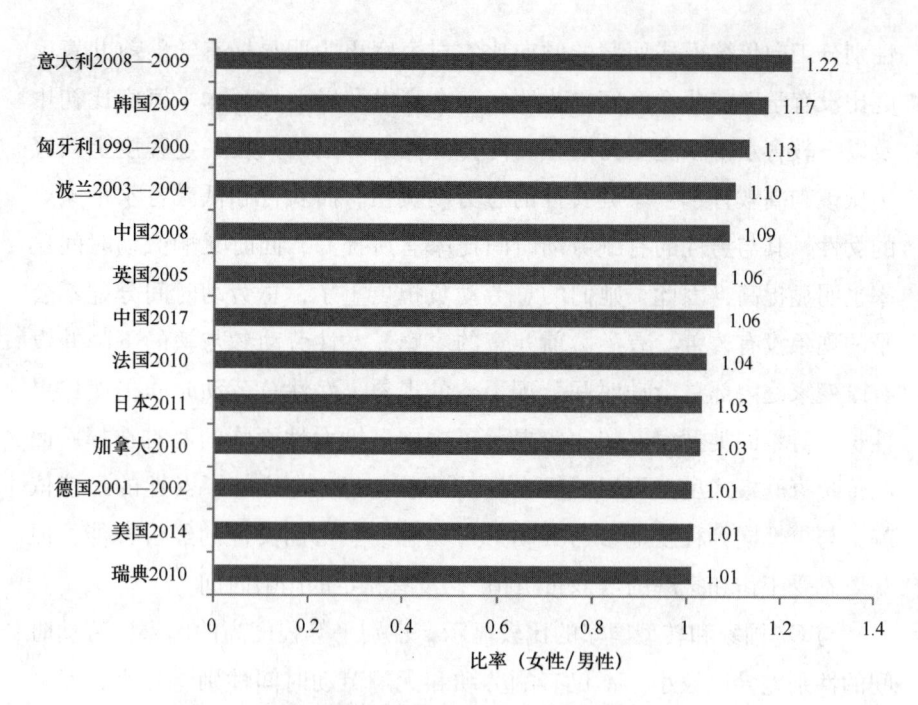

国家/年份	比率
意大利2008—2009	1.22
韩国2009	1.17
匈牙利1999—2000	1.13
波兰2003—2004	1.10
中国2008	1.09
英国2005	1.06
中国2017	1.06
法国2010	1.04
日本2011	1.03
加拿大2010	1.03
德国2001—2002	1.01
美国2014	1.01
瑞典2010	1.01

图5—5 不同国家女性总劳动时间与男性总劳动时间的比率

第四节 小结

本章分析和比较2008年和2017年中国已婚男性和女性时间利用的变化。分析发现，中国家庭内部时间利用存在明显的性别差异：女性有酬劳动时间远少于男性，无酬劳动时间远多于男性，总劳动时间略多于男性，闲暇时间少于男性。2008—2017年的9年，中国家庭内部性别分工发生了显著的变化，总体来说，女性与男性的有酬劳动时间比率变得更低了，无酬劳动时间比率更高了，总劳动时间比率降低了。这些变化显示，中国家庭内部劳动分工有向传统"男主外、女主内"模式回归的趋势，同时由于部分育龄女性退出了劳动力市场，收入水平提高减少了女性家务劳动时间，家庭总劳动时间在两性之间的分配变得更平均了，中国女性面临的工作和家庭"双重压力"有所减轻。

但是不同社会群体家庭内部性别分工的变化有很大差异，城镇家庭性别分工向传统模式回归的倾向比农村家庭更为明显；有学龄前儿童家庭比没有学龄前儿童家庭更为明显，有高中及以上教育水平家庭比初中及以下教育水平家庭更为明显。向传统性别分工回归在一定程度上减轻了城镇和高教育水平家庭女性的总劳动负担。而农村和低教育水平家庭的女性，其与男性的有酬劳动时间比率有所提高，同时无酬劳动时间比率也明显提高，因此，她们的总劳动负担更重了，总劳动时间分配不公平的现象没有改善。有学龄前儿童的家庭，女性劳动参与率的下降并没有改变家庭内部总劳动时间分配不均的现象，女性总劳动时间仍然比男性长。对不同类型家庭的比较揭示了中国已婚女性面临的两难选择：回归传统家庭模式虽然可以减轻女性的劳动负担，却增加了女性的经济依赖；与男性同等程度地参与劳动力市场有助于增加女性的经济权能，但却要忍受工作和家庭的"双重负担"，没有充足的闲暇时间。

与 G7 国家和转型国家的比较显示，性别平等程度高的国家，劳动时间的性别差异也较小，不仅有酬劳动和无酬劳动时间性别差异小，而且总劳动时间在两性之间的分配也更平等。性别平等程度低的国家，劳动时间的性别差异比较大，日本两类劳动的性别差异比较对称，因此总劳动时间的性别差异比较小，而意大利、韩国、波兰和匈牙利，有酬劳动和无酬劳动的性别差异不对称，其结果是总劳动时间的性别差异比较大。2008 年中国家庭内部性别分工与波兰和匈牙利这两个转型国家相似，而进入 2017 年，中国家庭内部性别分工与日本家庭模式相似。

中国家庭内部性别分工的变化趋势应引起决策者的高度关注。女性退出劳动力市场，回归家庭与国际社会推动性别平等的大潮流相违背，会对中国实现联合国 2030 可持续发展目标产生负面影响。面临中国人口老龄化，劳动力市场对女性劳动力净需求增加（表现为性别工资差距缩小），而女性回归家庭会加剧劳动力短缺，降低经济增长速度。此外，面对工作和家庭的双重负担，一些高收入家庭的女性可以选择回归家庭，但低收入家庭的女性却很难做出这个选择，她们退出劳动力市场会加剧中国家庭经济分层，而留在劳动力市场，则要面临繁重的劳动负担，没有业余时间来提升个人劳动生产力。最后，发达国家的经历告诉我们，已婚女性的两难局面将会极大地降低青年女性的结婚和生育意愿，这会进一步降低中国的生育率。

　　发达国家的经验显示，要减少家庭内部劳动时间的性别差异，需要国家保障有家庭责任的女性具有平等的就业权利。加大对托幼机构和学前教育的公共投入，提高生育保险的覆盖面，倡导"家庭友好"劳动安排，鼓励男性更多地分担家务劳动和家庭照料责任。本章中中国家庭时间利用的变化也表明，经济发展、人们生活水平的提高、家庭服务市场化也有助于减少已婚女性的家务劳动，缓解她们面临的工作和家庭的"双重负担"，使她们拥有更多的闲暇时间。

第六章

贫困群体的时间利用

"精准脱贫"是党的十九大报告提出的三大攻坚战之一。自2013年习近平总书记做出精准扶贫重要指示以来，中国的扶贫工作取得巨大进展，贫困人口从2012年的近1亿人减少到2017年年底的3046万人，平均每年脱贫1370万人[①]。脱贫政策如何做到精准是目前扶贫工作中的重点和难点。时间分配可以准确反映出家庭和个人为改善生活做出的选择和努力，为制定精准的扶贫政策提供依据。当期劳动力的有酬劳动供给会影响到当期家庭的收入水平和贫困状态；贫困家庭子女增加学习时间投入会增加贫困家庭人力资本积累，阻断贫困的代际传递；政府对贫困家庭大量的扶贫投入，一方面会提高贫困家庭的生活水平，另一方面也可能会影响到贫困家庭的行为选择和时间分配，进而影响到扶贫成果的质量和巩固。

基于对当期贫困状态、贫困代际传递和扶贫成果质量与巩固等重要问题的考虑，本章从时间利用的角度分析了贫困家庭劳动力劳动时间和闲暇时间的分配，并比较了儿童和在校生的学习时间分配。研究发现，贫困家庭劳动力的劳动时间较短，且务农时间较长，贫困家庭小孩的学习时间明显更短。

本章认为，贫困群体的劳动供给存在一定不足，且贫困户家庭小孩的学习积极性不高，脱贫工作需要考虑进一步激发贫困户脱贫的内生动力。

---

① 颜世龙：《五年贫困人口减少6800万　中国脱贫攻坚进入下半场》，《中国经营报》，http://www.cb.com.cn/economy/2018_0310/1226928_3.html。

本章使用的样本包含以下人群：户主为农业户口（包含从农业户口转化来的统一居民户口）或居住在农村地区的家庭中典型工作日时间日志报告的活动类型数量多于3个的个人。

本章将样本分为两大类：贫困户和非贫困户。"贫困户"特指本轮精准脱贫工作中经政府认定的建档立卡贫困户，包含已脱贫户和未脱贫户。但考虑到建档立卡贫困户以外仍然可能有部分家庭的收入水平不高，生活困难，本章进一步将非贫困户按照家庭人均收入从低到高分为五组：最低、次低、中等、较高、最高。贫困群体则包含贫困户和非贫困户中收入最低的一组。

第一节 贫困群体特征

一 劳动力少、文化程度低、养老负担重

表6—1和表6—2中，贫困户的家庭规模与非贫困户差异较小，但家庭劳动力数量更少，且老人数量更多。家庭人口和劳动力中接受过初等教育的人数随收入上升而下降，而中等教育、大专、本科及以上文化程度人口数随收入水平而上升。贫困户女性劳动力比例较低，可能与贫困户男性因收入低难以成家有关。

贫困家庭因为人口结构的老龄化和文化程度较低，导致收入来源受限，而养老负担却比较重。

表6—1　　　　　　　　　人口特征比较　　　　　　　　单位：人

组别		家庭人口	劳动力数	小孩数	老人数	初等教育	中等教育	大专	本科及以上
贫困户		3.60	1.67	0.68	0.77	1.07	1.06	0.05	0.09
非贫困	最低	3.44	1.57	0.75	0.73	0.93	1.12	0.06	0.07
	次低	3.84	1.85	0.82	0.72	0.93	1.44	0.10	0.11
	中等	3.98	2.16	0.79	0.64	0.89	1.67	0.13	0.12
	较高	3.74	2.20	0.65	0.56	0.78	1.71	0.17	0.14
	最高	3.27	2.07	0.48	0.39	0.50	1.54	0.28	0.35

续表

组别	家庭人口	劳动力数	小孩数	老人数	初等教育	中等教育	大专	本科及以上
合计	3.64	1.93	0.69	0.63	0.84	1.44	0.14	0.15

注：表中均为家庭人数。劳动力包含以下人群：16—60岁的男性，16—55岁的女性，目前没有在读；身体健康状况与同龄人相比"非常差"的人群不被列入；下同。中等教育包括初中、高中、职高、中专、技校等，下同。

表6—2　　　　　　　劳动力教育状况和性别比较　　　　　　　单位：%

组别		初等教育	中等教育	大专	本科及以上	女性
贫困户		41.0	41.2	1.3	0.7	42.6
非贫困	最低	32.1	52.6	2.2	0.8	48.9
	次低	29.6	58.3	3.1	2.5	51.8
	中等	25.5	62.5	4.7	2.4	48.6
	较高	22.1	64.1	6.8	3.7	47.8
	最高	13.6	59.3	12.5	13.2	45.1
合计		26.0	57.6	5.6	4.3	47.7

注：中等教育包括初中、高中、职高、中专、技校等。

二　健康状况差

健康状况一方面会影响家庭创收能力，另一方面也会影响家庭经济负担，对贫困的发生影响巨大。根据国务院扶贫办的数据，有42%的贫困家庭是因病致贫[①]，健康问题是致贫的首要原因。表6—3中，贫困户家庭劳动力和老人的残疾率、患慢性病率都明显高于非贫困户，而非贫困户中，劳动力、老人和儿童的残疾率和患慢性病率基本都随收入上升呈下降趋势。

---

① 卫计委：《因病致贫、因病返贫户占建档贫困户的42%》，http://politics.people.com.cn/n1/2016/0621/c1001-28466949.html。

表6—3 健康状况比较 单位:%

组别		劳动力		老人		儿童	
		残疾率	患慢性病率	残疾率	患慢性病率	残疾率	患慢性病率
贫困户		9.3	23.7	16.1	66.5	1.1	1.9
非贫困	最低	5.9	21.3	7.6	64.5	1.6	1.2
	次低	2.6	21.3	5.3	56.4	0.3	2.4
	中等	2.0	17.1	8.9	57.0	0.1	1.8
	较高	1.9	17.6	2.9	51.1	0.2	0.9
	最高	1.3	12.1	5.6	54.6	0.0	0.5
合计		3.4	18.3	7.9	59.1	0.5	1.5

三 家庭债务高

表6—4比较了不同收入家庭的经济状况。贫困户的家庭收入比非贫困家庭的最低两组略高，但明显低于中等收入家庭。家庭总消费和总资产呈现明显随收入而上升的趋势，表明虽然贫困户认定没有完全依据收入水平，但贫困户总体而言生活水平相对更差，经多维度综合考虑认定的贫困人群总体而言符合扶贫的政策设定目标。

贫困家庭的负债问题比较严重。贫困户和"非贫困：最低"组家庭的资产负债率分别为15.6%和14.2%，大幅高于其他家庭。并且，贫困户和"非贫困：次低"组家庭的总负债都相当于其一年的可支配收入。这一点可能跟贫困群体的健康状况较差有关。

表6—4 家庭经济状况比较

组别		可支配收入（元）	总消费（元）	总资产（元）	总负债（元）	资产负债率（%）
贫困户		27675	34181	168559	26350	15.6
非贫困	最低	719	36409	290186	41155	14.2
	次低	21552	39363	320409	25667	8.0
	中等	43991	45435	426422	35054	8.2
	较高	73213	50976	525683	39100	7.4
	最高	202306	85871	1316634	108484	8.2

续表

组别	可支配收入（元）	总消费（元）	总资产（元）	总负债（元）	资产负债率（%）
合计	63534	49393	523758	47002	9.0

注："非贫困：最低"组中有部分家庭的收入为负数。

四 贫困的代际传递

贫困的代际传递是一种劣势累积，是贫困因素随着人的社会化而内化的表现方式[①]。收入会决定一个家庭的生活方式，也决定分配给子女资源的多少。贫困家庭会因为家庭缺少足够的收入而相对减少分配给子女的资源，这为贫困的代际传递提供了契机。研究结果表明，虽然各国之间收入水平存在显著差异，但是所有国家都表现出显著的收入代际传递，最贫穷父亲的儿子仍然处于收入最低的分位[②]。越来越多的研究发现，家庭成员的教育状况是影响收入代际传递的重要因素，受教育程度较低是导致贫困代际传递的原因[③]。

研究显示，父母教育与子女教育的相关程度较高。在美国，父母受教育水平与其在校子女的学业成就之间存在显著正相关，前者对后者的影响率达到26%[④]。在中国，教育代际传递也存在显著正相关关系，父母对长子的教育代际弹性为0.25—0.26，对长女的教育代际弹性更高达0.47—0.48[⑤]。一些学者认为，教育是增加人力资本和改变贫困状况的关键因素，贫困的家庭往往是父辈没有接受良好的教育（人力资本含量少，家庭收入较低），也使其子女不能接受与其他社会成员同等的教育水平，

---

① 李梦鸽：《浅析贫困的代际传递与教育扶贫》，《新西部》2016年第18期。

② Markus Jäntti, "American Exceptionalism in a New Light: A Comparison of Intergenerational Earnings Mobility in the Nordic Countries", the United Kingdom and the United States, IZA Working Paper, 2006.

③ 张立冬：《中国农村贫困代际传递实证研究》，《中国人口·资源与环境》2013年第6期。

④ Anders Bjorklund, "Brother Correlations in Earnings in Denmark, Finland, Norway and Sweden Compared to the United States", *Journal of Population Economics*, 2002.

⑤ Fenglian Du, Yueping Zhang, Jing Shi, and Lin Zhang, "Intergenerational Transmission of education in China—Evidence from CHARLS", Conference Paper, 2018.

从而使他们重蹈父辈的贫困境遇。贫困家庭由于种种原因而难求温饱的情况下，他们的子女也会陷入教育的贫困，"因教致贫与因贫而不能受教"是造成贫困代际传递的重要原因①。

第二节 贫困群体劳动力的时间分配

参考 Charmes② 的做法，笔者将时间利用总体分为五大类：有酬劳动、无酬劳动、休闲娱乐、社交和个人活动。有酬劳动主要包括工作和家庭生产经营。无酬劳动主要包括做家务、看护老人和小孩、教育和培训等。社交主要包括各类面对面交往和非面对面交往活动。休闲包括阅读、游戏、看电视、运动健身等活动。个人活动包括睡眠、个人卫生、购物等活动③。

劳动性收入是贫困群体④收入的主要来源，对于技能水平一定的成年劳动力，增加劳动时间往往是增加收入的主要途径。根据国家统计局数据，自 2015 年开始，工资性收入已经超过生产经营收入，成为农民收入的最大收入来源，工资性收入的增长速度也明显比其他收入更快，因此，增加非农工作时间对贫困群体提升收入效果会更大。

一 劳动时间较短

图 6—1 比较了贫困户和非贫困户劳动力的五大类时间分配情况。贫困户劳动力日平均劳动时间（含有酬劳动和无酬劳动）共 8.34 小时，与非贫困户中收入最低的两组相当，但比非贫困户中中高收入家庭（中等、

---

① 张兵：《贫困代际传递理论发展轨迹及其趋向》，《理论学刊》2008 年第 4 期。
② Jacques Charmes, "Time Use across the World: Findings of a World Compilation of Time Use Survey", UNDP Human Development Report Office Background Paper, 2015.
③ 时间分配在典型工作日和非典型工作日差别较大。本文仅考虑各类人群典型工作日的时间利用分配问题。如对于务农的人，农忙为典型工作日，农闲为非典型工作日。对在工厂务工的人，正常上班期间为典型工作日，假日为非典型工作日。对学生，上学期间为典型工作日，寒暑假为非典型工作日。
④ 本章中的贫困群体包含贫困户和"非贫困：最低"两组人群。贫困户则专指建档立卡贫困户。

较高、最高）的劳动力少了 0.17—0.83 小时。另外，贫困户的休闲娱乐时间则最长。

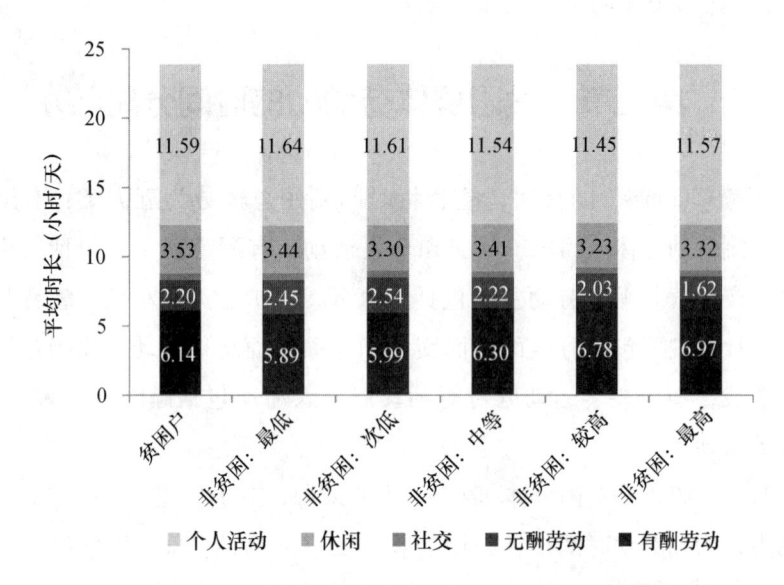

图 6—1 劳动力五大类时间分配比较：含残疾和患慢性病人群

图 6—1 未考虑到劳动力的健康状况。表 6—3 显示贫困户劳动力的健康状况远比非贫困户要差。在图 6—2 中，笔者将有残疾和患慢性病的劳动力删除后，贫困户劳动力劳动时间为 8.78 小时，与各组非贫困家庭接近，增长幅度比非贫困户家庭都要更快，比图 6—1 中增加了 0.44 小时，其中工作时间增长幅度最大，增加了 0.32 小时。"非贫困：最低"家庭增长也较快。而在休闲娱乐时间方面，图 6—2 中，贫困户和非贫困户中低收入群体的休闲娱乐时间都下降较大，并略少于中高收入家庭。

总体而言，如果剔除健康状况影响，贫困家庭劳动力的劳动小时与非贫困家庭相近，但贫困家庭较差的健康状况减少了其劳动力的整体劳动时间，尤其是有酬劳动时间。

二 男性劳动力有酬劳动时间相对更短

图 6—1 和图 6—2 中，无论是否考虑残疾和患病人群，都是贫困户劳动力的有酬劳动时间略高于非贫困户收入最低的两组，非贫困户劳动

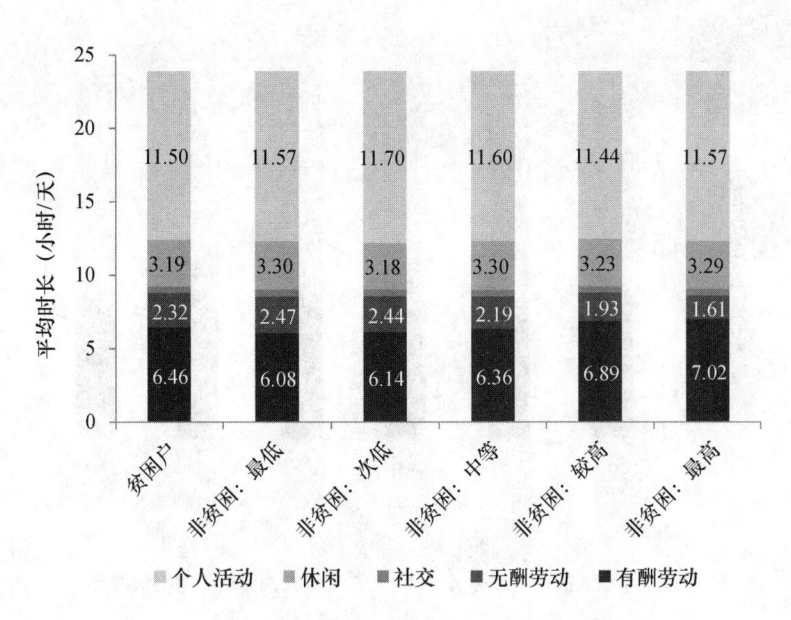

图6—2 劳动力五大类时间分配比较（不含残疾和患慢性病人群）

的有酬劳动时间随收入上升而增加，无酬劳动时间和休闲时间则呈随收入而下降的趋势。与中高收入家庭相比，贫困群体劳动力的有酬劳动时间都较短，无酬劳动时间较长。有酬劳动时间较短很可能会降低劳动收入，导致贫困。

由于男女在有酬劳动和无酬劳动时间的分配差异较大，笔者进一步观察了性别差异。图6—3和图6—4分别报告了男性和女性劳动力的时间分配情况。分性别来看，贫困户女性总劳动时间为9.06小时，比男性多1.25小时，而中等非贫困户的女性总劳动时间是8.53小时，仅比男性多0.03小时。与高收入非贫困户相比，贫困户女性的无酬劳动时间比较长，前面提到贫困户的老年人和残疾人抚养比高，这显然加重了贫困户女性的照料负担。男性的有酬劳动时长随收入上升而上升，贫困户和"非贫困：中等"男性有酬劳动时间分别为6.78小时和7.60小时，比贫困户多0.82小时。而贫困户女性有酬劳动时间比非贫困户中收入最高的两组要低，比非贫困户其他家庭都要高。

劳动力的有酬劳动时间相对较短很可能是制约贫困家庭收入增长的重要因素。在中国，传统的性别分工和劳动力市场上的性别歧视，使得

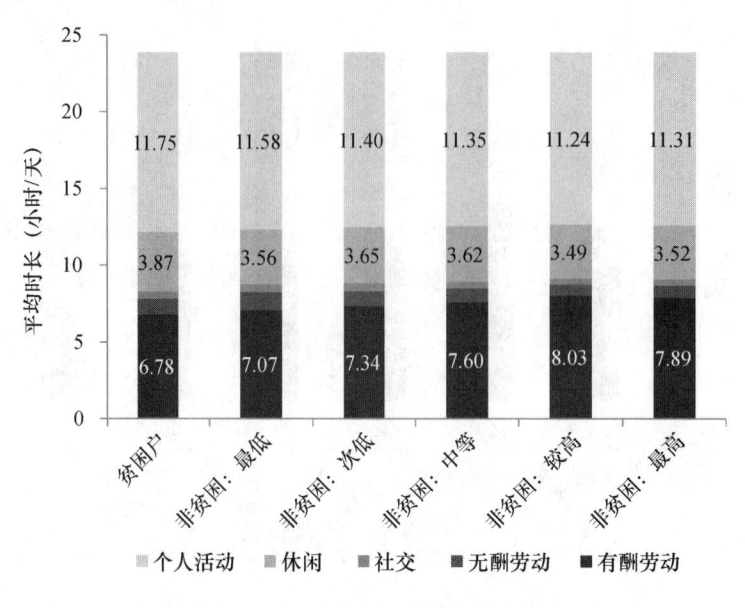

图 6—3　男性劳动力五大类时间分配比较

男性劳动力普遍是家庭中的收入主体，贫困户与非贫困户之间男性有酬劳动时间差异会加大贫困户与非贫困户之间的收入差距。贫困户家庭照料负担重也制约了女性有酬劳动的参与度。

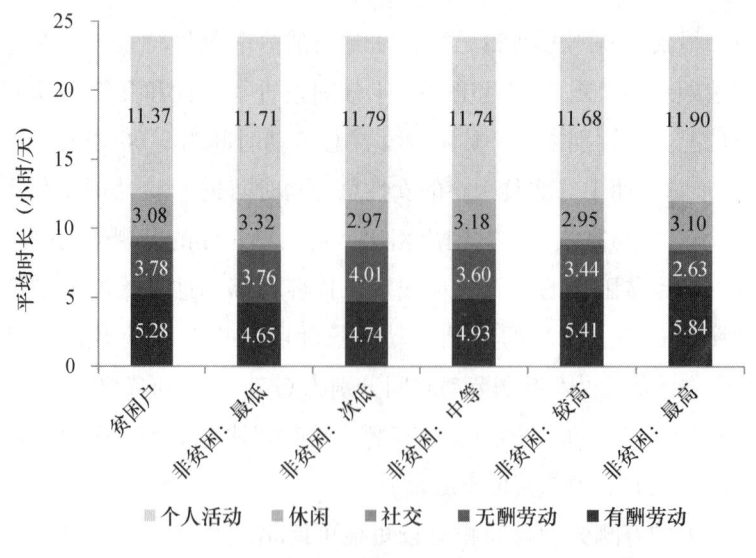

图 6—4　女性劳动力五大类时间分配比较

三 劳动力工作时间较短

中国农村非农收入逐渐成为农民收入增加的主要来源。有酬劳动时间中工作和务农时长的分配会影响到收入水平。图6—5和图6—6中，男性和女性劳动力工作时长与收入水平都呈明显正相关关系，家庭生产经营时长则与收入水平呈明显负相关关系。贫困群体不仅有酬劳动时间较短，而且工作时间在有酬劳动占比较低。

无论男性还是女性，贫困户的工作时间均比非贫困户少。贫困户男性有酬劳动时长共6.78小时，其中工作时长3.88小时，占57.3%，中等"非贫困"户的男性有酬劳动时长共7.60小时，其中工作时长6.25小时，占82.2%。贫困户男性工作时长比中等"非贫困"户少2.37小时。而贫困户女性工作时长为2.51小时，占有酬劳动时长的47.6%，中等"非贫困"户的女性工作时间为3.86小时，占有酬劳动时间的78.4%。贫困户女性的工作时间比中等"非贫困"户少1.35小时。工作时长差距可能进一步拉大了贫困户与非贫困户的收入差距。

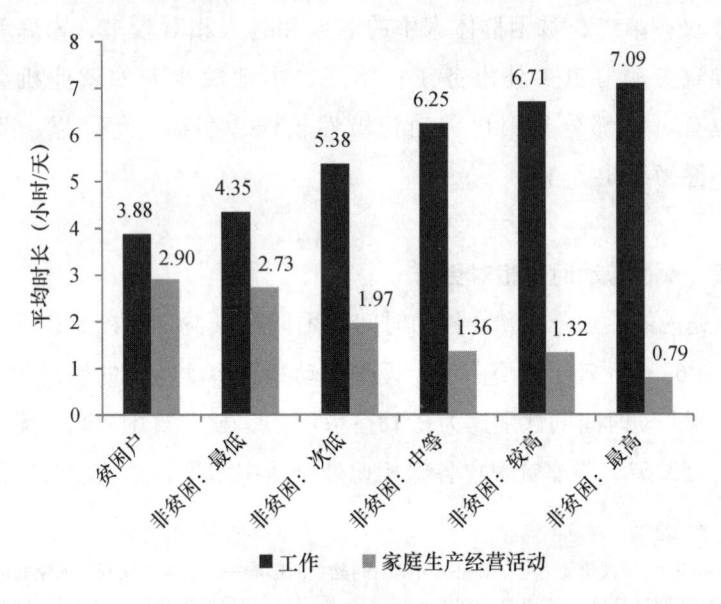

图6—5 男性劳动力有酬劳动时间分配比较

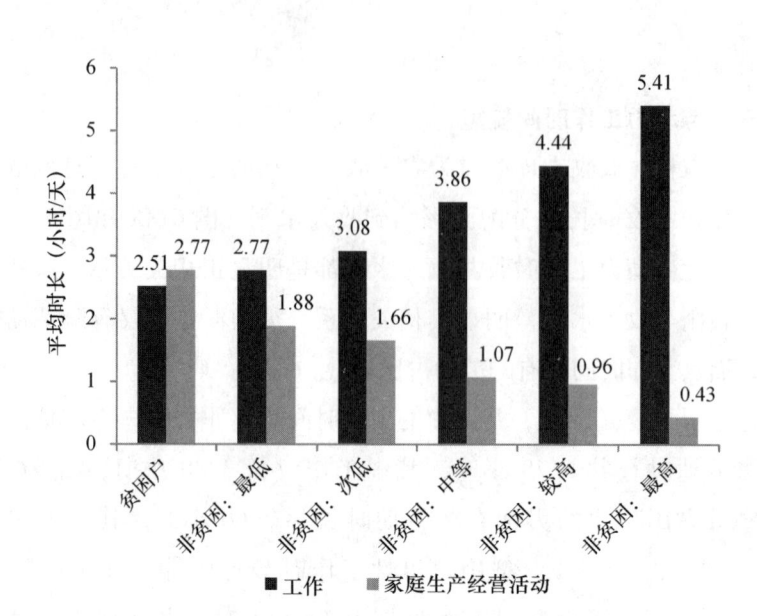

图6—6 女性劳动力有酬劳动时间分配比较

贫困群体工作时间较短可能有多方面的原因：第一，贫困群体劳动力的受教育水平较低，健康条件较差，难以外出找到合适的工作，转而务农；第二，贫困群体家中的老人和病人相对较多，家庭看护的需要导致劳动力更少外出务工；第三，本地缺少非农就业机会；第四，也有可能部分贫困户劳动积极性较弱，存在"等、靠、要"思想，不愿意外出务工。

四 女性劳动时间相对更长

家庭内的性别分工和女性的时间贫困问题日益得到社会和学术界关注[①]。图6—7比较了有酬劳动、无酬劳动和总劳动时间的性别差异。贫困户有酬劳动时间的性别比为0.78（女/男），比非贫困户高，无酬劳动性别比为3.67，与非贫困户各组相比处于居中水平，总劳动时间的性别

---

① 齐良书：《议价能力变化对家务劳动时间配置的影响——来自中国双收入家庭的经验证据》，《经济研究》2005年第9期；刘娜、Anne de Bruin：《家庭收入变化、夫妻间时间利用与性别平等》，《世界经济》2015年第11期；Qi Liangshu, Xiao-yuan Dong, "Gender, Low-paid Status, and Time Poverty in Urban China", *Feminist Economics*, 2018。

比为1.16，比各组非贫困户都要高。贫困户的女性劳动时间相对更长，主要是女性的有酬劳动时间更长。

图6—8中，有酬劳动方面，贫困户工作时间的性别比为0.65（女/男），与非贫困户基本持平，但家庭生产经营活动时间的性别比接近1，与"非贫困：最低"组接近，远高于其他非贫困家庭。

图6—9中，无酬劳动方面，女性劳动时长整体都比男性更长，但贫困户和最低"非贫困"家庭的家务劳动和儿童看护时长性别比相对较低。

总体而言，与非贫困户相比，贫困户女性劳动力的相对劳动时间更长。直接原因主要是贫困户的女性工作时间和家庭经营活动时间相对更长。结合图6—3和图6—4来看，贫困户男性劳动时间比非贫困户少很多，导致家庭收入较低，迫使女性有酬劳动时间增加以提高家庭收入，但同时又没有相应减少女性无酬劳动，导致贫困户女性劳动力的相对总劳动时间更长。

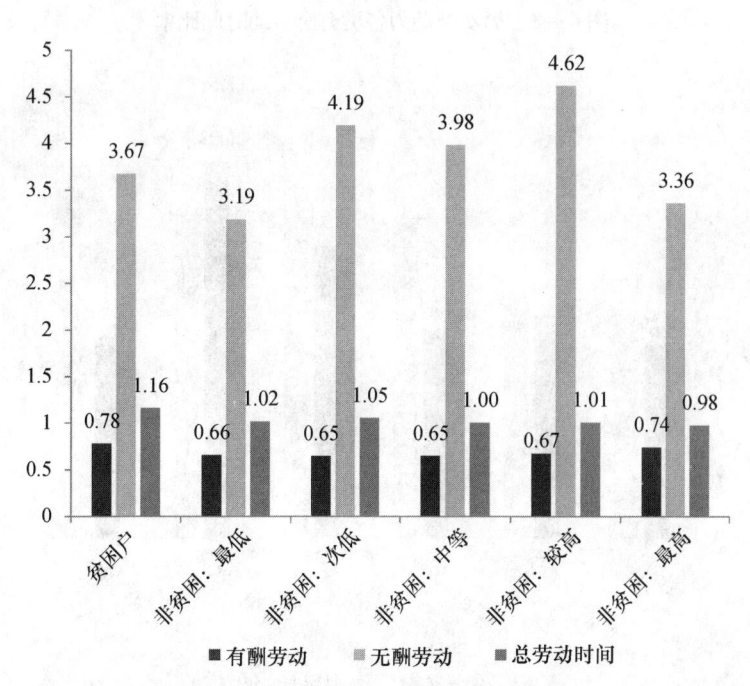

图6—7 男女劳动力各类劳动时间比率

注：比率＝女/男，下同。

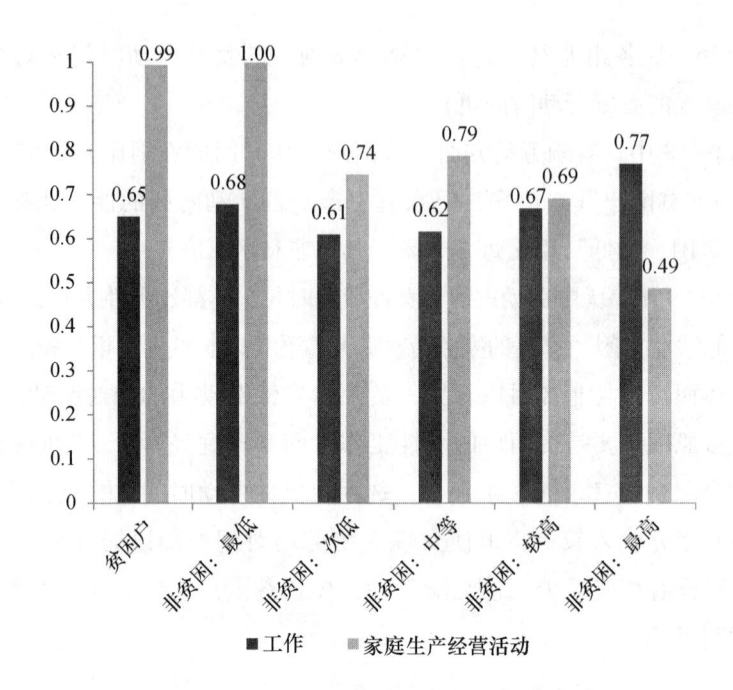

图 6—8 男女劳动力各类有酬劳动时间比率

(贫困户、非贫困：最低、非贫困：次低、非贫困：中等、非贫困：较高、非贫困：最高)

工作 / 家庭生产经营活动

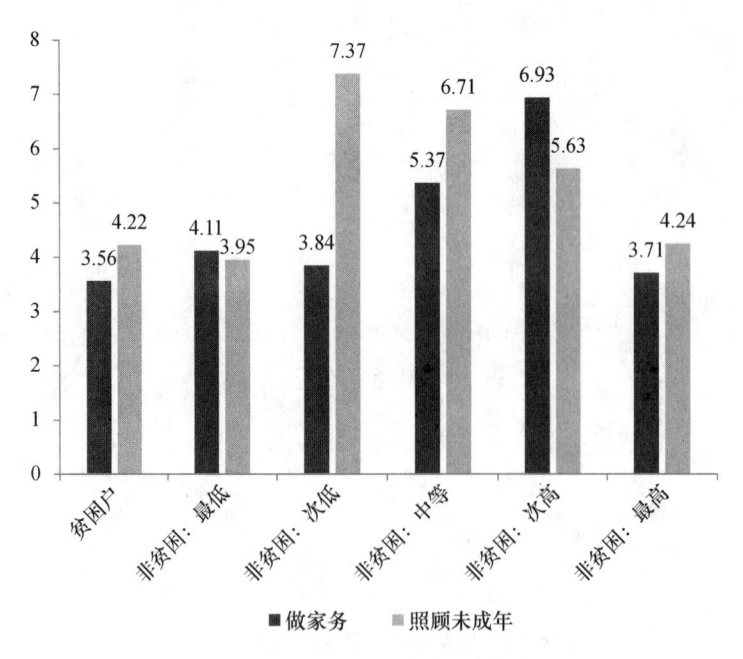

- 贫困户：0.65 / 0.99
- 非贫困：最低：0.68 / 1.00
- 非贫困：次低：0.61 / 0.74
- 非贫困：中等：0.62 / 0.79
- 非贫困：较高：0.67 / 0.69
- 非贫困：最高：0.77 / 0.49

图 6—9 男女劳动力各类无酬劳动时间比率

做家务 / 照顾未成年

- 贫困户：3.56 / 4.22
- 非贫困：最低：4.11 / 3.95
- 非贫困：次低：3.84 / 7.37
- 非贫困：中等：5.37 / 6.71
- 非贫困：次高：6.93 / 5.63
- 非贫困：最高：3.71 / 4.24

五 男性闲暇时间较长

闲暇包括睡觉卫生活动、看电视和娱乐休闲等，虽然是生活必需，但需要适度。图6—10中男性劳动力看电视和睡觉时间随收入上升而下降，贫困户的男性劳动力平均每天看电视和睡觉卫生活动时间分别为2.07小时和9.84小时，而非贫困户则在1.67小时和9.67小时左右。图6—11中女性劳动力休闲娱乐的时长随收入上升而下降，但睡觉时间随收入上升而增加，女性闲暇总体时长在不同群体之间没有明显差异。

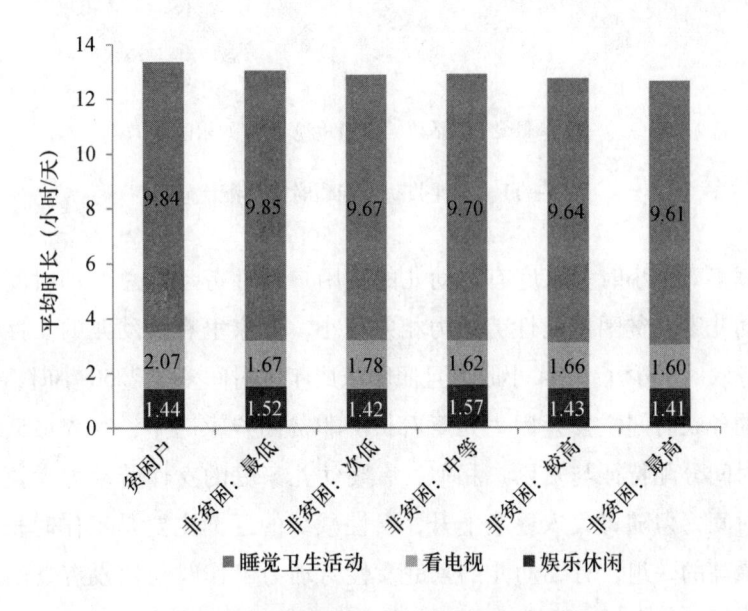

图6—10 男性劳动力闲暇时间分配比较

注：娱乐休闲包括阅读、游戏等，不含看电视，下同。

六 儿童照料大幅压缩了女性有酬劳动时间

儿童照料会给家庭带来沉重的财务和时间负担，已成为社会普遍关心的热点问题。图6—12和图6—13比较了各组家庭中是否有婴幼儿与劳动力时间分配的关系。

图6—12报告了女性的主要劳动时间分配情况，整体来说，在各组家庭中，有婴幼儿的家庭女性劳动力照顾未成年人的时间都比没有婴幼儿

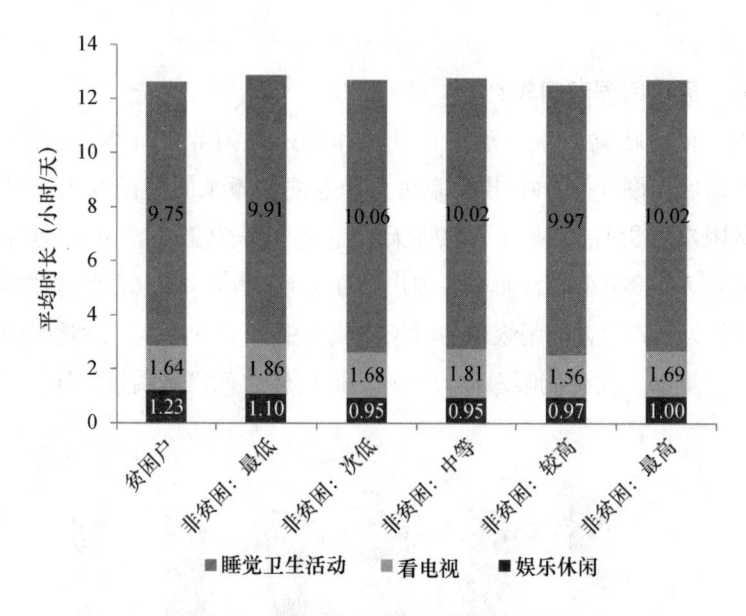

第二篇 忙碌的中国人：工作和家庭的平衡

图6—11 女性劳动力闲暇时间分配比较

的家庭多2个小时。家庭有婴幼儿的贫困户女性劳动力总劳动时间与没有婴幼儿家庭贫困户女性劳动力相差很小，但家里有婴幼儿的女性劳动力在务农时长少了2.04小时，且照顾未成年人时间多了2.50小时，可见减少的务农时间主要是因为儿童看护。非贫困户家庭中，收入最低的一组的时间分配特征与贫困户相似，有婴幼儿家庭的女性劳动力大幅减少务农时间，但随着收入逐渐上升，女性减少的逐渐主要是工作时长，在收入最高的一组，有婴幼儿的家庭女性劳动力工作时长比没有婴幼儿的家庭少了1.8小时。儿童照料影响在不同收入组之间的差异，可能主要是因为贫困群体女性的工作比例相对较低。

图6—13报告了男性劳动力的劳动时间分配情况。有婴幼儿的家庭男性劳动力照顾未成年人的时间一般在半个小时左右，整体比没婴幼儿的家庭男性劳动力要更长，但差距很小。贫困户家庭的男性劳动力因儿童照料减少了总劳动力时间，并减少了0.82小时的务农时间，但对工作影响很小，这点与贫困户女性劳动力情况类似。但非贫困户家庭中，男性劳动力总劳动时间没有出现大幅下降的情况，且在"非贫困：最低""非贫困：次低"和"非贫困：次高"家庭的男性劳动力因儿童照料增加了

总劳动时长，工作和务农时长都有不同程度的增加。

总体而言，贫困户家庭女性劳动力因儿童照料增加了总劳动时间，增加幅度与其他家庭相似，但贫困户家庭女性劳动力的务农时长受影响较大。而贫困户家庭男性劳动力因儿童照料减少了总劳动时间，与之呈鲜明对比的是非贫困户男性劳动力普遍增加了总劳动时长。

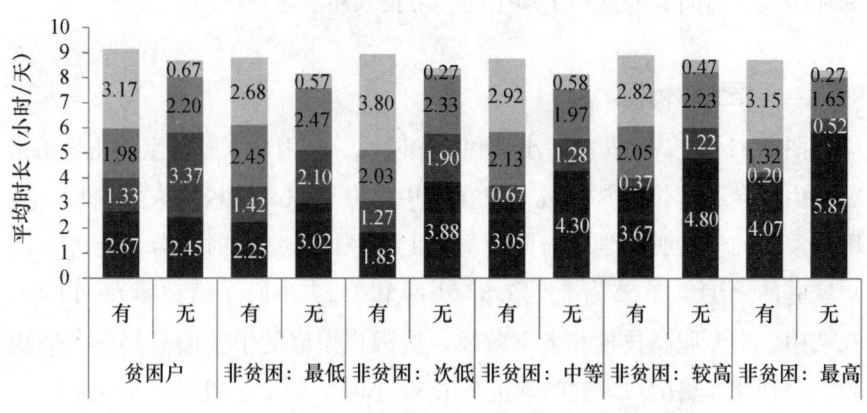

图 6—12 儿童照料与女性劳动力劳动时间分配

注："有"指家庭中有 6 岁以下婴幼儿，"无"指家庭中无 6 岁以下婴幼儿，下同。

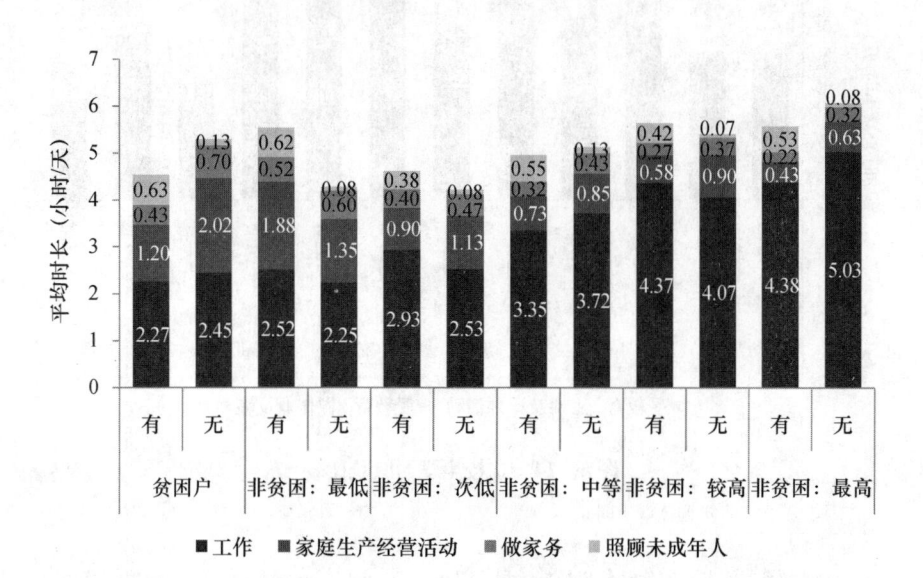

图 6—13 儿童照料与男性劳动力劳动时间分配

第三节 贫困家庭子女的时间分配

习近平总书记提出，扶贫必扶智，让贫困地区的孩子们接受良好教育，是扶贫开发的重要任务，也是阻断贫困代际传递的重要途径①。学习和休闲娱乐时间分配反映了学生的学习投入和学习积极性。

一 学习积极性不足

图6—14中，幼儿园、小学和高中阶段，贫困户家庭学生和非贫困家庭学生的学习时长非常接近，但在初中、中专职高技校和大学阶段，贫困户家庭的学生明显学习时间更短，上课及课外活动时间分别比非贫困户家庭的学生少2.55小时、2.83小时和1.27小时。而在图6—15中，在初中、中专职高技校和大学阶段，贫困户家庭的学生明显娱乐时间更长，分别比非贫困户家庭的学生多1.87小时、2.02小时和0.83小时。

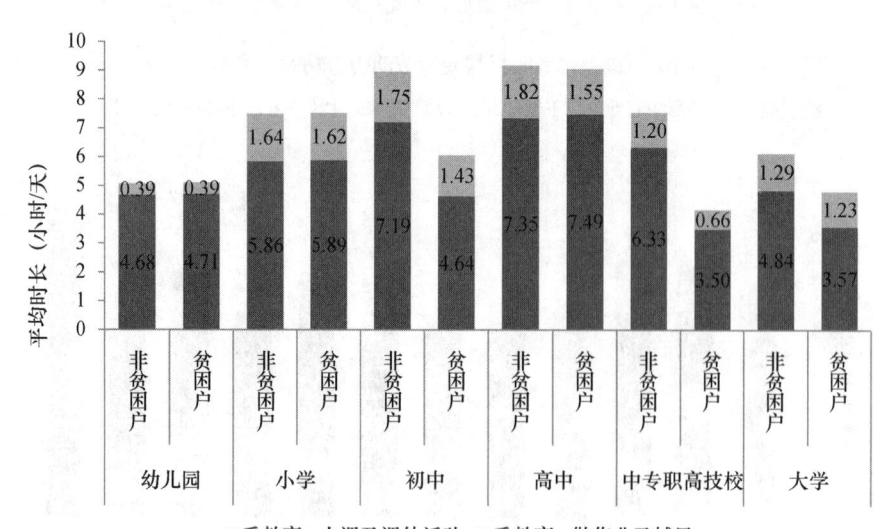

图6—14 在校生学习时长比较

注：不含未入学群体，下同。

---

① 《教育是阻断贫困代际传递最好手段》，http://country.cnr.cn/focus/20151017/t20151017_520177617.shtml。

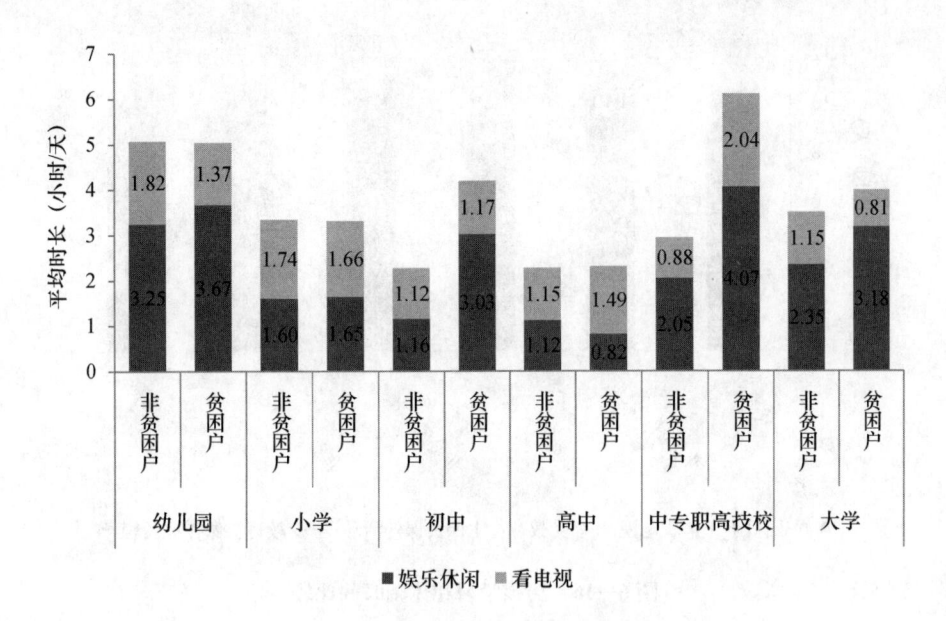

图 6—15　在校生娱乐时间分配

幼儿园、小学和高中阶段，学校对学生的管理更严，学生自主支配的时间较少。但在初中、中专职高技校和大学阶段，学生自主支配的时间较多，该阶段的时间分配更能反映出学生的内在学习意愿。

结合图 6—14 和图 6—15，贫困户家庭学生在有更多时间支配权时，学习时间更短，休闲娱乐时间更长，反映出其学习动力有所不足。

二　男孩学习投入更少

贫困户家庭的男孩学习投入差距比女孩更大。图 6—16 中，贫困户家庭男孩上课及课外活动时长为 4.02 小时，比"非贫困：最低"组家庭少了 1.45 小时（近两节课），图 6—17 中女孩的这一差距仅为 0.08 小时。图 6—16 中，贫困户家庭男孩休闲娱乐时长为 3.53 小时，比"非贫困：最低"组家庭多了 1.22 小时，而图 6—17 中女孩的这一差距为 0.57 小时。

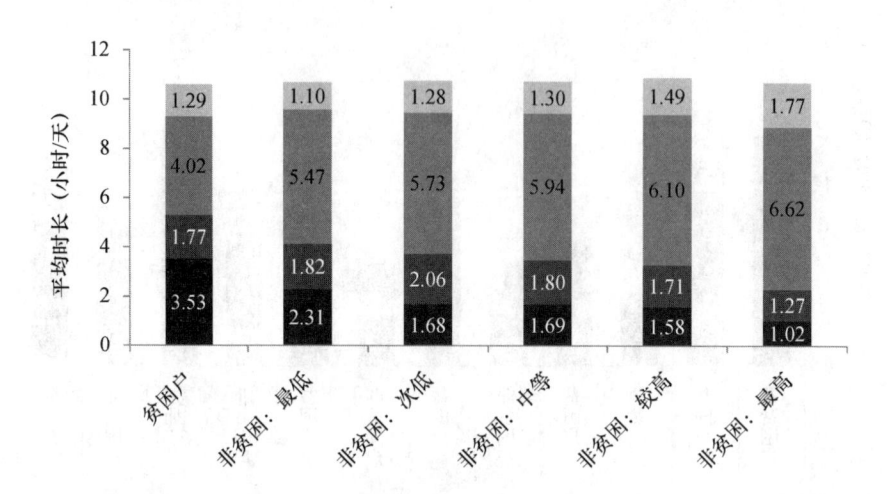

图 6—16 男孩学习和休闲时间比较

注：6—15 岁年龄段的男孩，含未入学群体。

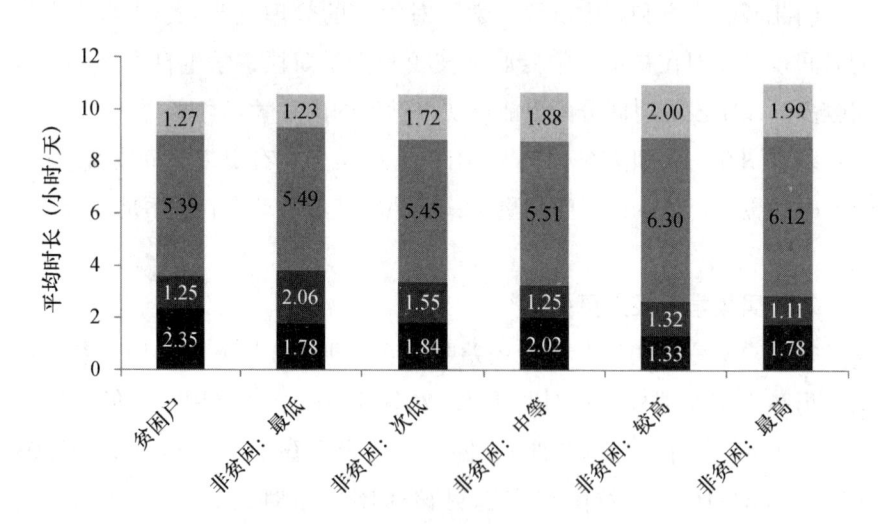

图 6—17 女孩学习和休闲时间比较

注：6—15 岁年龄段的女孩，含未入学群体。

第四节　小结

本章从时间利用的角度考察了贫困群体的时间利用问题,发现受健康因素的影响,贫困群体有酬劳动时间较短,尤其是男性。贫困户不仅有酬劳动时间较短,而且有酬劳动时间中工作时间占比较低,制约了其收入增长。贫困户女性承担着有酬劳动和家庭照料的双重负担,总劳动时间最长。相对于非贫困户家庭,贫困户学生的学习积极性非常低,尤其是男孩的学习投入较少,贫困家庭面临较大陷入"贫困陷阱"的风险。

减贫模式主要分为三类:增长主导型减贫、项目主导型减贫和福利主导型减贫[①]。精准脱贫过程中主要采用的是项目主导型减贫,但随着项目主导型减贫模式的减贫潜力逐渐耗尽,需要逐步走向福利主导型减贫。但福利主导型减贫要避免产生福利依赖现象。为进一步加快脱贫攻坚的步伐,提高脱贫的质量,巩固成果,并在2020年后实现长期可持续地不返贫,有必要优化目前的扶贫措施,引入激励相融的反贫困政策和制度,通过政府的转移支付来引导贫困家庭增加有酬劳动时间,提高收入,并引导贫困家庭的孩子增加学习投入,加快贫困家庭的人力资本积累。反贫困措施还要关注家庭照料负担对贫困家庭女性参与非农劳动的制约,加大对贫困地区学前照料和教育以及医疗设施的公共投入,为贫困家庭女性提供技术培训,使她们掌握更多技能。

---

① 俞建拖:《中国减贫何以成为可能?》,《中国改革》2018年第2期。

第三篇

赢在起跑线：中国教育和发展

第 七 章

从学龄儿童时间利用看教育公平

教育直接影响人的收入和福利，教育公平是实现社会公平的重要环节。受教育是每个人在生命周期前期和中期积累人力资本的长期过程，每个阶段的教育水平是进入下一个教育阶段的前提条件。外部性的存在也使得每个阶段的教育投入所产生的收益具有递增性。教育还需要大量人力、物力和财力的持续性投入，教育投入的不同直接导致了教育起点的不公平，还引起后续阶段人力资本差距的持续扩大并最终导致社会不公平，因此研究起点差异对教育不公平的影响尤为重要。

教育投入可分为公共投入和家庭投入。教育公共投入可以在一定程度上弥补家庭投入的不足，为了使每一个儿童都享有公平的教育机会，提高全国人民整体教育水平，中国采取了多项政策措施。在1949年颁布的《中国人民政治协商会议共同纲领》第五章中明确规定了在全国要"有计划、有步骤地实行普及义务教育"；1986年4月召开的全国人民代表大会上通过了《中华人民共和国义务教育法》，在全国范围内普及了小学和初中阶段的教育；2017年教育部颁布的《关于实施第三期学前教育的意见》主要目标为"到2020年，基本建成广覆盖、保基本、有质量的学前教育公共服务体系。全国学前三年毛入园率达到85%，普惠性幼儿园覆盖率达到80%左右，提高幼师基本配备，幼儿园保教质量评估监管体系基本形成，办园行为普遍规范"。2017年，教育部颁布的《高中阶段教育普及攻坚计划（2017—2020年）》计划将于2020年在全国范围内普及高中教育。联合国《2030年可持续发展议程》把"确保包容和公平的优质教育，让全民终身享有学习机会"列为17个可持续发展目标之一；

其中指标 4.1 为"到 2030 年,确保所有儿童完成免费、公平和优质的中小学教育,并获得相关和有效的学习成果。"指标 4.2 要求确保所有儿童获得优质幼儿发展、看护和学前教育,为他们接受初级教育做好准备。

联合国 1989 年 11 月 20 日大会通过国际《儿童权利公约》,界定儿童为 18 岁以下的任何人,根据联合国《儿童权利公约》和中国儿童大体在 18 岁完成高中教育的现实情况,我们把儿童界定为 18 岁及以下的居民。本章使用 2017 年中国时间利用调查数据,以 3—18 岁学龄儿童为样本,研究中国从学前教育到高中阶段儿童的学习时间,从城乡、母亲受教育程度和家庭收入水平三个方面考察中国教育公平现状。这里,我们将学习活动分为上课、做作业以及课外辅导三个类型。其中,上课活动包含两个种类活动,在校上课和学校组织的课外活动。上课活动包括:在学校听课、听专题讲座,参加各类考试;课间休息;课间操以及与上课相关的等待活动和交通活动。课外活动包括游园、植树活动,体育、文艺活动和公益活动。做作业活动包括:查文献、写论文、做实验等研究活动;完成课后作业;复习、预习功课以及相关的交通活动。课外辅导又称为"影子教育",是指在学校教育之外进行的有偿教育活动,在 2017 年中国时间利用调查数据中课外辅导活动包括:上文化课辅导班和家教;以艺术类、体育类等考生升学考试为目的的辅导班、家教;其他音体美辅导班和家教以及相关的交通活动。这三类活动需要学校和家庭的投入,但双方在每一类活动中所扮演的角色不同。比如,上课和做作业由学校和老师安排,同时也需要家长督促和儿童个人努力,而课外辅导则主要靠家长的经济投入和儿童的参与,对于幼儿园和小学学生,家长的督促和辅导尤为重要。课外辅导服务在城市的可获得性远远大于农村;与低学历母亲和低收入家庭相比,高学历母亲和高收入家庭更有条件送儿童参加课外辅导,督促和帮助儿童做作业。综上所述,家庭的社会经济地位会影响儿童的学习时间,导致教育不平等的代际传递。

第一节 学龄儿童时间利用基本情况

在中国,3—18 岁年龄段大体覆盖从幼儿园到高中所有的学龄儿童,我们把儿童年龄划分为 3—6 岁学前教育阶段、7—12 岁小学阶段、13—15 岁初中阶段和 16—18 岁高中阶段。在 2017 年中国时间利用调查数据中，我们选取了身份为学生（3—18 岁）且能追踪到父母和家庭信息的 3854 名儿童样本。由于我们主要通过研究学龄人口的学习时间来考察教育公平情况，所以本章内容涉及的人数不包含正在放假的学生。按照居住地和性别进行划分，本章的样本包括：农村 1457 人，城镇 2397 人，男孩 2055 人，女孩 1799 人。将母亲受教育程度分为 4 类：小学及以下、初中、高中/中专和大专及以上，根据家庭人均收入在各省收入分布的五等分将样本家庭分为三类：最低的 20%，中间的 60%，最高的 20%。

表 7—1　　　　　　学龄儿童主要活动平均时长　　　　　　单位：小时/天

	个人照料	学习	玩耍	其他	总时长
全国	12.44	7.30	3.67	0.59	24
男孩	12.34	7.27	3.83	0.57	24
女孩	12.55	7.30	3.54	0.61	24
农村	12.45	6.93	3.98	0.64	24
城镇	12.43	7.54	3.47	0.56	24
按母亲受教育程度分学龄儿童主要活动平均时长					
小学及以下	12.27	7.17	3.75	0.81	24
初中	12.44	7.29	3.73	0.54	24
高中/中专	12.48	7.41	3.65	0.46	24
大专及以上	12.69	7.37	3.46	0.48	24
按收入水平分学龄儿童主要活动平均时长					
最低 20%	12.42	7.06	3.94	0.58	24
中间 60%	12.45	7.31	3.65	0.59	24
最高 20%	12.41	7.50	3.47	0.62	24

表 7—1 从性别、城乡、母亲受教育程度和家庭收入的不同角度报告了中国 3—18 岁儿童的时间利用情况。在一天 24 小时中，儿童活动分为自我照料、学习、玩耍和其他 4 类。自我照料是所有人为满足生存基本需求必须进行的活动，包括睡眠、吃饭和个人卫生活动。学习是学龄儿

童每天的主要活动内容,是本章详细考察的内容,包括上课、课外辅导和做作业活动。玩耍主要包括各种形式的娱乐休闲活动、体育健身活动、与课业升学无关的阅读、非学校组织的体育健身活动等。其他活动包括上述活动之外的所有活动,比如家务劳动、照顾家人和购物等。

对于学龄儿童,学习是每天最重要的活动,平均用时7.30小时,占一天时间中除自我照料活动之外所有时间的63.1%。其中,男孩和女孩的用时占比分别为62.4%和63.8%,可见女孩比男孩学习更加用功,在学习时长和用时占比上高于男孩,但总体上学龄儿童学习时间性别差异不大。城镇和农村之间学习时长和用时占比差异很大,农村学龄儿童学习时长为6.93小时,比城镇儿童少0.61小时,用时占比比城镇儿童少5.2%,在第三节我们将具体讨论城乡学龄儿童学习活动差异。

随着母亲受教育程度的提高,儿童学习时长分别为7.17小时、7.29小时、7.41小时和7.37小时,学习用时占比为61.1%、63.1%、64.3%和65.2%。所以在母亲受教育程度更高的家庭中,儿童学习用时占比更大,在母亲受教育程度低的家庭中,用时占比较少,教育活动的代际传递效果明显。

家庭人均收入对儿童的学习时间影响更明显,随着家庭收入的提高,儿童的学习时长分别为7.06小时、7.31小时和7.50小时,儿童学习用时占比为61.0%、63.3%和64.7%,呈阶梯式增长。高收入家庭中,儿童的学习时间更长,学习用时占比更高。

表7—2 学龄儿童学习活动平均时长和参与率

	平均时长(小时/天)				参与率(%)		
	上课	课外辅导	做作业	合计	上课	课外辅导	做作业
全国	5.86	0.22	1.22	7.30	71.4	6.0	53.8
男孩	5.96	0.19	1.12	7.27	73.1	5.5	51.6
女孩	5.73	0.24	1.33	7.30	69.4	6.6	56.4
3—6岁	4.81	0.08	0.24	5.13	68.0	2.2	19.4
7—12岁	5.53	0.32	1.45	7.30	72.9	9.4	70.0

续表

	平均时长（小时/天）				参与率（%）		
	上课	课外辅导	做作业	合计	上课	课外辅导	做作业
13—15 岁	6.74	0.28	1.76	8.78	73.1	6.7	66.8
16—18 岁	7.19	0.11	1.50	8.80	71.0	2.7	52.0

表 7—2 报告了学龄儿童学习活动平均时长和参与率。可以看出，学习活动以在校上课的公共教育为主，课外辅导等私人教育为辅，其中上课占学习总时长的 80.3%，课外辅导占 3%。全国学龄儿童上课平均时长为 5.86 小时，参与率为 71.4%，课外辅导时间为 0.22 小时，做作业时间为 1.22 小时。男孩上课平均时长和参与率高于女孩，但女孩在总学习、课外辅导和做作业活动中的平均时长和参与率均高于男孩。对不同年龄阶段学习活动分析发现，随着年龄的增加上课时间也在增加，上课和做作业的关系是同步的，上课时间越长，做作业时间越长。

从教育阶段来看，小学、初中和高中三阶段学习用时为 7.30 小时、8.78 小时和 8.80 小时。可以看出，高中生学习用时最长，其次是初中生和小学生。总体上，小学阶段参加课外辅导的时间最长，初中阶段做作业的时间最长。在校上课时间在三个阶段学习活动中用时始终最长，占到了学习总时长的 75.6%、76.8% 和 81.7%。不同的是，小学阶段在上课和做作业时长比初中和高中阶段都短，但在课外辅导方面却比初中和高中阶段都长，平均时长为 0.32 小时，是初中的 1.14 倍，高中的 3 倍。2013 年 8 月 22 日教育部出台《小学生减负十条规定》，从作业、考试和作息等方面减轻小学生过重的课业负担，但数据显示"减负"并没有在真正意义上实现。"校内无作业，自然校外补"，参加校外培训班已成为很多家长的选择，学生的学习压力其实没有减少，同时家长的经济负担又增加了很多，"学校减负，社会增负""教师减负，家长增负"的现象已然出现。

第二节 农村未能紧追城镇实现儿童教育发展的起点公平

本节将重点讨论居住在城镇和农村学龄儿童的学习情况。义务教育是适龄儿童必须接受的，国家、社会、学校和家庭都必须予以保证的带有强制性的国民教育，是国家从法律规定上确保学龄儿童就学机会最强有力的措施。提供基本均衡的义务教育是政府的法律责任，每一个适龄儿童都应该享有接受质量合格的义务教育的平等机会，其属性决定了义务教育必须均衡发展。

政府政策和投入的差异，是影响学龄儿童教育公平的重要因素之一。相对于非义务教育，国家的公共投入通过国家政策、教育经费投入、建学校、师资配备等方式来呈现。国内外很多研究表明，政府教育投入是影响儿童未来受教育程度和收入的主要原因之一，提高入学率也是促进教育公平，缩小城乡教育差距的有效措施[①]。

表7—3　　　　　　　　　学龄儿童净入学率　　　　　　　　　单位:%

	全国	城镇	农村
3—6 岁	71.3	76.4	63.1
7—12 岁	97.5	98.0	96.9
13—15 岁	97.0	97.4	96.4
16—18 岁	91.1	91.3	90.8

表7—3报告了学龄儿童净入学率。从教育适龄阶段入学情况看，义务教育阶段净入学率最高，7—12岁和13—15岁阶段学生净入学率均达到97%以上，表明中国义务教育普及效果比较显著。非义务教育阶段中，学前教育的净入学率比义务教育时期低很多，为71.3%，其中城镇净入

---

① Jun Yang, Xiao Huang, Xin Liu, "An Analysis of Education Inequality in China", *International Journal of Educational Development*, 2014, 37 (4).

学率为 76.4%，农村比城镇低了 13.3 个百分点，为 63.1%。高中阶段净入学率下降为 91.1%。从儿童净入学率可以看出，中国儿童教育存在城乡差异，其中学前教育阶段的差异较大。

学前教育阶段不仅是影响入学的标杆，也是培养各种知识能力、减少将来人力资本积累差异最重要的阶段。城乡学前教育净入学率的差异反映出在没有义务教育保护下，儿童接受平等的教育十分受限，更多农村儿童不能接受到良好的教育。为此，很多教育学者建议将学前教育纳入义务教育中。另一个非义务教育阶段（高中阶段）净入学率明显比 3—6 岁阶段高，这是因为将高中纳入义务教育范畴是普及义务教育以来的重要议题，在一些省份，如河北、广东和内蒙古自治区的部分城市也进行了试点工作。这一动作和趋势相应减少了城乡入学差距。教育部制定的十二年义务教育《高中阶段教育普及攻坚计划（2017—2020 年）》计划将于 2020 年在全国范围内普及高中教育，攻坚重点在中西部贫困地区、民族地区、偏远地区、革命老区等教育基础薄弱、普及程度较低的地区，集中连片特殊困难地区。重点关注对象为家庭经济困难学生、残疾学生、进城务工人员随迁子女等特殊群体，着重解决普通高中大班额比例高、职业教育招生比例持续下降、学校运转困难等突出问题。

表 7—4　　　　学龄儿童学习活动平均时长和参与率

	平均时长（小时/天）				参与率（%）		
	上课	课外辅导	做作业	合计	上课	课外辅导	做作业
3—6 岁							
农村	4.40	0.03	0.22	4.65	62.2	0.7	16.0
城镇	5.05	0.10	0.26	5.42	71.4	3.0	21.3
7—12 岁							
农村	5.79	0.22	1.12	7.13	73.3	6.9	64.8
城镇	5.33	0.40	1.71	7.44	72.7	11.4	74.0
13—15 岁							
农村	6.82	0.03	1.43	8.28	74.9	1.3	60.6

续表

	平均时长（小时/天）				参与率（%）		
	上课	课外辅导	做作业	合计	上课	课外辅导	做作业
城镇	6.68	0.44	1.98	9.10	71.9	10.2	70.9
16—18 岁							
农村	6.94	0.00	1.04	7.99	69.7	0.1	42.1
城镇	7.37	0.18	1.82	9.38	71.8	4.6	59.2

表7—4报告了学龄儿童学习活动平均时长和参与率。文中用不同年龄阶段对儿童作划分，结果与按教育阶段作划分得到的结果相差较小，所以本章只展示按儿童年龄划分的结果。可以看出，城镇和农村儿童学习总时长相差很大，城镇儿童学习活动均高于农村儿童，在16—18岁阶段差距最大，城镇儿童学习总时长为9.38小时，比农村高1.39小时。义务教育和非义务教育阶段上课时间呈现两极分化，义务教育阶段农村儿童上课时间和参与率均高于城镇儿童，非义务教育阶段反之，尤其在3—6岁阶段农村儿童参与率为62.2%，比城镇低9.2个百分点，这与农村幼儿园净入学率低有关。总体，城镇和农村儿童上课时间差距小，说明中国的义务教育政策确保了所有儿童的受教育权利，促进了教育公平。

从课外辅导时间看，城乡儿童参加课外辅导机会不均衡。各年龄段城镇儿童参加课外辅导的平均时长和参与率均高于农村儿童，农村儿童在7—12岁阶段参加课外辅导的比例和时长最高，也仅为城镇儿童的1/2。农村儿童缺乏参加课外辅导的客观条件，课外辅导机构和师资多集中于经济发展水平较高的城镇地区，相比之下农村地区教育水平落后、课外辅导机构和师资匮乏。同时，课外辅导费用是相当大的开支，农村地区经济发展落后也制约了家庭对儿童的教育支付能力[①]。做作业和课外辅导时间相似，各年龄段城镇儿童做作业平均时长和参与率均高于农村儿童，

---

① 裴昌根、宋乃庆、刘乔卉：《义务教育阶段学生参与课外辅导的实证分析与启示》，《中国教育学刊》2018年第3期。

在 16—18 岁阶段差距最大，城镇儿童做作业参与率为 59.2%，比农村儿童高出 17.1 个百分点。

通常适龄人口都有上课这一活动，在家庭收入差距很大时，与课外辅导等私人教育相比，公共教育对减小教育不公平的作用更大①。法律政策的实施以及加大对公共教育的投资缩小了义务教育阶段适龄人口上课活动的城乡差异，甚至在时长和参与率上，农村还要略高于城镇。而在公共投入相对较少的非义务教育阶段，城镇则高于农村，城乡差异显著。因此，在改善教育公平性问题上，加大非义务教育阶段的公共投入起着至关重要的作用，这一观点也与国内学者研究结果②相符。

第三节　母亲的受教育程度影响孩子的教育发展

在家庭投入中，父母的受教育程度是影响儿童学习的重要因素。父母的受教育程度或父母的知识资本会影响家庭儿童学习成就和未来发展③。教育代际关系也表明提高父母的受教育程度是提高教育公平的重要手段，所以公平教育的效果有着持续性的作用④。还有研究发现，受教育程度更高的母亲会和学校教师保持沟通，更注重儿童的升学和各种学习活动⑤。

---

① Gerhard Glomm, B. Ravikumar, "Public versus Private Investment in Human Capital: Endogenous Growth and Income Inequality", *Journal of Political Economy*, 1992, 100 (4).

② 郭凯明、张全升、龚六堂：《公共政策、经济增长与不平等演化》，《经济研究》2011 年第 S2 期。

③ Annette Lareau, "Social Class Differences in Family-school Relationships: The Importance of Cultural Capital", *Sociology of Education*, 1987, 60 (4).

④ 李云森、奇豪：《中国农村教育的代际因果关系——基于 1970 年代农村基础教育普及政策的研究》，《世界经济文汇》2011 年第 4 期。

⑤ David P. Baker, David L. Stevenson, "Mothers' Strategies for Children's School Achievement: Managing the Transition to High School", *Sociology of Education*, 1986, 59 (3).

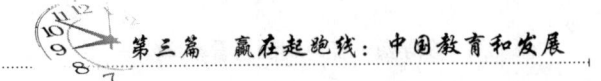

表7—5　　　　按母亲受教育程度分学龄儿童净入学率　　　　单位:%

受教育程度 儿童年龄	小学及以下	初中	高中/中专	大专及以上
3—6岁	65.1	72.5	76.1	77.3
7—12岁	97.1	98.8	96.5	97.1
13—15岁	95.7	98.3	98.5	96.7
16—18岁	87.2	93.2	94.4	92.5

表7—5报告了按母亲受教育程度分学龄儿童净入学率。可以看出，在母亲受教育程度不同的家庭中，儿童的净入学率有明显差异。对于3—6岁儿童，母亲受教育程度越高，儿童净入学率就高。母亲受教育程度是小学及以下时儿童的净入学率为65.1%，与母亲受教育程度更高的其他三组相比净入学率分别相差7.4个、11.0个和12.2个百分点。可以得知，母亲的低学历严重影响了3—6岁儿童的净入学率。在7—12岁和13—15岁义务教育阶段，母亲受教育程度对儿童的净入学率影响差异不大，净入学率普遍很高，整体为95.7%—98.8%。由此可见，义务教育的实施降低了母亲受教育程度对儿童净入学率的影响。对于16—18岁儿童，母亲受教育程度为小学及以下时儿童净入学率最低为87.2%，与母亲受教育程度更高的其他三组相比净入学率分别相差6.0个、7.2个和5.3个百分点。与3—6岁儿童相比，16—18岁儿童的净入学率在不同母亲学历之间的差距较小，表明在非义务教育阶段，母亲受教育程度对学龄前儿童的入学影响较大。

表7—6　　　　按母亲受教育程度分学龄儿童学习情况

受教育程度	平均时长（小时/天）				参与率（%）		
	上课	课外辅导	做作业	合计	上课	课外辅导	做作业
3—6岁							
小学及以下	4.44	0.04	0.20	4.68	65.4	0.5	17.7
初中	4.83	0.04	0.29	5.16	69.3	1.7	19.6

续表

受教育程度	平均时长（小时/天）				参与率（%）		
	上课	课外辅导	做作业	合计	上课	课外辅导	做作业
高中/中专	5.48	0.01	0.27	5.76	70.8	0.9	21.7
大专及以上	4.52	0.23	0.19	4.94	65.9	5.1	18.3
7—12 岁							
小学及以下	5.74	0.09	1.17	7.00	73.2	2.9	62.7
初中	5.56	0.33	1.46	7.35	73.0	9.8	71.0
高中/中专	5.47	0.36	1.47	7.30	75.4	11.7	70.8
大专及以上	5.01	0.80	2.03	7.84	69.1	20.7	82.4
13—15 岁							
小学及以下	6.53	0.08	1.47	8.08	73.2	2.4	67.1
初中	6.93	0.22	1.71	8.86	73.3	5.1	64.2
高中/中专	6.32	0.37	1.94	8.63	69.5	14.8	63.8
大专及以上	7.29	1.02	2.66	10.97	77.5	15.1	80.4
16—18 岁							
小学及以下	7.10	0.01	1.26	8.37	72.4	0.1	44.6
初中	6.83	0.22	1.38	8.43	67.7	5.2	51.6
高中/中专	7.99	0.12	1.60	9.71	74.4	4.1	56.0
大专及以上	7.74	0.03	2.57	10.34	72.8	1.1	72.4

表 7—6 报告了按母亲受教育程度分学龄儿童学习情况。所有年龄段都显示，随着母亲受教育程度的提高，学习的平均时长、参与率增加，特别是对于 13—15 岁儿童来说，母亲受教育程度为大专及以上的儿童平均学习时长为 10.97 小时，比母亲受教育程度为小学及以下的儿童高约 2.89 小时。对于 16—18 岁儿童来说，母亲受教育程度为大专及以上的儿童平均学习时长为 10.34 小时，比母亲受教育程度为小学及以下的儿童高约 1.97 小时。16—18 岁这一年龄段的儿童大多就读于高中，高中教育阶段是儿童通过备战高考进入大学的关键年龄。这一年龄段儿童母亲教育程度高时，更注重儿童的升学和未来成就，所以儿童在校学习的时间也

最长。这与经济学研究结果相符①。

  课外辅导是除在校上课之外的另一种学习方式。在表 7—6 中我们发现随着母亲受教育程度的提高，儿童的课外辅导时间增加。当母亲受教育程度为大专及以上时，在 13—15 岁阶段，儿童参加课外辅导的参与率最高为 15.1%，平均时长为 1.02 小时，约为母亲受教育程度是小学及以下儿童时间的 13 倍，母亲受教育程度为初中儿童的 5 倍，母亲受教育程度为高中儿童的 3 倍。这说明父母受教育程度很高时，对儿童在学校教育之外所做的补偿是最多的。当母亲受教育程度在小学及以下时，各年龄段儿童的课外辅导时长和参与率都比其他高教育背景家庭少很多。这有可能是因为受教育程度低通常和家庭收入低相关，所以不能负担课外辅导的费用。另一种原因是，低教育背景家庭的父母对于儿童的教育不够重视。增加公共教育的投入能够增加教育的完善程度，从根源上减少课外辅导的必要性，同时还可以弥补低教育背景对儿童课外辅导的压力，缩小各种家庭教育背景儿童的教育差距，减少教育不公平现象。

  同时，做作业时长和参与率受母亲教育程度的影响比较明显，特别是 7 岁之后随着母亲受教育程度的提高，儿童做作业时间有较大幅度的增加。在 7—12 岁阶段，母亲受教育程度为大专及以上比母亲受教育程度为小学及以下儿童做作业时间高 0.86 小时，参与率高 19.7 个百分点，13—15 岁阶段平均时长差距最大为 1.19 小时；16—18 岁阶段平均时长相差 1.31 小时，高学历家庭儿童做作业参与率约为低学历家庭的 1.6 倍，可见，受教育程度越高的父母越能感知到对子女教育投资的回报，相应对儿童的学习要求更加严格。

第四节　家庭收入差异加剧了学龄儿童教育发展的机会不公平

  教育是一项需要投入大量人力成本和财务成本的活动。在这些投入

---

① C. Gutiérrez, R. Tanakam, "Inequality and Education Decisions in Developing Countries", *Journal of Economic Inequality*, 2009, 7 (11).

中有一部分可以由国家和公共团体负责，一部分由家庭承担。在家庭投入的成本中不仅有辅导儿童或者照料儿童的时间投入，还有儿童接受教育的经济成本。高收入家庭越有可能为子女提供更好的学习条件和物质资源，低收入家庭儿童缺乏优质的教育机会，面临较多的家庭压力，在教育资源和教育经验的获取上相对不足，这些经历能为儿童以后的深入学习提供动力基础①。因此，相对于低收入家庭儿童，高收入家庭儿童对学习会有更多的投入。

表7—7　　　　　　　按收入水平分学龄儿童净入学率　　　　　单位：%

儿童年龄＼收入	最低20%	中间60%	最高20%
3—6 岁	62.1	72.8	78.7
7—12 岁	95.9	97.8	98.7
13—15 岁	96.5	97.1	97.3
16—18 岁	89.2	90.3	96.7

表7—7报告了按收入水平分学龄儿童净入学率。随着收入的提高，各年龄段儿童的净入学率都有明显提高。在四个年龄段中，不同收入家庭儿童净入学率差距比较小的是7—12岁和13—15岁的义务教育阶段，高、低收入家庭净入学率差距在2.8个百分点之内。差距比较大的是不在义务教育范畴的3—6岁和16—18岁阶段，最明显的是3—6岁学前教育阶段，高、低收入家庭净入学率相差16.6个百分点。16—18岁高中阶段高、低收入家庭净入学率差异为7.5%，虽然比3—6岁年龄阶段儿童的差异小，但是相对于义务教育阶段的儿童来说，收入水平还是会影响他们的净入学率。由此可见，低收入家庭儿童如果缺乏公共政策的保障，去学校上学的机会还是不公平的。

---

① 石雷山、陈英敏、侯秀、高峰强：《家庭社会经济地位与学习投入的关系：学业自我效能的中介作用》，《心理发展与教育》2013年第1期。

表 7—8　　按收入水平分学龄儿童学习情况

收入	平均时长（小时/天）				参与率（%）		
	上课	课外辅导	做作业	合计	上课	课外辅导	做作业
3—6 岁							
最低 20%	4.83	0.10	0.27	5.20	68.0	3.3	20.1
中间 60%	4.84	0.09	0.23	5.16	68.5	2.2	20.9
最高 20%	4.71	0.03	0.27	5.01	66.3	1.0	12.7
7—12 岁							
最低 20%	5.85	0.14	1.24	7.23	74.8	4.2	65.7
中间 60%	5.60	0.32	1.41	7.33	74.3	9.9	69.1
最高 20%	4.77	0.58	1.92	7.27	64.7	14.9	79.5
13—15 岁							
最低 20%	6.36	0.06	1.89	8.31	73.7	1.8	70.5
中间 60%	6.65	0.37	1.68	8.70	71.3	8.8	64.1
最高 20%	7.56	0.21	1.92	9.69	79.5	5.1	72.1
16—18 岁							
最低 20%	6.13	0.00	1.43	7.56	66.8	0.0	54.2
中间 60%	7.47	0.15	1.45	9.07	72.7	3.8	48.5
最高 20%	7.42	0.07	1.75	9.24	69.7	2.1	62.1

表 7—8 报告了按收入水平分学龄儿童学习情况。对于 3—6 岁儿童来说，收入差异对儿童上课时间没有太大的影响。对于 7—12 岁儿童来说，随着家庭收入的提高课外辅导和做作业的平均时长和参与率增加，高收入家庭儿童参加课外辅导的时间是低收入家庭的 4.1 倍，中等收入家庭儿童参加课外辅导的时间是低收入家庭的 2.3 倍，做作业在不同收入家庭间差距最大，高收入家庭儿童做作业的时间比低收入家庭高约 0.7 小时。对于 13—15 岁和 16—18 岁儿童来说，随着家庭收入的提高，上课和做作业的平均时长和参与率也在增加。

对于中低收入家庭，公共投入的增加能够减轻家庭的经济负担[1]。对

---

[1] C. Gutiérrez, R. Tanaka, "Inequality and Education Decisions in Developing Countries", *Journal of Economic Inequality*, 2009, 7 (1).

于儿童，这无疑是有利于减少因家庭收入较低而导致其在接受教育、今后就业中处于劣势和社会经济不平等的情况。对于父母，公共投入的增加能够释放他们照料儿童的时间，让父母们可以灵活支配自己的时间，延长劳动时间，增加家庭收入。

第五节 小结

教育公平是减少社会经济不公平的重要因素。农村地区和低收入家庭儿童的教育公平是本章重点考察的内容。本章对2017年中国时间利用调查数据中3—18岁儿童样本的学习时间进行研究，分析中国目前的教育公平现状。研究发现，目前中国义务教育涵盖小学和初中阶段，从不同收入、母亲受教育程度、城乡家庭3—6岁儿童的净入学率和在校学习时间来看已经实现教育公平。在非义务教育阶段，尤其是来自低收入、低学历、农村家庭3—6岁儿童的净入学率和学习时间没有保障。儿童的课外家教辅导时间主要依靠家庭的经济投入，做作业时间与家长的监督辅导用时相关。由于需要家庭的经济投入和时间投入，3—18岁儿童的这两项校外学习活动时间有类似的规律。在农村、低收入家庭和父母受教育程度低的家庭，儿童的课外学习时间普遍低于城镇、收入水平高和母亲受教育程度高家庭儿童。

在本章，我们单独从三个维度：城乡差异、母亲受教育程度和家庭收入水平研究了儿童的教育起点差异所导致的教育不公平问题。但这三个因素之间存在很强的关联性：在同等条件下随着学历提高，人的收入也会增加；因城乡生产生活条件的差异性，高学历与高收入人口相对集中在城镇；城乡教育设施条件的差距，导致城乡学生教育结果的不公平，拉大了收入差距，导致了社会不公平。

教育投入是耗费大量人力、财力和物力的长期工程。教育投入不仅增加人力资本积累，其外部性也使得边际效益递增，促进整个区域经济的均衡发展。目前，中国对教育的公共投入，各项教育政策法规的实施有效减少了由城乡、母亲受教育水平和收入等起点差异带来的影响，保障儿童在校学习时间上的平等，改善了义务教育阶段儿童的教育公平情况。但非义务教育阶段的学生、所有儿童的课外教育还十分依赖地方教育资源和家庭投入。因此，本章认为国家应继续均衡教育发展，减少因教育起点差异所带来的教育不公平，政府还应继续加大对农村地区的教育基础设施投入，增强师资建设，提高农村教师薪资水平，对农村、低学历和低收入家庭提供更多的教育补助，让这些家庭的孩子接受平等的教育。

第八章

从家庭儿童照料时间投入看教育公平

儿童照料包括对儿童的生活照料、娱乐照料和教育照料,作为一项早期人力资本投资,儿童照料对促进儿童的健康、认知和非认知能力发展至关重要,从而很大程度上决定着他们未来的收入和福利[1]。家庭生产模型将物质投入和时间投入结合起来,最终得到家庭效用最大化[2]。儿童照料的时间投入对早期人力资本发展具有重要影响[3],也是导致教育代际传递的重要渠道[4]。家长对儿童照料的时间投入与家长的受教育水平和收入水平呈正相关,高学历和高收入家长的儿童照料平均时长明显高于低学历和低收入家长,文献称这种现象为儿童照料时间的"教育梯度"(educational gradient)和"收入梯度"(income gradient)[5]。对这一现象,家庭经济学有多种解释,普遍接受的有两种:一种解释认为儿童照料是一种"奢侈品",收入弹性大,因此随着收入水平提高,儿童照料的时间投入也会增加,挤占了投入在其他活动(如日常家务劳动和闲暇)

---

[1] Carneiro, Pedro Manuel, and J. J. Heckman, "Human Capital Policy", *Social Science Electronic Publishing*, 2003, 30 (2004).

[2] Becker, Gary S., "A Theory of the Allocation of Time", *Economic Journal*, 1965, 75 (299).

[3] Haveman, Robert and Barbara Wolfe, "The Determinants of Children's Attainments: A Review of Methods and Findings", *Journal of Economic Literature*, 1995, 33 (4).

[4] Datcher-Loury, Linda, "Effects of Mother's Home Time on Children's Schooling", *Review of Economics and Statistics*, 1988, 70 (3).

[5] Guryan, Jonathan, Erik Hust and Melissa Kearney, "Parental Education and Parental Time with Children", *Journal of Economics Perspectives*, 2008, 22 (3).

的时间；另一种解释是儿童照料作为人力资本投资，高学历家庭投入的回报率高于低学历家庭，因此前者的投入积极性比后者高。不管是什么原因，儿童照料投入与家长的社会经济地位有很强的正相关性，这一现象需要引起决策者的高度关注，因为这会弱化社会流动性，挑战基于机会平等的社会公平理念，加剧社会经济的不平等。

　　本章使用2017年中国时间利用调查数据，分析中国家庭儿童照料时间投入的现状，从城乡、家长受教育水平和家庭收入水平三个方面，考察中国家庭的儿童照料是否存在"教育梯度"和"收入梯度"。不同家庭在儿童照料上投入的平均时长和质量存在差异，影响照料质量的因素之一是照料时间在不同活动上的分配。我们把儿童照料活动分为生活照料、教育照料、娱乐照料三个类型。其中，生活照料包括给孩子穿衣服、喂饭、洗澡等活动，监督保姆带孩子，接送孩子时的相关等待时间和与各类照料活动相关的交通活动。教育照料包括辅导孩子做作业、陪孩子学习，陪孩子阅读。娱乐照料包括陪孩子玩耍和看电视。在总照料时间相同的情况下，教育照料时间占比越高，照料的质量越高。影响照料质量的另一个因素是不同照料提供者在孩子成长的不同阶段扮演的角色。与世界许多国家一样，尤其是发展中国家①，中国家庭的儿童照料不仅仅是由父母来提供，祖父母也发挥了重要的作用。在中国，0—3岁儿童大约32%由祖父母照料②；大约58%的祖父母参与孙子女照料③。在婴幼儿阶段，儿童生活照料的需求远远超过教育照料的需求，在这方面，通常祖父母可能比年轻的父母更有经验。但是到了接受正规教育的年龄时，儿童对生活照料的需求降低，对教育照料的需求增加。与父母相比，祖父母平均受教育程度较低，在辅导孙子女的学习上，能力要差一些，甚至

---

① Posadas, Josefina, "Grandparents as Child Care Providers: Factors to Consider When Designing Child Care Policies", The World Bank Economic Premise, 2012.
② 张航空：《儿童照料的延续和嬗变与我国0—3岁儿童照料服务体系的建立》，《学前教育研究》2016年第9期。
③ 杜凤莲、张胤钰、董晓媛：《儿童照料方式对中国城镇女性劳动参与率的影响》，《世界经济文汇》2018年第3期。

可能会在教育理念方面与子女产生分歧[①]。随着中国城镇学龄前儿童家长受教育水平的提高,儿童照料提供者正逐步从以祖父母为主向父母为主转化[②]。此外,受到传统"男主外、女主内"分工模式和性别角色观念的影响,母亲承担了中国家庭儿童照料的大部分责任,但是父亲的照料投入对儿童人力资本发展也是不可或缺的[③]。已有研究显示,随着收入水平提高,不仅母亲的儿童照料时间增加,父亲的儿童照料时间也在增加,高收入国家母亲与父亲照料时间总体高于低收入国家[④]。本章将从城乡、母亲受教育程度和家庭人均收入三方面分别对中国家庭儿童照料平均时长、照料活动构成和照料者的身份进行比较。

第一节 谁来照料儿童?

根据联合国《儿童权利公约》和中国儿童在18岁基本完成高中教育的现实情况,我们把儿童界定为18岁及以下的居民。从2017年中国时间利用调查数据中,我们选取了与0—18岁儿童一起居住的母亲、父亲、祖母、祖父作为样本;由于信息的局限,我们无法区分是祖父母还是外祖父母。考虑到部分儿童还会得到非同居祖父母的照料,本章选用的数据在一定程度上低估了中国祖父母对儿童照料的投入[⑤]。根据儿童照料文献通常做法,用时间日志填写者在典型一天所从事的主要活动信息来度量照料提供者的照料时间和参与率。有学者指出,儿童照料可以是主要活动,也可以是次要活动,很多儿童照料出现在次要活动中,例如母亲一

[①] 岳坤:《父辈为主、祖辈为辅的教养方式有利于儿童的健康成长——中国城市家庭教养中的祖辈参与状况调查》,《少年儿童研究》2018年第1期。

[②] 《解放日报》2005年1月7日,李薇薇/文。

[③] Cooksey, Elizabeth and Michelle M. Fondell, "Spending Time with His Kids: Effects of Family Structure on Fathers' and Children's Lives", *Journal of Marriage and the Family*, 1996, 58 (3).

[④] Guryan, Jonathan, Erik Hust and Melissa Kearney, "Parental Education and Parental Time with Children", *Journal of Economics Perspectives*, 2008, 22 (3).

[⑤] 杜凤莲等估计大约有14%的中国城镇儿童得到非同居祖父母的照料,参见杜凤莲、张胤钰、董晓媛《儿童照料方式对中国城镇女性劳动参与率的影响》,《世界经济文汇》2018年第3期。

边做饭,一边看孩子,或者从事主要活动时与孩子在一起①,儿童照料作为次要活动平均时长为 1.6 小时/天,与作为主要活动 2.59 小时/天相比小很多,因此本章聚焦主要活动。分析的样本共包括:4263 位母亲、4293 位父亲、2507 位(外)祖母和 2108 位(外)祖父。

表 8—1 报告儿童照料提供者的城乡差异。可以发现,城镇照料提供者的受教育年限明显高于农村。城镇父母受教育年限比农村高 2.7—3.0 年,城镇祖父母受教育年限比农村高 1.6—1.9 年。无论城镇还是农村,父亲和母亲的平均受教育年限均高于祖父母,男性的受教育年限高于女性。如前所述,受教育水平会影响照料者的抚养理念和辅导儿童学习的能力。同时,照料提供者的劳动力市场参与也会影响照料者的照料时间。在就业率方面,城镇母亲略高于农村母亲,但父亲、祖母、祖父的就业率都是农村高于城镇。从有酬劳动时间来看,城镇父母有酬劳动时间要高于农村,农村祖父母的有酬劳动时间要高于城镇。这是因为,在城镇,大多数祖父母到了退休年龄会退出劳动力市场,城镇祖父母的平均有酬劳动时间减少;农村养老金收入比较低,多数农村老人在退休之后,依然从事农业生产活动,所以农村祖父母的平均就业率和平均有酬劳动时间都高于城镇。农村祖父母较高的就业率和有酬劳动时间可能会对其儿童照料的时间投入产生负面影响。从照料参与率来看,城镇父母、祖父母的参与率都高于农村;无论城镇还是农村,母亲的儿童照料参与率远高于父亲、祖母的儿童照料参与率远高于祖父。城镇母亲、父亲、祖母、祖父儿童照料参与率分别比农村高 7.0 个、8.4 个、6.2 个、3.3 个百分点;与农村相比,城镇父母对儿童照料投入更加均衡一些。由于城镇家庭照料提供者的受教育水平普遍高于农村家庭,城乡家庭儿童照料参与率的差异在一定程度上折射出照料的"教育梯度"现象。

---

① Folbre, Nancy and Jayoung Yoon, "What is Child Care? Lessons from Time-use Surveys of Major English-speaking Countries", *Review of Economics of the Household*, 2007, 5 (3).

表 8—1　　　　　　中国城乡儿童照料提供者的个人特征

	年龄（年）		受教育年限①（年）		就业率（%）		有酬劳动时间②（小时/天）		儿童照料参与率（%）	
	农村	城镇	农村	城镇	农村	城镇	农村	城镇	农村	城镇
母亲	36.1	36.4	7.5	10.5	66.8	69.0	5.07	5.69	36.3	43.3
父亲	37.8	38.4	8.4	11.1	87.6	86.0	7.86	8.09	12.1	20.5
祖母	60.8	61.5	4.1	6.0	47.0	22.5	2.86	2.06	32.3	38.5
祖父	62.2	63.0	6.7	8.3	63.6	40.5	5.40	4.14	15.0	18.3

注：①受教育年限是根据数据文化程度进行折算，未上过学为 0 年，小学为 6 年，初中为 9 年，高中为 12 年，中专/职高为 12 年，大专/高职为 15 年，大学本科为 16 年，硕士研究生为 19 年，博士研究生为 22 年；②有酬劳动时间是数据中工资劳动和家庭生产经营劳动的时间总和，下同。

资料来源：2017 年中国时间利用调查和 2017 年中国家庭金融调查，下同。

表 8—2 报告按母亲受教育程度分类，儿童照料提供者的基本情况。把母亲受教育程度分为小学及以下、初中、高中/中专和大专及以上四类①。在样本中这四类母亲分别占总样本的 29.8%、37.6%、15.7%、16.9%。由于教育的代际传递，我们看到母亲的受教育年限和祖父母的受教育年限正相关；由于婚姻市场的"正向匹配"效应②，我们看到母亲的受教育年限和父亲的受教育年限正相关：因此低学历母亲的家庭中父亲和祖父母的受教育年限也低；高学历母亲的家庭中父亲和祖父母的受教育年限相对都比较高。家庭照料者受教育水平的正相关性会加剧家庭儿童照料的"教育梯度"。从就业率来看，有大专及以上学历母亲的就业率明显高于较低学历母亲。从儿童照料参与率来看，母亲和父亲的儿童照料参与率都随着母亲受教育水平提高而提高：与母亲学历为小学及以下的家庭相比，母亲学历为大专及以上的家庭，母亲儿童照料的参与率提高了 30.3 个百分点，父亲儿童照料的参与率提高了 21.8 个百分点。不

---

① 本章数据中有 707 个母亲不与儿童共同居住，此时我们按照监护人的受教育水平，对母亲受教育程度进行补充，顺序依次用父亲、祖母、祖父，来保持样本的一致性。

② Becker G S., *A Theory of Marriage*, 1974.

仅母亲和父亲的照料参与率与母亲受教育水平正相关，高学历母亲家庭的祖父母的照料参与率也高于低学历母亲家庭的祖父母。例如，小学及以下家庭的祖父母参与率分别为9.4%、28.5%；而大专及以上家庭则为22.5%、45.5%。低学历母亲家庭成员的儿童照料参与率远远低于高学历母亲的家庭成员，我们看到了明显的儿童照料"教育梯度"现象。

表8—2　按母亲受教育程度分类儿童照料提供者的个人特征

	年龄（年）	受教育年限①（年）	就业率（%）	有酬劳动时间②（小时/天）	儿童照料参与率（%）
小学及以下（29.8%）					
母亲	38.3	4.5	63.9	5.67	25.1
父亲	40.6	7.2	83.5	8.13	9.6
祖母	62.7	2.8	36.7	2.77	28.5
祖父	64.6	6.0	53.8	4.87	9.4
初中（37.6%）					
母亲	36.0	9.0	67.1	5.35	38.9
父亲	37.8	9.5	86.2	7.79	14.3
祖母	61.2	5.1	36.5	2.50	34.1
祖父	62.1	7.5	54.8	5.10	18.2
高中/中专（15.7%）					
母亲	34.9	12.0	64.0	4.73	51.3
父亲	37.0	11.3	85.8	8.08	17.3
祖母	59.7	7.1	33.9	2.04	40.8
祖父	61.6	8.6	51.6	4.79	18.5
大专及以上（16.9%）					
母亲	34.6	15.6	82.3	5.70	55.4
父亲	36.1	14.5	93.1	7.74	31.4
祖母	59.2	8.2	25.3	2.38	45.5
祖父	60.4	9.6	43.2	4.13	22.5

注：各学历分类后括号中标出的是每个学历在样本中的占比。

表 8—3 报告按家庭收入水平分类，儿童照料提供者的基本信息。根据家庭人均收入在各省收入分布的五等分将样本家庭分为三类：最低的 20%，中间的 60%，最高的 20%。可以发现，照料提供者的受教育水平与家庭收入水平正相关，高收入水平家庭照料者的教育年限比低收入家庭要高。同时，高收入家庭母亲和父亲的就业率也比低收入家庭的高。从儿童照料参与率可以看出明显的照料"收入梯度"现象：母亲、父亲、祖母、祖父的儿童照料参与率，最低的 20% 家庭分别为 34.7%、16.2%、28.5%、15.8%，最高的 20% 家庭分别为 40.8%、22.9%、40.1%、17.6%。

表 8—3　按家庭收入水平分类儿童照料提供者的个人特征

	年龄（年）	受教育年限[①]（年）	就业率（%）	有酬劳动时间[②]（小时/天）	儿童照料参与率（%）
最低20%					
母亲	37.1	7.5	63.1	5.26	34.7
父亲	39.2	8.2	81.1	7.41	16.2
祖母	62.5	3.6	36.5	3.06	28.5
祖父	64.7	6.1	50.4	4.48	15.8
中间60%					
母亲	36.0	9.1	67.6	5.28	41.5
父亲	37.8	9.9	86.8	8.16	15.0
祖母	60.6	5.2	35.3	2.35	36.5
祖父	61.8	7.6	54.9	5.07	16.6
最高20%					
母亲	36.4	12.3	76.9	6.03	40.8
父亲	38.4	12.6	92.8	8.13	22.9
祖母	61.8	7.2	27.0	2.18	40.1
祖父	63.2	9.6	41.9	4.06	17.6

从表 8—1、表 8—2 和表 8—3 可以看出，中国家庭儿童照料提供者的参与率在城乡家庭、不同母亲受教育水平的家庭和不同收入水平的家

庭之间有很大差异。这些差异是不是由于不同类型家庭生育率不同、儿童数量不同，因而对照料需求不同而导致的呢？为回答这个问题，表8—4报告不同家庭0—18岁儿童的个数。从表中可见，相对城镇，高学历和高收入家庭，农村，低学历和低收入家庭的孩子比较多，同时这些家庭照料提供者的照料参与率比较低。这表明，照料参与率和下面对照料时间的分析，在某种程度上低估了中国家庭儿童照料的"教育梯度"和"收入梯度"现象，因为总照料时间相同，孩子多的家庭每个孩子平均得到的照料时间少，农村家庭和母亲低学历、低收入家庭的儿童实际得到的平均照料时间要比本章报告的少。

表8—4　　　　　　　不同家庭儿童平均数量

		家中儿童个数
城乡	农村	2.03
	城镇	1.58
母亲受教育水平	小学及以下	2.02
	初中	1.81
	高中/中专	1.59
	大专及以上	1.35
家庭人均收入水平	最低20%	2.00
	中间60%	1.76
	最高20%	1.39

第二节　家庭教育照料不足

本节介绍中国家庭儿童照料的基本情况。如表8—5所示，从整体上来看，中国0—18岁儿童平均每天得到2.59小时儿童家庭照料，其中母亲1.10小时、祖母0.92小时、父亲0.29小时、祖父0.28小时。和其他国家一样，女性是中国儿童家庭照料的主要提供者，母亲投入的时间是父亲的3.8倍，祖母投入的时间是祖父的3.3倍。从照料类型来看，生活照料、教育照料和娱乐照料分别占家庭总照料时间的71%、8%、21%。

在生活和娱乐照料上母亲和祖母是主要提供者,在辅导学习上父母是主要提供者,祖父母受限于教育水平更多是在生活照料和娱乐照料上替代儿童父母。

美国0—18岁儿童的母亲和父亲用于儿童照料的时间分别为每天2小时和1小时,教育照料约占总照料时间的14%[①]。中国母亲和祖母照料时长总和与美国母亲的时长相似,而父亲和祖父照料时长的总和仅为美国父亲照料时长的57%。美国母亲的照料时间是父亲的2倍,远比中国父母照料比率低。中国家庭照料总时间为每天2.59小时,低于美国家庭母亲和父亲总投入(3小时),中国家庭教育照料在总照料时间的比例仅约为美国家庭的一半。

表8—5　　　　　　　中国家庭儿童照料平均时长　　　　单位:小时/天

	生活照料	教育照料	娱乐照料	总照料
母亲	0.77	0.12	0.21	1.10
父亲	0.17	0.04	0.08	0.29
祖母	0.70	0.03	0.19	0.92
祖父	0.21	0.01	0.06	0.28
家庭合计	1.85	0.20	0.54	2.59

下面进一步分析在儿童成长不同阶段总照料时长、照料时间的构成和不同照料者的角色。我们把儿童年龄划分为0—2岁婴幼儿阶段,3—6岁学龄前阶段,7—12岁小学阶段,13—15岁初中阶段,16—18岁高中阶段。随着儿童进入不同的年龄段,家庭在儿童照料上的时间投入发生相应变化,不仅照料者分工发生变化,照料时间的构成也发生变化。如表8—6所示,随着儿童年龄的增加,家庭儿童照料的总平均时长减少,0—2岁儿童每天得到7.11小时的照料,而进入中学家庭照料时间每天仅为0.63—0.64小时。在儿童成长的各个阶段,母亲都是主要的照料提供

---

① Guryan, Jonathan, Erik Hust and Melissa Kearney, "Parental Education and Parental Time with Children", *Journal of Economics Perspectives*, 2008, 22 (3).

者，占 35.6%—67.2%，父亲占 9.9%—19.7%，祖父母的贡献集中在儿童上中学之前，提供了 42%—54.5% 的照料，在初中、高中阶段，父母在家庭儿童总照料时间上的贡献远远超过祖父母。同时还发现，教育照料的时间随着儿童的年龄增长先上升后下降，在小学阶段达到最高点，为每天 0.27 小时。

表 8—6　按年龄分类中国家庭儿童照料平均时长和提供者贡献

年龄	总照料时间（小时/天）	教育照料（小时/天）	母亲占比（%）	父亲占比（%）	祖父母占比（%）
0—2 岁	7.11	0.13	44.1	10.3	45.6
3—6 岁	3.72	0.16	35.6	9.9	54.5
7—12 岁	1.56	0.27	44.6	13.4	42.0
13—15 岁	0.64	0.19	54.5	19.7	25.8
16—18 岁	0.63	0.10	67.2	15.6	17.2

注：母亲占比是母亲儿童照料时间占家庭总照料时间的百分比，父亲占比是父亲儿童照料时间占家庭总照料时间的百分比，祖父母占比是祖父和祖母儿童照料时间占家庭总照料时间的百分比，下同。

第三节　农村家庭儿童照料质量明显偏低

本节比较中国城镇和农村家庭的儿童照料平均时长、不同照料者的角色、照料构成。城镇和农村家庭儿童照料决策主要受三个因素的影响：一是农村儿童照料中教育的公共投入和市场供给仍然落后于城镇[①]；二是农村家庭父母的受教育程度和家庭收入水平均低于城镇家庭，在儿童人力资本投入上需要更多地依靠社会[②]；三是农村缺乏激烈竞争的社会氛

[①] 刘靖、董晓媛：《母亲劳动供给、儿童照料与儿童健康：来自中国农村的证据》，《世界经济文汇》2011 年第 4 期。

[②] 刘宓凝、李录堂、LIUMi-ning 等：《中国西部农村家庭的儿童人力资本投资行为分析》，《电子科技大学学报》（社会科学版）2010 年第 1 期。

围，对孩子学业成就的要求不及城镇[①]。

图8—1报告儿童家庭照料提供者和照料构成的城乡差异。图8—1（a）显示，在农村，家庭儿童总照料时间平均为每天2.73小时，其中母亲1.09小时，祖母1.12小时，父亲0.23小时，祖父0.30小时。与农村相比，城镇家庭总照料时间略微低一点，平均每天2.48小时，其中母亲1.10小时，父亲0.34小时，祖母0.78小时，祖父0.26小时。对比城乡照料提供者，可以看出，城镇母亲照料时长和农村母亲差不多，城镇父亲照料时长比农村父亲多，城镇祖父母照料时长比农村祖父母少。农村母亲的照料时间是父亲的4.7倍，城镇母亲的照料时间是父亲的3.2倍；农村祖父母照料时间是父母照料时间的1.1倍，城镇祖父母的照料时间仅为父母照料时间的72%。

图8—1（b）显示，不论是农村还是城镇，家庭儿童照料的主要组成部分还是生活照料。其中，农村的生活照料时间比城镇多0.37小时/天；城镇家庭在教育照料上的时间要远多于农村，约为农村的3倍（0.27小时和0.09小时），在陪玩耍和看电视这两项活动上，农村家庭花的时间比城镇家庭略高（0.58小时和0.51小时）。

从城乡照料提供者和辅导学习时间的差异来看，农村儿童照料的质量低于城镇，而这种差异是与城乡儿童照料提供者的受教育水平差异分不开的。

表8—7报告中国城镇和农村家庭不同年龄段儿童总照料时间、教育照料时间和父母以及祖父母照料时间占总照料时间的比例。该表显示，在0—2岁和3—6岁学龄前阶段，农村家庭的总照料时间明显比城镇家庭多，而进入学龄阶段两类家庭的总照料时间差异不大。如前所述，农村家庭对学龄前儿童照料投入的时间比城镇家庭多，很大程度上是因为农村幼托机构服务的可及性明显低于城镇，农村家庭需要投入更多的时间照料婴幼儿和学龄前儿童。城乡照料质量的差距表现在三个方面：第一，从表8—7可以看出，在儿童成长的各个阶段，城镇家庭花在教育照料上的时间均明显多于农村家庭，城乡差距随着儿童年龄的增长而扩大，

---

① 李通屏：《家庭人力资本投资的城乡差异分析》，《社会》2002年第7期。

第三篇 赢在起跑线：中国教育和发展

（此处为柱状图(a)，数据如下：）

全国 2.59：祖父 0.28，祖母 0.92，父亲 0.29，母亲 1.10
农村 2.73：祖父 0.30，祖母 1.12，父亲 0.23，母亲 1.09
城镇 2.48：祖父 0.26，祖母 0.78，父亲 0.34，母亲 1.10

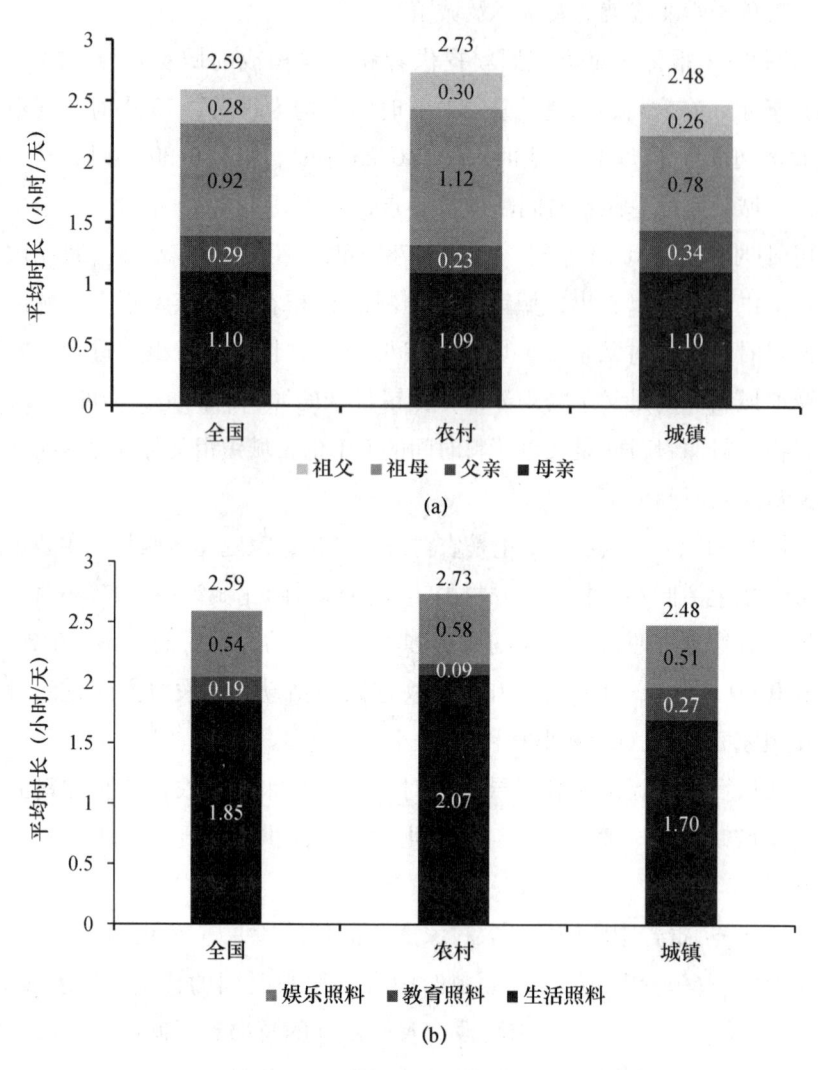

纵轴：平均时长（小时/天）
图例：■祖父 ■祖母 ■父亲 ■母亲
(a)

（此处为柱状图(b)，数据如下：）

全国 2.59：娱乐照料 0.54，教育照料 0.19，生活照料 1.85
农村 2.73：娱乐照料 0.58，教育照料 0.09，生活照料 2.07
城镇 2.48：娱乐照料 0.51，教育照料 0.27，生活照料 1.70

纵轴：平均时长（小时/天）
图例：■娱乐照料 ■教育照料 ■生活照料
(b)

图 8—1 中国城乡家庭儿童照料提供者角色和照料构成

在 0—2 岁、3—6 岁、7—12 岁、13—15 岁、16—18 岁，前者与后者的比率分别为 2.0、2.2、3.0、5.0、8.0。从家庭教育照料的时间投入来说，农村儿童明显"输"在了起跑线上。第二，城镇家庭更倾向于父母照料孩子，较少依赖祖父母照料。除了 0—2 岁婴幼儿阶段，进入 3—18 岁学前教育和中小学教育阶段，城镇家庭父母在家庭总照料时间占比上均高于农村，尤其是进入学龄阶段，在 7—12 岁小学阶段，农村父母的占比合计为 50.2%，城镇家庭为 64.5%；在 13—15 岁初中阶段，农村为 50.3%，城镇家庭为 84.5%；在 16—18 岁高中阶段，农村为 77.5%，城镇为 87.9%。第三，在儿童的各个年龄段，城镇父亲在家庭总照料时间的占比大体上都明显高于农村。在初中阶段以下时，农村父亲的贡献均低于 10%，城镇父亲的贡献均超过 10%。综上所述，城镇的儿童得到照料的质量高于农村儿童。

表 8—7　　　　中国城乡家庭儿童照料平均时长和提供者贡献

年龄	总照料时间（小时/天）		教育照料（小时/天）		母亲占比（%）		父亲占比（%）		祖父母占比（%）	
	农村	城镇	农村	城镇	农村	城镇	农村	城镇	农村	城镇
0—2 岁	7.53	6.80	0.08	0.16	46.8	42.0	9.3	11.1	43.9	46.9
3—6 岁	3.37	1.56	0.10	0.22	31.0	39.6	5.7	13.9	63.3	46.5
7—12 岁	1.56	1.57	0.13	0.39	40.7	48.2	9.5	16.3	49.8	35.5
13—15 岁	0.45	0.79	0.06	0.30	37.2	62.2	13.1	22.3	49.7	15.5
16—18 岁	0.67	0.61	0.02	0.16	61.1	72.2	16.4	15.7	22.5	12.1

第四节　儿童照料的"教育梯度"

本节比较不同母亲受教育程度家庭儿童照料时长和质量的差异。如图 8—2（a）所示，从整体来看，随着母亲受教育水平的提高，家庭在儿童照料上的总时间投入增加，比如，母亲受教育水平为小学及以下时，家庭每天儿童照料总时间是 1.85 小时，当母亲受教育水平为大专及以上时，家庭每天照料总时间是 3.71 小时，高学历家庭的照料时长几乎是低学历家庭的 2 倍。与母亲仅有小学及以下的家庭相比，母亲受教育水平为大专及以上的家庭不仅总照料时间多，而且每个照料提供者的时间投入都比前者多；前一类家庭的母亲、父亲、祖母、祖父每天的照料时间分别为 0.69 小时、0.19 小时、0.76 小时、0.22 小时，后一类的分别为

1.55 小时、0.59 小时、1.16 小时、0.41 小时。前面提到，不论是父母还是祖父母，高学历家庭照料提供者的受教育水平均高于低学历家庭，所以，高学历家庭提供的儿童照料在数量上比低学历家庭多，在质量上也可能比后者高。

由于祖父母的平均教育水平低于父母，祖父母和父母的相对贡献也对照料质量有影响。图8—2（a）显示，母亲仅有小学及以下和初中学历的家庭，父母在总照料时间占比分别为48%、51%，在母亲有高中/中专和大专及以上学历的家庭分别为62%、58%。高学历家庭父亲在儿童照料的占比也比低学历家庭高。父亲的照料时间占比在母亲仅有小学及以下和初中学历的家庭为10%左右，在母亲有大专及以上的家庭占比为16%。仅从父母对儿童照料的贡献看，高学历家庭儿童照料的质量比低学历家庭高。

图8—2（b）显示，从照料构成来看，随着母亲受教育程度的提高，生活照料时间在增加，但是占家庭儿童照料总时间的比例在下降。教育照料的时间在增加，且占家庭儿童照料总时间的比例也在增加，当母亲学历为小学及以下时，家庭每天教育照料的时间是0.07小时，当母亲学历为大专及以上时，教育照料时间是每天0.30小时，后者为前者的4.3倍。在陪看电视这项活动上，学历高的家庭投入的时间明显减少，比如，母亲为小学及以下学历的家庭平均陪孩子看电视的时间为0.11小时，而母亲为大专及以上学历的家庭仅有0.04小时。

家庭开支的数据显示，随着母亲受教育程度的提高，家庭在孩子教育培训方面的金钱投入也增加。母亲学历为小学及以下、初中、高中及中专、大专及以上家庭儿童教育培训开支分别为每年5040元、6176元、6094元、7871元。这表明，不同学历母亲的家庭对儿童照料和教育投入的差距不仅表现在时间投入上，而且表现在教育开支上。与低学历母亲家庭相比，高学历家庭的孩子有更多参加辅导班和家教的机会。低学历的母亲不仅自己辅导孩子学习的能力有限，也没有能力通过购买专业化服务来弥补自身的不足。

第八章 从家庭儿童照料时间投入看教育公平

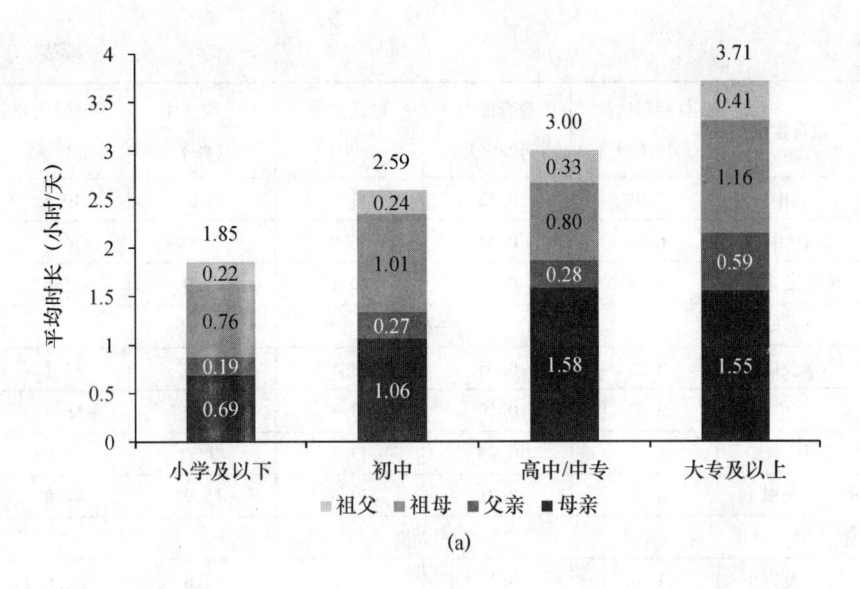

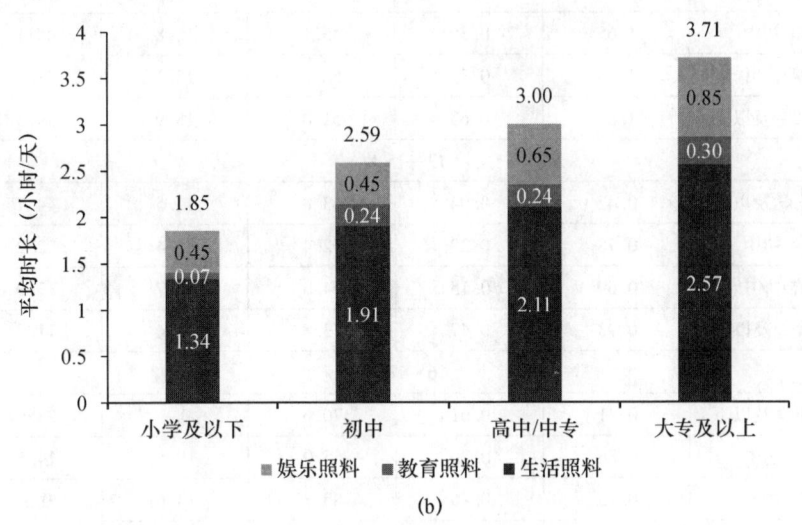

(a)

(b)

图 8—2　按母亲受教育程度分类儿童照料提供者角色和照料构成

表 8—8　按母亲受教育程度分类儿童照料平均时长和提供者贡献

教育程度	总照料时间 （小时/天）	教育照料 （小时/天）	母亲占比 （%）	父亲占比 （%）	祖父母占比 （%）
0—2 岁					
小学及以下	5.97	0.12	41.1	8.0	50.9

续表

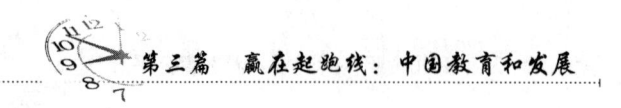

教育程度	总照料时间（小时/天）	教育照料（小时/天）	母亲占比（%）	父亲占比（%）	祖父母占比（%）
初中	7.98	0.12	41.5	9.0	49.5
高中/中专	6.86	0.18	56.2	7.8	36.0
大专及以上	7.18	0.11	40.1	14.9	45.0
3—6 岁					
小学及以下	3.27	0.05	28.5	9.4	62.1
初中	3.65	0.19	33.3	8.3	58.4
高中/中专	4.10	0.25	43.7	7.3	49.0
大专及以上	4.20	0.21	39.3	15.9	44.8
7—12 岁					
小学及以下	1.48	0.11	37.8	13.6	48.6
初中	1.65	0.30	45.1	10.8	44.1
高中/中专	1.50	0.35	56.2	15.1	28.7
大专及以上	1.64	0.63	51.8	18.9	29.3
13—15 岁					
小学及以下	0.42	0.04	43.8	11.5	44.7
初中	0.78	0.29	52.4	25.4	22.2
高中/中专	0.69	0.15	64.3	18.7	17.0
大专及以上	0.93	0.47	73.8	14.4	11.8
16—18 岁					
小学及以下	0.41	0.01	70.6	0.5	28.9
初中	0.86	0.20	65.9	19.6	14.5
高中/中专	0.75	0.16	85.3	14.6	0.1
大专及以上	0.48	0.08	31.9	48.1	20.0

表8—8 报告各年龄段儿童，不同母亲受教育程度的家庭在儿童照料总时长、教育照料时间和父母、祖父母照料时间占家庭总照料时间比例的差异。由于把五个儿童年龄段进一步分解为四个教育类别，有些类别观察值比较少，因此，在有些儿童年龄段母亲受教育程度和照料时间没有一直呈现正相关。在3—15岁阶段，随着母亲的受教育程度提高，大致

上家庭总照料时间增加，花在教育照料的时间也增加。此外，几乎在儿童的各个年龄段，母亲和父亲在家庭总照料时间的占比均随着母亲学历的提高而提高；大专及以上学历母亲的家庭父亲对儿童照料的贡献超过了其他类型的家庭（除13—15岁阶段）。母亲学历和父亲儿童照料的贡献呈正相关性可能是由于两个原因：一是由于婚姻的"正相匹配"效应，而高学历的父亲更了解父亲参与儿童照料的重要性，因此更愿意在子女照料上多花时间。二是高学历的母亲收入比较高，因此在家庭内部劳动分工上的议价能力更强。母亲仅有小学及以下学历的儿童照料"赤字"最为严重：除了0—2岁的年龄段，在各个儿童年龄段，与其他教育程度家庭相比，这些家庭的总照料时间和教育照料时间都最少，祖父母在总照料时间的占比都最高。

第五节 儿童照料的"收入梯度"

图8—3展示不同收入水平家庭每天花在儿童照料时间上的差异。如图8—3（a）所示，低收入家庭儿童照料总时间为2.48小时/天，中等收入家庭为2.67小时/天，高收入家庭为2.38小时/天，高收入家庭儿童照料时间最少，可能是因为这部分家庭有更强的支付能力从市场上购买儿童照料，替代了家庭内部提供的儿童照料。尽管如此，高收入家庭父母的照料时间高于中等和低收入家庭，与高学历家庭一样，高收入家庭更倾向于父母自己照料孩子，而不是依赖祖父母，同时高收入父亲对儿童照料的贡献也比中等和低收入家庭大。父母在家庭总照料时间的占比在高收入家庭为66%，在中等收入家庭为52%，在低收入家庭为53%；父亲在家庭总照料时间的占比分别为18%、9%、15%。在三种收入水平家庭中，中等收入家庭父亲的照料时长和贡献最低。

图8—3（b）展示不同收入水平家庭照料时间的构成。可以看出，教育照料的时间随着家庭收入的增加而增加，高收入家庭在教育照料上的总时间是中等收入家庭的1.5倍，是低收入家庭的1.8倍。数据还显示，高收入和中等收入家庭陪孩子看电视的时间比低收入家庭少，三类家庭的时间分别为每天0.04小时、0.06小时、0.10小时。

家庭开支的数据显示,家庭收入水平高,对教育培训方面的金钱投入也比较高。高收入家庭平均每年花在子女教育和培训的费用为 8825 元,中等收入家庭为 5913 元,低收入家庭为 4738 元,高收入家庭的支出是中等收入家庭的 1.5 倍,低收入家庭的 1.9 倍。中国家庭对子女的教育支出也反映出"收入梯度"现象。

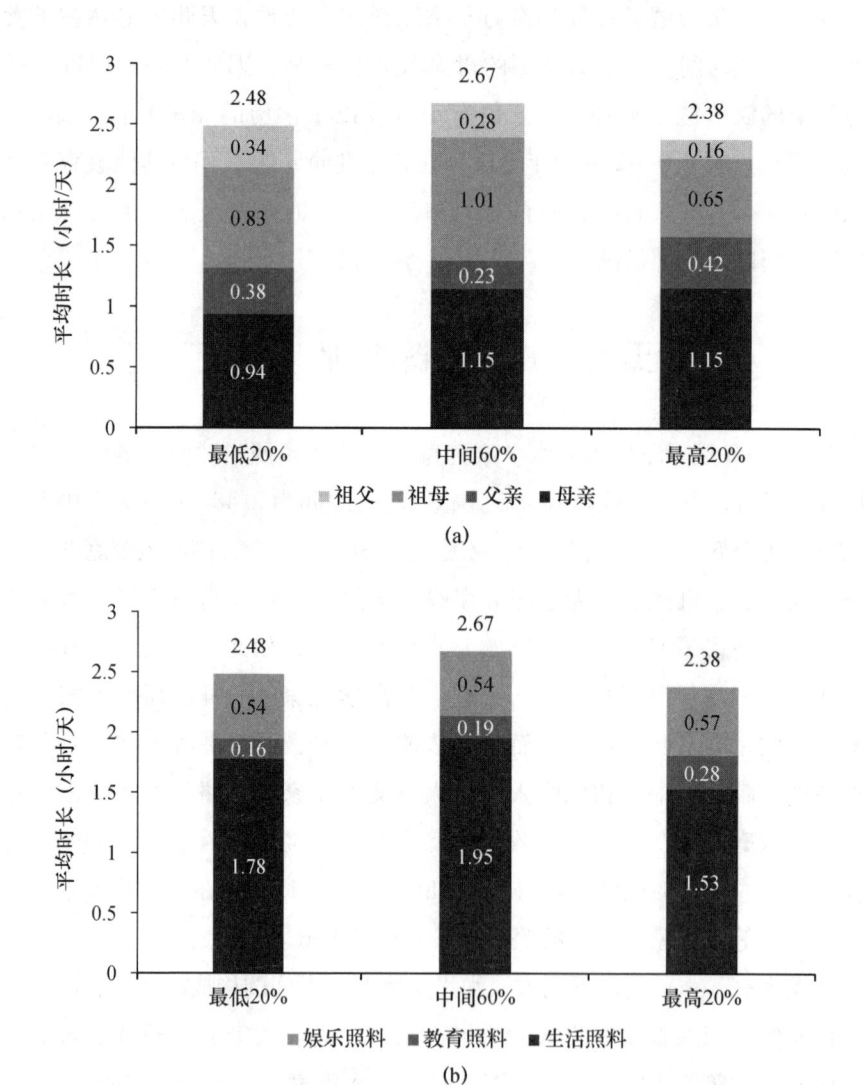

(a)

(b)

图 8—3　按家庭收入水平分类儿童照料提供者角色和照料构成

表8—9　按家庭收入水平分类儿童照料平均时长和提供者贡献

家庭收入水平	总照料时间（小时/天）	教育照料（小时/天）	母亲占比（%）	父亲占比（%）	祖父母占比（%）
0—2 岁					
最低 20%	7.72	0.07	42.8	12.7	44.5
中间 60%	7.16	0.14	44.2	8.3	47.5
最高 20%	6.26	0.12	45.1	15.9	39.0
3—6 岁					
最低 20%	3.80	0.16	30.8	11.8	57.4
中间 60%	3.80	0.15	34.9	8.7	56.4
最高 20%	3.27	0.27	49.5	14.5	36.0
7—12 岁					
最低 20%	1.51	0.19	35.3	21.9	42.8
中间 60%	1.58	0.28	46.9	8.7	44.4
最高 20%	1.59	0.43	53.4	18.1	28.5
13—15 岁					
最低 20%	0.62	0.21	52.1	21.4	26.5
中间 60%	0.67	0.14	58.9	12.7	28.4
最高 20%	0.65	0.40	45.6	43.7	10.7
16—18 岁					
最低 20%	0.79	0.14	54.0	25.3	20.7
中间 60%	0.61	0.12	74.9	9.2	15.9
最高 20%	0.47	0.04	60.7	30.2	9.1

表8—9 报告各年龄段儿童，不同收入水平的家庭在儿童照料总时长、教育照料时间和父母、祖父母照料时间占家庭总照料时间比例的差异。同母亲受教育程度的影响相似，把五个年龄段进一步分解为三个收入类别，有些类别观察值比较少，因此，在个别儿童年龄段家庭收入水平和照料时间没有一直呈现正相关。但是，在 3—15 岁的学龄前、小学和初中阶段，高收入家庭的教育照料时间明显高于低收入家庭。在 0—13 岁阶段，高收入家庭的母亲照料时间占比高于中、低收入家庭，在 13—18 岁阶段，高收入家庭的父亲照料时间占比高于中、低收入家庭。值得注

意的是，中等收入家庭父亲的照料时间最短，相对贡献最低，这在儿童的各个年龄段都存在。中等收入家庭父亲的照料时间低于低收入家庭，可能是因为中等收入家庭有较强提升家庭经济地位的欲望，因此，父亲对有酬劳动投入了更多的时间，挤占了对儿童照料的时间。在儿童的各个年龄段，高收入家庭祖父母照料在总照料的占比都低于中、低收入家庭，高收入家庭对祖父母照料的依赖更小。

第六节 小结

本章从城乡、母亲受教育程度和家庭收入水平三个方面分析中国家庭儿童照料时间投入的差异。通过比较家庭儿童总照料时间、教育照料时间和不同照料提供者的贡献三方面的差异，检验了中国家庭儿童照料是否存在"教育梯度"和"收入梯度"。

对于整体0—18岁儿童，中国家庭儿童照料主要由母亲和祖母提供，两者分别贡献了家庭总照料时间的42%、36%。与美国母亲、父亲相比，中国母亲、父亲照料时间少，分别仅为前者的55%、29%；中国父母儿童照料投入差距更大，中国母亲的照料时间是父亲的3.8倍[①]，美国母亲照料时间是父亲的2.0倍。

从儿童照料提供者角度来看，城镇父母、祖父母受教育年限要高于农村，农村母亲就业率比城镇母亲要低，父亲和祖父母就业率都是农村高于城镇，在儿童照料参与率上城镇家庭成员参与率要高于农村家庭。

从城乡角度来看，对于整体0—18岁儿童，农村家庭的总照料时间略高于城镇家庭，城镇家庭在照料投入质量上比农村家庭更有优势。这表现在以下三个方面：第一，在儿童成长的各个阶段，城镇家庭教育照料的时间都高于农村家庭，两者间差距随着儿童年龄的增加而不断扩大。总体来说，城镇家庭在儿童教育照料上投入时间是农村的3倍。第二，除了0—2岁婴幼儿阶段，城镇家庭对祖父母照料的依赖都低于农村家

---

① 根据《中国家庭发展报告2015》，中国呈现家庭规模小型化，家庭类型多样化，父亲在照料和教育儿童过程中，发挥的作用和扮演的角色比较有限。

庭。第三，城镇父亲投入照料的时间高于农村的父亲，是后者的1.5倍。城镇父亲对儿童照料的贡献大于农村的父亲，除16—18岁阶段。由于城镇家庭儿童照料提供者的受教育水平均高于农村家庭，儿童照料质量的城乡差异在一定程度上体现"教育梯度"的现象。

从母亲受教育程度来看，随着母亲受教育水平的提高，父母儿童照料时间增加，祖父母儿童照料时间减少，家庭在儿童教育照料上的时间增加。同时，家庭对儿童投入的教育培训花费也在增加。小学及以下学历母亲的家庭儿童"照料赤字"最大，不仅总照料时间少，投入在教育照料上的时间也最少，对祖父母照料依赖最大。这类家庭不仅辅导孩子学习的能力有限，也没有能力通过购买专业服务来弥补这一缺陷。

从家庭收入水平来看，虽然高收入家庭的总照料时间低于中低收入家庭，但是，高收入家庭投入在教育照料上的时间最多，教育培训费的投入也最大，父亲照料时间最多，对祖父母照料依赖最小。与低收入和高收入家庭相比，中等收入水平家庭父亲的儿童照料时间最少，仅为高收入家庭的55%。

综上所述，中国家庭儿童照料时间的"教育梯度"和"收入梯度"现象明显，农村家庭、低学历和低收入家庭存在明显的"照料赤字"。由于人力资本投资具有报酬递增的规律，儿童早期发展的差距，如不及时干预会随着年龄增长和家庭投入继续扩大，会使社会经济地位较低家庭的孩子在进入劳动力市场时失去平等竞争的机会。儿童照料的"教育梯度"和"收入梯度"现象需要引起决策者的高度关注。针对部分农村家庭，低学历和低收入家庭，各级政府应采取有效的干预措施，增加公共教育的供给，使没有能力辅导孩子学习的父母可以通过学前班、学校和社会提供的服务来弥补自身能力不足。2014年出台的《国家贫困地区儿童发展规划2014—2020年》，提出坚持儿童早期发展干预的基本方针。《中国儿童发展报告2017：反贫困与儿童早期发展》将儿童早期发展问题纳入国家反贫困战略中，提出建立全程干预、全面保障的贫困地区儿童早期发展体系。这些举措有助于弥补贫困地区家庭"照料赤字"，打破贫困的代际传递。这些干预措施如果证明有效，应向非贫困低学历和低收入家庭推广，在更大范围内实现教育的社会公平。

提高家庭儿童照料投入质量,同时也要鼓励中国父亲更多地参与儿童照料①,与母亲共同分担儿童照料的责任。祖父母在农村家庭、低学历和低收入家庭儿童照料中扮演着重要的角色,而他们的受教育水平普遍低于孩子父母;可以通过对祖父母进行儿童照料培训,使他们更好地了解当代教育理念,认识到教育照料的重要性,掌握新的育儿技术②。

---

① 有研究发现,父亲在儿童的性格塑造、智力发展和自律能力上起着重要作用。
② 近些年,在广州、上海等城市一些知名教育机构推出了"育儿课堂",其中80%的学生不是父母,而是祖父母、外祖父母,他们通过学习新的育儿知识和儿童早期发展理念,从而缓解城市双职工家庭的生活压力。由国家卫计委和农村教育行动计划(Rural Education Action Program,REAP,陕西师范大学教育实验经济研究所、中国科学院农业政策研究中心、美国斯坦福大学等多个单位所共建)共同推动,名为"养育未来"的婴幼儿早期发展项目,在农村进行婴幼儿早期发展干预实验,将以前的基层计生干部培训成"养育师",为农村家庭0—3岁婴幼儿监护人进行辅导,来提高农村家长对正确育婴的认识。

第九章

孩子们缺觉吗?

睡眠充足对于儿童青少年的身心健康发展有积极的影响,而睡眠不足则会导致儿童精力不充沛、抽象思维和记忆力减退、情绪障碍、药物滥用甚至影响生长发育等[1]。此外,睡眠时间与儿童青少年吸烟、饮酒、药物滥用、伤害事故等有关[2]。睡眠不足还会增加肥胖、糖尿病、心血管疾病、感染性疾病等发生的风险[3]。因此,儿童青少年睡眠时间是否足够对于其健康成长具有至关重要的意义,而基于具有全国代表性的基础数据分析结果,进一步回答中国儿童青少年睡眠时间是否足够的问题,有助于为制定儿童青少年相关健康教育与干预措施提供支撑。

基于此,本章利用2017年中国时间利用调查数据,对中国儿童青少年睡眠状况进行分析,重点回答以下几个问题:中国儿童青少年睡眠时间是否足够?睡眠不足的儿童青少年具有什么样的结构性特征?哪些因素影响儿童青少年睡眠?

围绕上述问题,首先,本章报告中国儿童青少年睡眠的基本情况;其次,对儿童青少年睡眠进行国际比较和跨时期比较;再次,分析可能影响儿童青少年睡眠的因素;最后,总结全文。

---

[1] Azadbakht L., Kelishadi R., Khodarahmi M., "The Association of Sleep Duration And Cardio Metabolic Risk Factors in A National Sample of Children and Adolescents: The CASPIAN Ⅲ Study", *Nutrition*, 2013, 29 (9).

[2] Adolescent Sleep Working Group, Committee on Adolescents, Council on School Health, "School Start Times for Adolescents", *Am Academy Pediatrics*, 2014, 134 (3).

[3] Keyes K. M., Maslowsky J., Hamilton A., "The Great Sleep Recession: Changes in Sleep Duration Among US Adolescents", *Pediatrics*, 2015, 135 (3).

第一节 儿童青少年睡眠基本情况

2017年中国时间利用调查中，共获得儿童青少年学生样本3149个（详见表9—1），其中6—11岁儿童1706人，占54.2%；12—14岁青少年791人，占25.1%；15—17岁青少年652人，占20.7%。全部样本中，男生共计1672人，占53.1%；女生共计1477人，占46.9%。

表9—1　2017年中国时间利用调查中儿童青少年的样本分布　　单位：人

样本	镇城		农村		总计
	男孩	女孩	男孩	女孩	
6—11岁	528	500	369	309	1706
12—14岁	261	203	172	155	791
15—17岁	224	207	118	103	652
总计	1013	910	659	567	3149

资料来源：2017年中国时间利用调查，下同。

根据卫计委2013年5月1日发布的《中小学生一日学习时间卫生要求》，小学生每日睡眠时间不应少于10小时，初中生每日睡眠时间不应少于9小时，高中生每日睡眠时间不应少于8小时。以此为参照，2017年中国时间利用调查中关于儿童青少年睡眠状况的数据分析显示（见表9—2），如果将午睡和夜间睡眠合并计算，中国6—11岁儿童平均每天睡眠时间在10小时以上，12—17岁青少年每天睡眠时间在9小时以上，各个年龄段均高于卫计委的建议标准。

表9—2　　中国在学学生睡眠时间统计（包含午睡）　　单位：小时/天

人群		全国	城镇	农村
全样本	合计	10.14	10.11	10.17
	男生	10.09	10.07	10.11
	女生	10.20	10.17	10.23

续表

人群		全国	城镇	农村
6—11岁	合计	10.67	10.81	10.51
	男生	10.66	10.77	10.53
	女生	10.69	10.86	10.48
12—14岁	合计	9.85	9.76	9.98
	男生	9.81	9.71	9.94
	女生	9.89	9.80	10.04
15—17岁	合计	9.25	9.09	9.50
	男生	9.15	9.05	9.30
	女生	9.38	9.15	9.78

从样本的睡眠不足率来看，即使包含午睡时间，儿童青少年的睡眠不足问题仍然相当可观，6—11岁、12—14岁以及15—17岁的分别为31.0%、22.2%和20.2%，且随着年龄段的增长，睡眠不足报告率下降（见表9—3）。

表9—3　　2017年中国6—17岁儿童青少年睡眠不足率（包含午睡）　　单位:%

性别与年龄		全国	城镇	农村
性别	男	26.1	24.9	27.8
	女	26.6	26.9	26.2
年龄	6—11	31.0	27.2	35.7
	12—14	22.2	24.5	18.8
	15—17	20.2	24.3	13.9

参照国外的统计标准，将儿童青少年睡眠时间仅限定为夜间睡眠，那么该群体的睡眠不足率迅速攀升（见表9—4）。中国6—11岁儿童平均每天夜间睡眠时间在10小时以下，低于卫计委建议标准，无论是城镇还是农村，儿童睡眠不足问题都很明显，亟须引起重视；12—14岁青少年每天夜间睡眠时间在9小时左右，城镇的青少年睡眠平均时间低于卫计委的建议标准；15—17岁青少年每天夜间睡眠时间在8小时以上。

表 9—4　　　中国在学学生睡眠时间统计（不包含午睡）　　单位：小时/天

人群		全国	城镇	农村
全样本	合计	9.24	9.21	9.29
	男生	9.21	9.15	9.28
	女生	9.28	9.27	9.30
6—11 岁	合计	9.79	9.86	9.70
	男生	9.79	9.81	9.76
	女生	9.79	9.91	9.63
12—14 岁	合计	9.00	8.92	9.12
	男生	8.98	8.94	9.03
	女生	9.03	8.89	9.24
15—17 岁	合计	8.29	8.21	8.41
	男生	8.19	8.07	8.36
	女生	8.41	8.41	8.49

从样本的睡眠不足率来看（见表 9—5），如果不包含午睡时间，6—17 岁儿童青少年睡眠不足率高达 50% 左右。而且随着年龄的增长，儿童青少年的睡眠不足率越来越低。6—11 岁样本的睡眠不足率为 54.7%，12—14 岁样本为 43.7%，15—17 岁样本为 41.7%[①]。

表 9—5　　2017 年中国 6—17 岁儿童青少年睡眠不足率（不包含午睡）　　单位:%

性别与年龄		全国	城镇	农村
性别	男	48.3	48.4	48.2
	女	49.9	49.0	51.1
年龄	6—11 岁	54.7	52.0	58.0
	12—14 岁	43.7	45.4	41.4
	15—17 岁	41.7	45.3	36.1

---

① 最新发布《中国义务教育质量监测报告》显示，四年级学生睡眠时间在 10 小时及以上的比例为 30.7%，即睡眠不足率为 69.3%；八年级学生睡眠时间在 9 小时及以上的比例为 16.6%，即睡眠不足率为 83.4%。由于所选取的样本和调查方式不同，所以结果有所差异。

第二节 儿童青少年睡眠的国际比较

儿童青少年睡眠不足已经成为一个普遍的、国际性的健康问题。美国国家睡眠基金会根据专家研究成果给出了不同年龄段人群睡眠时间的建议，具体为6—13岁儿童每天睡眠9—11小时，14—17岁青少年每天睡眠8—10小时[1]。表9—6对比分析了中国和美国在4—16岁儿童青少年平均睡眠时间，从表9—6中可以看出，在不计算午睡的条件下，中国学龄儿童的平均睡眠时间在各阶段均低于美国儿童，这表明中国儿童的睡眠状况不容乐观。

有研究显示，英国12—14岁儿童每天睡眠时间为9.5小时，15—17岁青少年每天睡眠时间为9.08小时[2]。澳大利亚12—14岁儿童每天睡眠时间都大于9小时，15—17岁儿童每天睡眠时间都大于8小时[3]。加拿大6—17岁儿童青少年每天睡眠时间为9.64小时[4]；意大利7—10岁儿童每天睡眠时间为9.50小时，10—14岁儿童每天睡眠时间为9.00小时[5]。印度10—15岁儿童每天睡眠时间为9.09小时[6]。中国6—17岁儿童青少年平均每天睡眠时间是9.24小时，低于美国、英国等国家相应年龄段儿童的睡眠时间[7]。

---

[1] Knutson K. L., Lauderdale D. S., "Sleep Duration and Overweight in Adolescents: Self-reported Sleep Hours Versus Time Diaries", *Pediatrics*, 2007, 119 (5).

[2] Short S., "Adolescents' Health and Well-being in the United Kingdom", *Loisir et Société / Society and Leisure*, 2005, 28 (2).

[3] Olds T., Maher C., Blunden S., "Normative Data on the Sleep Habits of Australian Children And Adolescents", *Sleep*, 2010, 33 (10).

[4] Carson V., Tremblay M. S., Chaput J. P., "Associations between Sleep Duration, Sedentary Time, Physical Activity, and Health Indicators among Canadian Children and Youth Using Compositional Analyses", *Apply Physiology Nutria Metab*, 2016, 41 (6).

[5] Brambilla P., Giussani M., Pasinato A., "Sleep Habits and Pattern in 1–14 Years Old Children and Relationship with Video Devices Use and Evening and Night Child Activities", *Italy Journal of Pediatric*, 2017, 43.

[6] Bapat R., Van Geel M., Vedder P., "Socio-economic Status, Time Spending, and Sleep Duration in Indian Children and Adolescents", *Journal of Child Family Study*, 2017, 26 (1).

[7] 为了增加可比性，这里中国儿童青少年的睡眠时间未包括午睡时间。

表9—6　　　　中、美4—16岁儿童青少年睡眠时间对比　　　　单位：小时/天

	4岁	6岁	8岁	10岁	12岁	14岁	16岁
中国	9.93	9.90	9.68	9.58	9.45	8.77	8.52
美国	10.92	10.39	10.06	9.82	9.58	9.22	9.04

第三节　儿童青少年睡眠的跨时期比较

　　为了进一步阐明中国儿童青少年睡眠在不同时期的变化情况，笔者对2012年和2017年的睡眠时间进行了跨期比较，目的在于从纵向维度观察中国儿童青少年的睡眠时间是否有所改善。2012年的睡眠数据来自宋超等2010—2012年开展的中国居民营养与健康状况监测资料。该数据采用多阶段分层与人口成比例的整群随机抽样。第一阶段从4类地区共抽取150个县作为监测点；第二阶段采用与人口成比例的方法，等距抽取6个村（居）委会；第三阶段在每个抽中的村（居）随机抽取75户。通过调查问卷形式搜集6—17岁儿童青少年的健康数据，共调查了中国6—17岁儿童青少年38744名，其中男生19631名，占50.67%；女生19113名，占49.33%。城市学生19471名，占50.26%；农村学生19273名，占49.74%[1]。为了增加可比性，参照2012年的定义，我们将睡眠时间定义为午睡时间和夜晚睡眠时间的总和，不包括上课或活动期间的打盹、休息。睡眠不足定义为小学生每天睡眠时间低于10小时，初中生低于9小时，高中生低于8小时。

　　统计结果表明，总体上，与2012年相比，2017年中国儿童青少年睡眠有了显著改善，这种改善体现在：一是平均睡眠时间有了明显增加；二是睡眠不足率明显下降。

---

[1] 宋超、宫伟彦、丁彩翠、张妍、袁帆、刘爱玲：《中国2010—2012年6—17岁儿童青少年睡眠状况》，《中国卫生学校》2017年第9期。

一 睡眠时长的跨时期比较

2012年,中国6—17岁儿童青少年平均每天睡眠时间为8.45小时,其中6—11岁睡眠时间为8.95小时,12—14岁睡眠时间为8.35小时,15—17岁睡眠时间为7.73小时,可以看出,随着年龄段的增长,睡眠时间呈下降趋势。到了2017年,中国6—17岁儿童青少年平均睡眠时间达到了10.14小时,各年龄段的睡眠时间较2012年都增加了1小时以上(见表9—7)。

表9—7　2012年和2017年中国6—17岁儿童青少年每天睡眠时间

单位:小时/天

性别与年龄		2012年			2017年			变化		
		全国	城镇	农村	全国	城镇	农村	全国	城镇	农村
性别	男	8.47	8.44	8.49	10.09	10.07	10.11	+1.62	+1.63	+1.62
	女	8.44	8.41	8.46	10.2	10.17	10.23	+1.76	+1.76	+1.77
年龄	6—11	8.95	8.99	8.92	10.67	10.81	10.51	+1.72	+1.82	+1.59
	12—14	8.35	8.26	8.43	9.85	9.76	9.98	+1.50	+1.50	+1.55
	15—17	7.73	7.63	7.82	9.25	9.09	9.50	+1.52	+1.46	+1.68

注:变化为2017年数据减去2012年数据,下同。

二 睡眠不足率的跨时期比较

表9—8报告2012年和2017年中国6—17岁儿童青少年睡眠不足率。2012年,中国6—17岁儿童青少年平均每天睡眠时间不足的比例为69.8%,农村略低于城镇,男、女生睡眠不足率基本相同(69.7%,69.8%);6—11岁儿童睡眠不足率最高,且随着年龄的增长睡眠不足率呈下降趋势。与2012年相比,2017年中国儿童青少年睡眠不足率平均下降了40个百分点以上,这表明中国儿童青少年睡眠不足的问题有了很大的改善。

表9—8　　2012年和2017年中国6—17岁儿童青少年睡眠不足率　　　单位:%

性别与年龄		2012年			2017年			变化		
		全国	城镇	农村	全国	城镇	农村	全国	城镇	农村
性别	男	69.7	71.9	69.3	26.1	24.9	27.8	-43.6	-47.0	-41.5
	女	69.8	72.2	69.6	26.6	26.9	26.2	-43.2	-45.3	-43.4
年龄	6—11岁	74.0	79.6	73.8	31.0	27.2	35.7	-43.0	-52.4	-38.1
	12—14岁	71.2	71.1	68.3	22.2	24.5	18.8	-49.0	-46.6	-49.5
	15—17岁	61.7	60.5	63.5	20.2	24.3	13.9	-41.5	-36.2	-49.6

与2012年相比，2017年儿童青少年睡眠状况明显好转。那么，导致这种结果背后的原因又是什么呢？一般认为，儿童睡眠时间受多种因素的影响，例如时间利用情况，特别是中高强度的锻炼、静坐时间、视频时间，另外也与外部环境有关系[1]。但是，这些原因可能都不足以揭示与2012年相比，睡眠时间出现的巨大变化，因为在短时期内，如果没有外界力量的大规模干预，儿童青少年的时间利用很难出现巨大的变化。

笔者推测，最有可能的原因是国家减负政策的推进，特别是《国家中长期教育改革和发展规划纲要（2010—2020年）》出台后，中央和地方纷纷出台各种举措来减轻儿童青少年的负担，主要包括：颁布减轻课业负担政策、推迟早晨上课时间、改变学校评价指标等，这些措施的出台对于改善儿童青少年睡眠起到了积极作用[2]。

但需要指出的是，尽管如此，睡眠不足率仍旧可观，6—11岁和12—14岁儿童的睡眠不足率分别达到31.0%和22.2%，15—17岁儿童的睡眠不足比例约为20%。基于这一结果，中国儿童青少年睡眠不足的问题仍然需要引起重视。

---

[1] Chaput J. P., Dutil C., "Lack of Sleep as a Contributor to Obesity in Adolescents: Impacts on Eating and Activity Behaviors", *International Journal of Behavior Nutrition Physics Act*, 2016, 13 (1).

[2] 李文和：《上海市小学生课业负担调查研究》，《上海师范大学》2017年；胡惠闵、殷玉新：《我国减轻中小学课业负担的历程与思考》，《全球教育展望》2015年第44期。

第四节 儿童青少年睡眠的影响因素分析

一 睡眠不足群体的结构性特征

下文分析哪些群体处于睡眠不足状态，或者说睡眠不足的儿童青少年有哪些特征，这一问题的解决可以缩小政策干预的靶向，提高政策干预的针对性和有效性。

表9—9和表9—10报告了不同成绩儿童青少年睡眠不足的比例，这里的成绩是父母或者学生的自评成绩，分为好、中上和中等及以下三类。从表中的统计结果可以看出，如果将午睡时间计算在内，三个阶段的样本在睡眠不足率上的差别非常明显。对于6—11岁的儿童而言，城镇中成绩在中上及以下的样本比成绩好的样本更容易出现睡眠不足；在农村也类似，成绩在中等及以下的样本出现睡眠不足的概率更高。对于12—14岁的儿童青少年而言，总体的睡眠不足率比6—11岁样本有了下降，但是仍然可观。对于15—17岁的样本而言，城镇地区成绩好的学生睡眠不足比例高于其他学生，而农村则相反，可能的原因是，高中高年级学生面临较大的学业压力。

表9—9　　不同成绩儿童青少年睡眠不足的占比（包含午睡）　　单位:%

群体		睡眠不足比例			
		城镇		农村	
年龄	成绩	男生	女生	男生	女生
6—11岁	好	23.8	24.3	25.8	26.0
	中上	31.3	25.6	32.3	36.1
	中等及以下	29.9	27.1	39.9	45.3
12—14岁	好	10.6	32.1	16.0	6.4
	中上	17.8	25.6	7.6	27.0
	中等及以下	17.9	42.3	25.1	18.9
15—17岁	好	41.5	39.2	2.5	6.0
	中上	34.4	20.7	20.2	7.3
	中等及以下	15.1	17.1	18.9	9.8

如果不将午睡时间计算在内,表9—10的统计结果显示,6—11岁的城镇男孩和农村儿童,成绩越差越容易出现睡眠不足,不同成绩的城镇女孩睡眠不足率没有明显差别。12—14岁的青少年中,成绩在中等及以下的男孩最容易睡眠不足,成绩中上的城镇和农村女孩最容易睡眠不足。15—17岁成绩好的城镇青少年睡眠不足率最高且随着成绩的下降而下降。

表9—10　　不同成绩儿童青少年睡眠不足的占比(不包括午睡)　　单位:%

群体		睡眠不足比例			
		城镇		农村	
年龄	成绩	男生	女生	男生	女生
6—11岁	好	43.5	51.6	51.9	58.0
	中上	52.9	50.4	56.0	60.9
	中等及以下	58.9	51.3	56.9	63.6
12—14岁	好	32.7	46.6	39.7	33.3
	中上	32.7	58.3	23.7	45.3
	中等及以下	47.1	48.6	47.3	43.9
15—17岁	好	67.6	54.6	47.5	38.1
	中上	46.6	49.0	52.8	25.5
	中等及以下	41.9	35.7	29.0	36.1

这一研究结果带来了一种可能性:从儿童青少年成长的视角来看,学习成绩偏差、写作业时间长与睡眠不足有可能形成一个恶性循环:学习成绩差需要强化学习、做更多作业,这又导致睡眠时间不足,而睡眠不足导致儿童精力不充沛,抽象思维和记忆力减退,因而影响学习成绩。这一判断将在下一节进一步检验。

二　睡眠不足的影响因素

2017年中国时间利用调查数据显示,影响儿童青少年睡眠最重要的因素是做作业时间。也就是说，目前做作业时间太长是导致中国儿童青少年睡眠时间不足最重要的原因。下面我们进行具体分析。

表9—11和表9—12报告了儿童青少年睡前主要活动内容。统计结果表明，无论是否包含午睡，对比睡眠充足和睡眠不足的两类群体睡前活动可以发现，做作业作为睡前最后一项活动在睡眠不足群体中出现的概率远远高于睡眠充足群体的比例，特别是在12—14岁和15—17岁青少年中间，这一现象尤其突出。

表9—11　　　　儿童青少年睡前主要活动（包含午睡）　　　　单位:%

年龄	活动	睡眠不足群体占比	睡眠充足群体占比
6—11岁	做作业	16.7	12.0
	看电视	42.1	40.2
	电子游戏	2.6	1.4
12—14岁	做作业	38.8	18.1
	看电视	16.1	34.1
	电子游戏	2.4	2.7
15—17岁	做作业	34.2	20.2
	看电视	2.3	17.3
	电子游戏	4.6	6.9

表9—12　　　　儿童青少年睡前主要活动（不包含午睡）　　　　单位:%

年龄	活动	睡眠不足群体占比	睡眠充足群体占比
6—11岁	做作业	16.3	10.0
	看电视	42.2	38.5
	电子游戏	2.4	1.1
12—14岁	做作业	32.1	15.3
	看电视	18.1	39.4
	电子游戏	2.4	2.8

续表

年龄	活动	睡眠不足群体占比	睡眠充足群体占比
15—17 岁	做作业	35.7	14.0
	看电视	4.8	21.0
	电子游戏	3.0	8.9

接下来，我们进一步分析睡眠不足儿童和睡眠充足儿童一天中做作业、看电视和玩电子游戏的时间利用情况。表9—13 和表9—14 记录了睡眠不足群体和睡眠充足群体主要的时间利用情况。统计结果表明，睡眠不足群体的做作业时间高于睡眠充足群体，就均值而言，15—17 岁的青少年中睡眠不足群体做作业时间是睡眠充足群体的近两倍（见表9—14），进一步证明了做作业时间长是导致儿童青少年睡眠不足的首要原因。

这说明，做作业时间和自感学习压力在高年级中与睡眠时长、入睡时间和睡眠质量可能都存在较强的关联。在年龄大的学生中，做作业的时间不仅影响到睡眠的总时间，还关系到睡眠的质量。而在低年级学生中，自感学习压力而非做作业时间会对睡眠质量产生影响。在亚洲国家此类结果是一个独特的现象，反映了亚洲家庭对儿童青少年学习成就的重视，同时也提醒我们将做作业时间控制在合理的范围之内，并适当减少学生的学习压力。

在小学生中，玩电子游戏的时间与睡眠时长存在负相关，这一研究结果与 Yogesh 等的研究一致[1]。儿童青少年对手机使用的时间控制力不足，在尝试减少手机使用时间上存在问题，导致手机使用时间的延长，进而导致睡眠时间的减少。有些甚至在手机不在身边时表现出较强的手机使用欲望并存在反复查看手机等问题，影响睡眠时间。

值得注意的是，在睡眠不足的小学生、初中生和高中生中，时间利用结构发生了非常明显的变化。看电视时间与年龄呈负相关，随着年龄

---

[1] Yogesh S., Abha S., Pariyanka S., "Mobile Usage and Sleep Patterns among Medical Students", *Physical Pharmacol*, 2014, 58（1）.

增长看电视时间显著下降。可能的解释是，年龄较大的学生受学业压力的影响，看电视时间明显下降。

表9—13　　　儿童青少年做作业、看电视和电子游戏的
　　　　　　　　平均时长（包含午睡）　　　　单位：小时/天

年龄	活动	睡眠不足群体					睡眠充足群体				
		均值	城镇		农村		均值	城镇		农村	
			男生	女生	男生	女生		男生	女生	男生	女生
6—11岁	做作业	1.46	2.61	1.51	1.99	1.24	1.27	1.25	1.41	0.88	0.81
	看电视	1.62	1.02	0.90	1.22	1.04	1.52	1.38	1.26	1.88	1.66
	电子游戏	0.24	0.31	0.84	—	—	0.12	0.21	0.06	0.10	0.04
12—14岁	做作业	2.08	2.34	2.54	1.47	1.83	1.57	1.60	2.12	1.04	1.46
	看电视	0.74	0.35	0.30	1.14	0.71	1.50	1.56	0.08	1.36	2.08
	电子游戏	0.25	0.31	0.84	—	—	0.21	—	0.03	0.40	0.19
15—17岁	做作业	2.17	2.13	2.60	1.39	2.63	1.34	1.55	1.74	0.72	1.23
	看电视	0.21	0.26	0.08	0.31	0.10	1.13	0.87	1.24	1.19	1.28
	电子游戏	0.12	0.26	0.01	0.05	—	0.70	0.98	0.41	1.09	0.14

表9—14　　　儿童青少年做作业、看电视和电子游戏的
　　　　　　　　平均时长（不包含午睡）　　　　单位：小时/天

年龄	活动	睡眠不足群体					睡眠充足群体				
		均值	城镇		农村		均值	城镇		农村	
			男生	女生	男生	女生		男生	女生	男生	女生
6—11岁	做作业	1.43	1.72	1.69	1.2	1.22	0.99	1.13	1.36	0.70	0.77
	看电视	1.44	1.50	1.13	1.74	1.28	1.69	1.55	1.41	1.93	1.69
	电子游戏	0.18	0.22	0.16	0.19	0.11	0.13	0.24	0.06	0.14	0.01
12—14岁	做作业	1.78	1.85	2.28	1.24	1.67	1.60	1.69	2.25	1.02	1.41
	看电视	0.73	0.68	0.47	1.02	0.94	1.79	1.88	1.24	1.58	2.57
	电子游戏	0.15	0.12	0.02	0.15	0.04	0.28	0.26	0.05	0.56	0.27
15—17岁	做作业	2.09	2.50	2.57	1.22	2.08	1.10	1.28	1.51	0.79	1.11
	看电视	0.36	0.10	0.17	0.36	0.71	1.35	1.15	1.54	1.26	1.24
	电子游戏	0.18	0.28	0.03	0.31	0.02	0.86	1.26	0.39	1.14	0.21

为了进一步确认儿童青少年睡眠的影响因素，需要基于离散选择模型进行回归分析。我们将睡眠不足赋值为 1，睡眠充足赋值为 0，进行 Logit 回归。表 9—15 回归结果表明①，在控制城乡、收入、家长陪伴等因素的基础上，睡前的作业时间对儿童青少年的睡眠有重要影响。如果其他因素保持不变，睡前做作业时间每增加 1 小时，6—11 岁学生睡眠不足的概率将增加约 39.4%，12—14 岁学生增加约 40.9%，15—17 学生增加约 32.3%。

表 9—15   睡眠影响因素分析

	睡眠是否充足		
	6—11 岁	12—14 岁	15—17 岁
母亲受教育水平	−0.014	0.107	0.252 **
	(0.061)	(0.093)	(0.099)
成绩	0.061	0.134	−0.224 **
	(0.066)	(0.103)	(0.112)
睡前做作业时间	0.394 ***	0.409 ***	0.323 ***
	(0.078)	(0.078)	(0.077)
家庭收入水平	0.067	0.013	0.083
	(0.098)	(0.141)	(0.152)
父亲是否在家	0.413	0.126	0.264
(0 = 在；1 = 不在)	(0.324)	(0.387)	(0.521)
性别	0.038	−0.063	0.109
(0 = 女孩；1 = 男孩)	(0.108)	(0.160)	(0.176)
城乡	0.266 **	0.004	−0.110
(0 = 城镇；1 = 农村)	(0.120)	(0.176)	(0.200)
常数项	−0.141	−1.098 **	−0.803 *
	(0.286)	(0.442)	(0.447)
观测值	1491	715	593

注：括号中是标准误，***、**、* 分别表示估计系数在 1%、5% 和 10% 的水平上通过显著性检验。

---

① 无论是否包含午睡时间，我们发现其影响因素的回归结果显著性和影响方向都是一致的，因此在这里我们仅报告了不包含午睡时间的回归结果。

第五节 小结

本章利用2017年中国时间利用调查数据分析了中国儿童青少年的睡眠问题。分析表明，从全国来看，如果将午睡时间统计在内，6—11岁儿童青少年睡眠时间平均为10.67小时/天，12—14岁儿童青少年睡眠时间平均为9.85小时/天，15—17岁儿童青少年睡眠时间平均为9.25小时/天，三个年龄段儿童青少年的睡眠不足率分别为31.0%、22.2%和20.2%。

如果不包含午睡时间，中国6—11岁儿童青少年睡眠时间平均为9.79小时/天，12—14岁的儿童青少年睡眠时间平均为9.00小时/天，15—17的岁儿童青少年睡眠时间平均为8.29小时/天。儿童青少年睡眠的不足率仍然居高不下，三个年龄段的睡眠不足率分别为54.7%、43.7%和41.7%。6—11岁和12—14岁的儿童青少年中学习成绩处于中上及以下水平的学生容易出现睡眠不足，而15—17岁的青少年中成绩好的学生最容易睡眠不足。

从国际比较的视角来看，与美国等发达国家相比，中国儿童青少年的睡眠时间明显偏低；从跨时期比较分析来看，2017年与2012年相比，儿童青少年的睡眠不足率明显下降，睡眠情况好转。特别需要指出的是，导致中国儿童青少年睡眠不足的主要因素在于做作业时间太长。

上述分析结论可能给我们带来如下的启示：一是当前儿童青少年最容易出现睡眠不足的群体是学习成绩为中上及以下，且花在做作业上的时间较长的群体，这意味着为学生减负工作仍然是应有的题中之意；二是从儿童青少年成长的视角来看，学习成绩偏差、做作业时间长与睡眠不足有可能形成一个恶性循环：学习成绩差需要强化学习、做更多作业，这又导致睡眠时间不足，而睡眠时间不足又进一步影响了学习成绩。

第十章

"快乐"的大学生

"孩子们该玩,却在拼命地学习;青年人该学习,却在拼命玩游戏。"这是中国当下的普遍现象。2018年6月21日,教育部部长陈宝生在新时代全国高等学校本科教育工作会议上表示,中国教育"玩命的中学、快乐的大学"现象应该扭转,"对中小学生要有效'减负',对大学生要合理'增负'",提升大学生的学业挑战度①。与紧张忙碌的高中生活相比,进入大学后,上课的时间与形式都有很大调整,学生在很大程度上掌握了学习和休闲的选择权,可自由支配的时间明显增多。大学生管理以自我管理为主;怎样高效地利用好学习时间,怎样充实地利用好课余时间,是当代大学生需要深思的重要问题②。

有研究显示,大学生平均每天上课时间在8小时以上的学生仅有12.3%,加之上课形式的变化,每节课(以50分钟为例)能专心听讲30—40分钟的学生占一半;影响听课的主要原因是玩手机③。大学生课余时间利用根植于校园的生活文化之中④。充分利用好课余时间,合理安排课余生活,对于大学生的专业素质和职业规划具有重要指导意义。研

---

① 中华人民共和国中央人民政府新闻,http://www.gov.cn/xinwen/2018-06/21/content_5300316.htm。

② 胡飞霞:《大学生课余时间利用情况调查分析——以安徽大学为例》,《社会调查》2017年第8期。

③ 崔燕:《大学生学习时间调研及应对策略研究——以太原理工大学为例》,《教育教学论坛》2018年第10期。

④ 李强:《大学生课余时间利用的影响因素分析——基于天津海河教育园区的问卷调查》,《首都经济贸易学报》2014年第6期。

究显示，很多大学生的课余时间利用出现了效率低下、缺乏规划、课余生活负面影响较大等问题①。

本章利用2017年中国时间利用调查数据，基于比较分析视角，探究大学生在学习、睡眠、娱乐、阅读等活动中的时间利用情况，并与高中生进行比较，最后和美国大学生时间利用进行比较。分析发现，相比于高中生，大学生的学习时间大幅减少，睡眠时间明显增加，娱乐时间大幅增加，电子阅读时间增加；相比于美国大学生，中国大学生花在上课和睡眠上的时间更多，而花在课外学习和休闲社交上的时间更少。

本章的分析基于2017年中国时间利用调查数据中的高中生和大学生样本。样本总量为885人，其中高中生487人，大学生398人。为分析大学生群体内部的差异，将样本分为大学专科生（135人）和大学本科生（263人）。

考虑到学生所从事活动的特点，本章将学生一天的活动分为四大类：自我照料、学习、休闲社交、其他活动。具体分类见表10—1所示。

表10—1　　　　　　　　对学生活动的分类

类别	所包含的活动	活动描述	灵活性
学习	上课	学生在学校从事学校组织的学习活动	不可自由支配
	课外学习	写作业、预习、研究和其他学习活动	
自我照料	夜间睡眠	为满足生理需要而进行的长时间睡眠	可自由支配
	其他睡眠	除以上活动外的睡眠活动	
	个人卫生	个人日常对于自身的卫生活动	
	吃饭	摄入各种食物和饮料的活动	
休闲社交	打游戏	手机游戏和电脑游戏	
	体育锻炼	根据身体需要运用各种体育手段，以增进健康、调节精神为目的的体育活动	
	社会交往	与亲友或他人进行的各种形式的社会交往活动	

---

① 赵海宁、朱峰：《大学生课余时间利用状况对专业素质的影响分析——基于新疆农业大学管理学院学生的调查》，《人力资源管理》2018年第1卷。

续表

类别	所包含的活动	活动描述	灵活性
休闲社交	业余爱好	唱歌、收藏、文学和艺术等活动	可自由支配
	看电视	看电视	
	阅读	电子阅读和纸质阅读	
其他活动	有酬劳动	工作和家庭生产经营活动	
	无酬劳动	做家务、照顾家人和对外提供帮助	

根据各类活动在时间上的灵活性,又可以把学生所从事的活动分为不可自由支配活动和可自由支配活动两类。上课活动由学校统一安排,学生不能自由选择其时间长度和起止时间,属于不可自由支配活动。除上课以外的所有活动,学生或多或少对其时间安排可以自由考量,属于可自由支配活动。

第一节 学生时间利用的阶段特征

为了考察不同教育阶段学生时间分配的特征,本节比较各阶段(小学、初中、高中、大学)学生[①]的时间利用情况,见图 10—1 所示。

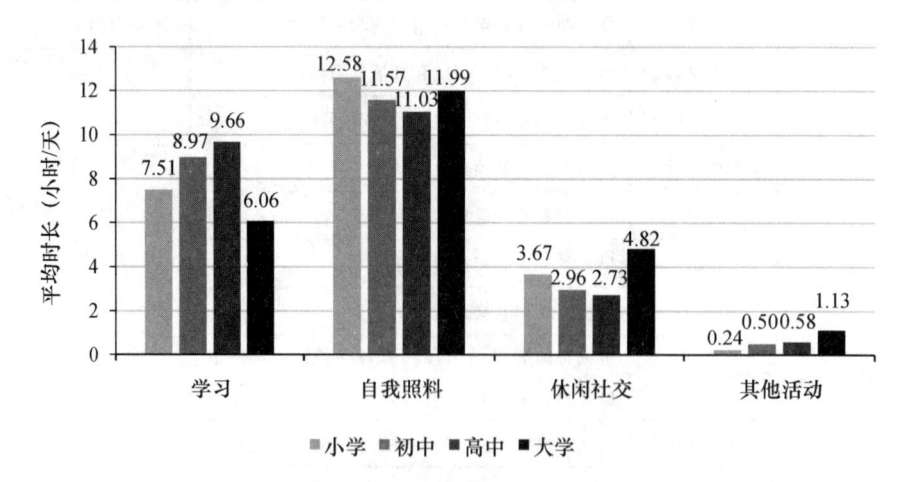

图 10—1 不同学习阶段学生的时间分配

资料来源:2017 年中国时间利用调查,下同。

① 各阶段学生的样本量:小学生 1782 人,初中生 731 人,高中生 487 人,大学生 398 人。

如图10—1所示，无论是学习时间，还是自我照料、休闲社交时间，大学阶段都是对从小学到高中趋势的背离。从小学到高中，学习的平均时间一路上行，累计上升2.15小时/天，反映学习压力持续增加；上大学后，学习时间剧降3.60小时/天，反映学习压力的陡然下降。从小学到高中，自我照料、休闲社交的平均时间一路下行，前者累计下降1.55小时/天，后者累计下降0.94小时/天；上大学后，自我照料、休闲社交时间均明显上升，前者上升0.96小时/天，后者上升2.09小时/天。至于其他活动时间，从小学到高中有小幅增加，上大学后增幅明显加大。各个阶段学生对比，大学生的学习时间最短，休闲社交时间最长，过得最为安逸。

图10—2展示了不同学习阶段各年级学生的学习、夜间睡眠平均时间。明显可见，从小学一年级到高三，学习时间和夜间睡眠时间呈剪刀状：学习时间逐渐递增，夜间睡眠时间逐渐递减；二者在初一、初二之间相交，此前夜间睡眠时间高于学习时间，此后学习时间高于夜间睡眠时间；学习时间的递增反映了学习压力的增加；夜间睡眠时间的下降，一方面反映了随着年龄增加，人们生理上需要的睡眠时间下降，另一方面也反映了学习时间对睡眠时间的挤占。上大学后，这种趋势被打破：学习时间断崖式下降，夜间睡眠时间逆生理需要而上升。

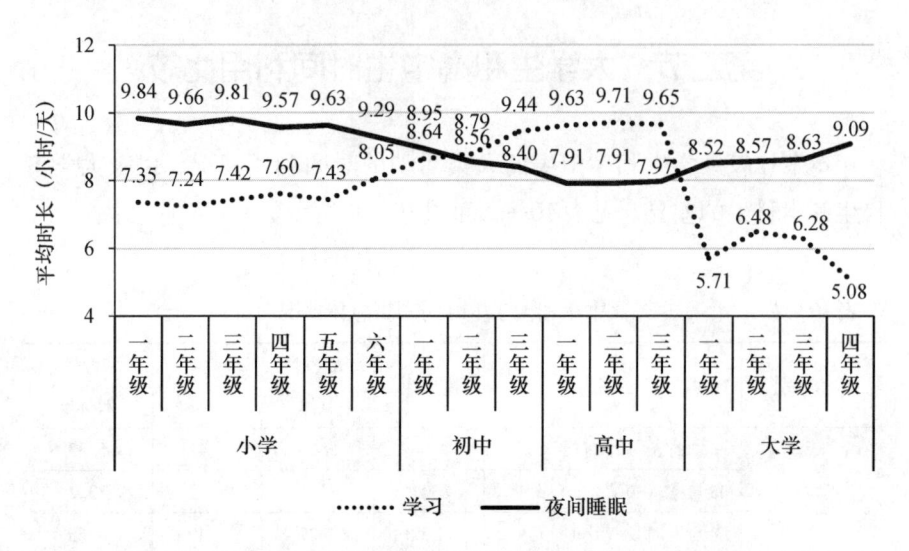

图10—2　各年级学生学习和夜间睡眠的平均时长

图10—3展示了不同学习阶段各年级学生的阅读、打游戏、体育锻炼平均时间。可以看出，学生的阅读、打游戏、体育锻炼时间，从小学一年级到初中三年级，整体上呈上升之势，高中阶段有所回落，到大一急剧上升。

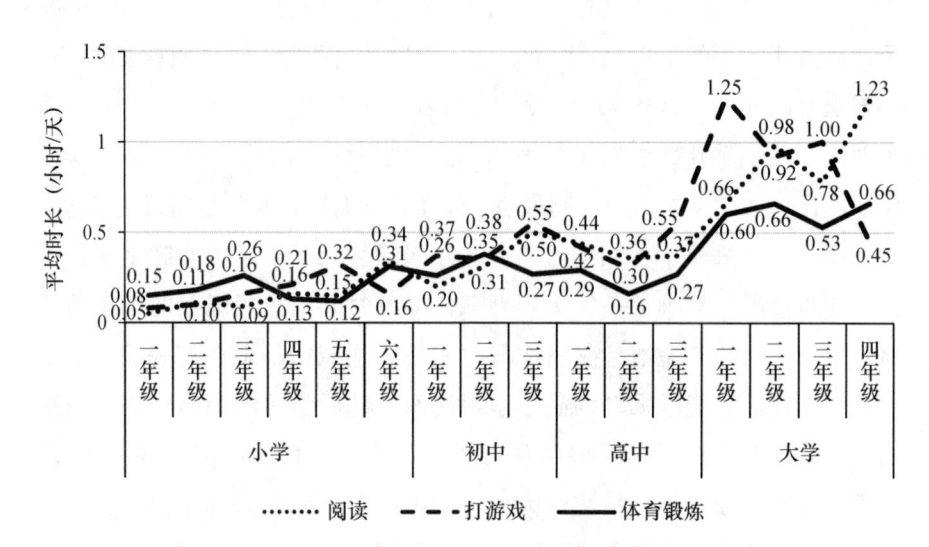

图10—3 各年级学生阅读、打游戏和体育锻炼的平均时长

第二节 大学生和高中生时间利用比较

本节比较大学生和高中生四大类活动的时间利用情况，以及大学专科生和本科生的差异，见表10—2和图10—4所示。

表10—2　　高中生和大学生时间利用总体情况

活动类别	指标	高中生	大学生总体	#大学专科生	#大学本科生
学习	平均时长（小时/天）	9.66	6.06	5.42	6.33
	参与率（%）	83.1	73.2	73.3	73.2
	参与者时长（小时/天）	11.63	8.27	7.40	8.65

续表

活动类别	指标	高中生	大学生总体	#大学专科生	#大学本科生
自我照料	平均时长（小时/天）	11.03	11.99	12.08	11.96
	参与率（%）	100.0	100.0	100.0	100.0
	参与者时长（小时/天）	11.03	11.99	12.08	11.96
休闲社交	平均时长（小时/天）	2.73	4.82	5.21	4.65
	参与率（%）	66.3	91.7	94.0	90.7
	参与者时长（小时/天）	4.11	5.25	5.55	5.12
其他活动	平均时长（小时/天）	0.58	1.13	1.28	1.07
	参与率（%）	19.4	30.7	36.2	28.3
	参与者时长（小时/天）	2.98	3.69	3.54	3.77

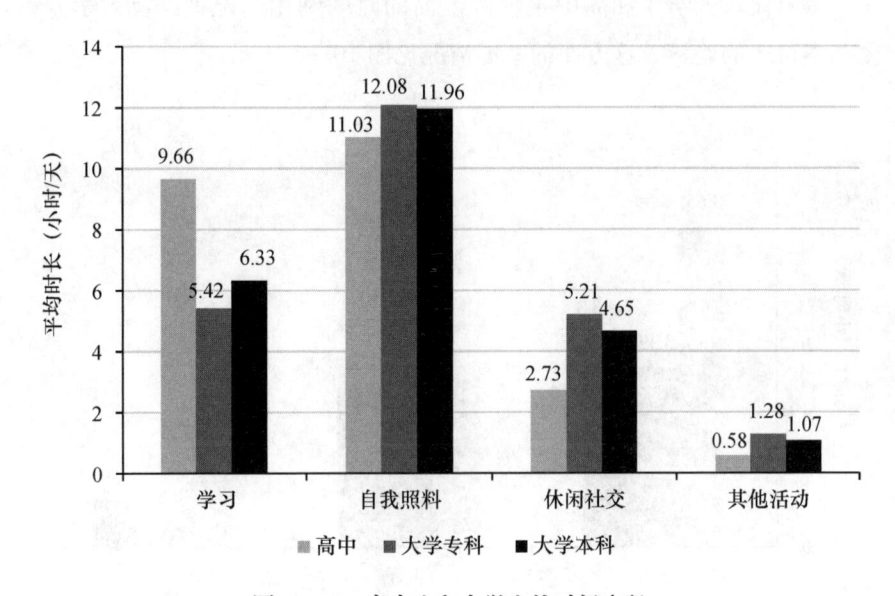

图10—4 高中生和大学生的时间分配

如表10—2和图10—4所示，学生上大学后学习强度大幅下降。和高中生相比，大学生的学习时间减少3.60小时/天，降幅高达37%；其中大专生学习时间减少尤其剧烈，降幅高达44%。大学生对学习活动的参与率也比高中生明显下降了约10个百分点。

与学习活动的变动方向恰成对照,学生上大学后自我照料、休闲社交以及其他活动的时间明显增加。和高中生相比,大学生的自我照料时间增加0.96小时/天,增幅为9%;休闲社交时间增加2.09小时/天,增幅高达77%,其中大专生增幅高达91%;其他活动时间增加0.55小时/天,增幅高达95%。

可见,和高中生相比,大学生时间分配的总体特点是,花在学习上的时间显著减少,花在休闲社交等其他活动的时间显著增加。本章随后四节对此进行了详尽的分析。

第三节 学习时间显著减少

本节比较大学生和高中生学习方面的时间利用情况,以及大学专科生和本科生的差异,这方面的基本情况见图10—5所示。

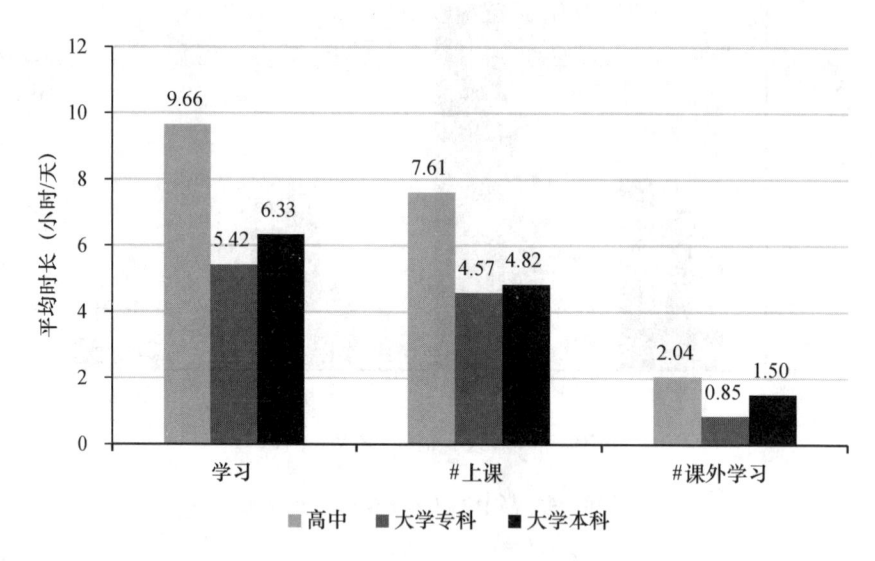

图10—5 高中生和大学生的学习时间分配

如图10—5所示,大学生的上课时间远低于高中生。相比于高中生,大学本科生的上课时间减少2.79小时/天,降幅为37%;专科生的上课时间减少3.04小时/天,降幅高达40%。上大学后课外学习时间也有明显减少，本科生减少约1/4，专科生减少超过一半。

图10—6和图10—7展示了分年级的上课和课外学习时间的变化。

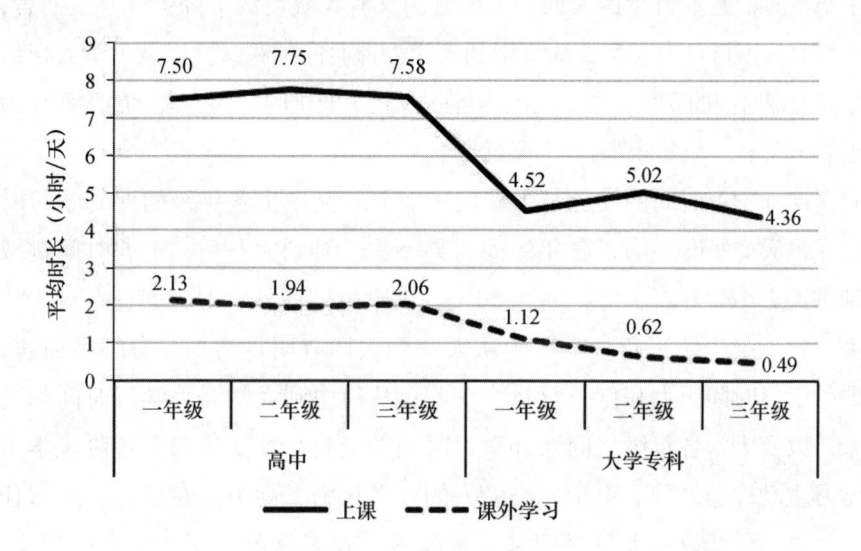

图10—6　分年级高中生和大学专科生的上课和课外学习时间

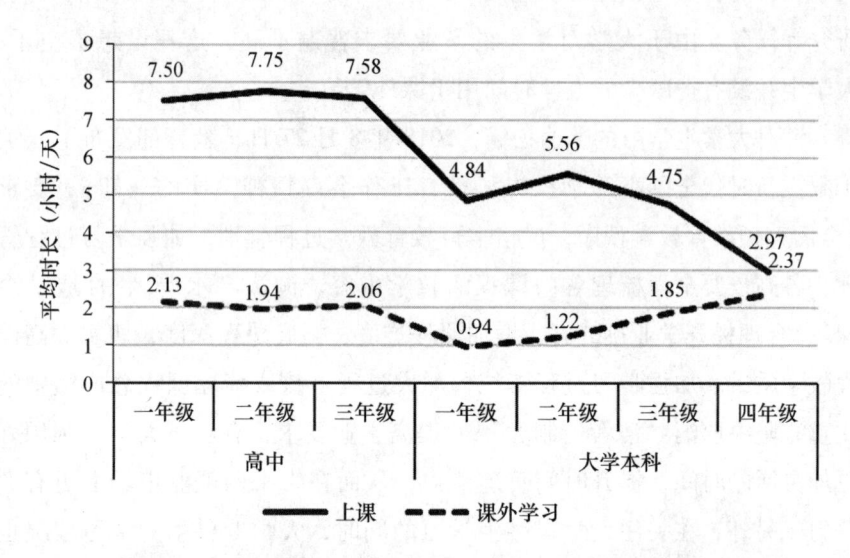

图10—7　分年级高中生和大学本科生的上课和课外学习时间

由图10—6和图10—7可见，从高三到大一，学生的上课时间和课外学习时间均大幅跳减。高中生各年级的上课时间保持在每天7.5小时以上，各年级间差异不大。升到大一后，上课时间跳减到每天4.5—4.9小时，降幅在40%左右。大学生的上课时间，从大一到大二有小幅增加，到大三有小幅下降；到本科生的大四，上课时间又有大幅度的下降。对学生而言，上课时间不可自由支配；从高中到大学上课时间的跳减，以及大学各年级之间上课时间的变化，主要反映了各阶段教学安排的差异。大学的课程压力远低于高中，大四的课程压力又远低于大一到大三。

课外学习时间的变化与上课同中有异。高中生各年级的课外学习时间在每天2小时左右，各年级间差异不大。升到大一后，上课时间跳减到每天1小时左右，降幅高达50%。大学生的课外学习时间，专科生从大一到大三一路下行，本科生从大一到大四有明显增加。对学生而言，课外学习时间很大程度上可自由支配；从高中到大学课外学习时间的跳减，以及大学各年级之间课外学习时间的变化，主要反映了各阶段学生学习主动性的差异。由于面临极大的高考压力，高中生在繁重的上课任务之外，依然投入大量时间来完成作业、预习复习功课。与高中相比，大学教育的特点是：课时明显减少，但要求学生在课外完成大量的阅读、研究等任务。由于大学对学生的学业要求普遍不高，这一设想落空了：大学生并没有把减少的上课时间用于课外学习。

针对大学生学习的普遍松懈，2018年8月27日，教育部发布了《关于狠抓新时代全国高等学校本科教育工作会议精神落实的通知》，要求"全面整顿教育教学秩序，严格本科教育教学过程管理，加强学习过程管理，各高校要全面梳理各门课程的教学内容，淘汰'水课'、打造'金课'，合理提升学业挑战度、增加课程难度、拓展课程深度，切实提高课程教学质量。加强学习过程考核，加大过程考核成绩在课程总成绩中的比重，坚决取消'清考'制度"[①]。提高学业要求，有利于大学生利用好更加灵活的时间，提升时间管理能力，从而在未来的就业市场上更有竞争力。另外，在关注大学本科生学习的同时，大学专科生的学习情况也同样值得注意。

---

① 中华人民共和国教育部，http://www.moe.gov.cn/srcsite/A08/s7056/201809/t20180903_347079.html?from=timeline&isappinstalled=0。

第四节 睡眠时间明显增加

减少的学习时间,很大一部分被大学生用于睡眠,见图10—8所示。

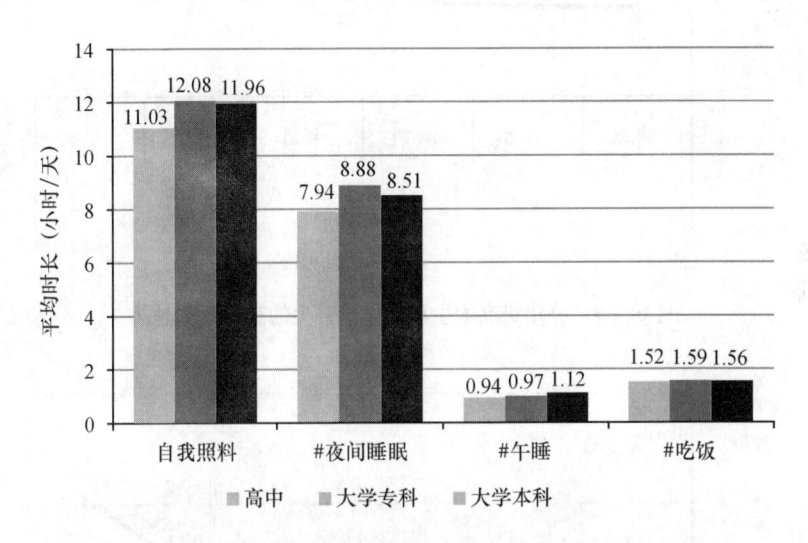

图10—8 高中生和大学生的自我照料时间分配

如图10—8所示,相比于高中生,大学生的夜间睡眠时间明显增加;本科生增加0.57小时/天,增幅为7%;专科生增加0.94小时/天,增幅为12%。上大学后午睡和吃饭时间也有小幅度的增加。

图10—9和图10—10展示了分年级的夜间睡眠时间变化。

如图10—9和图10—10所示,上大学后学生的夜间睡眠时间有明显增加。高中生的夜间睡眠时间保持在接近每天8小时的水平,各年级间差别不大。对大学专科生而言,从高三到大一、从大一到大二,夜间睡眠时间连升两级,最后超过9.2小时/天。对大学本科生而言,从高三到大一至大三,夜间睡眠时间达到每天8.4小时;到大四,夜间睡眠进一步增加到每天9.1小时左右。

大学生除去上课的固定时间,可自由支配的时间大幅增加。由于缺乏对时间的合理规划,一些大学生选择在宿舍睡觉来消磨时光,他们按时上课,其他时间睡觉,被称为"睡眠族"。

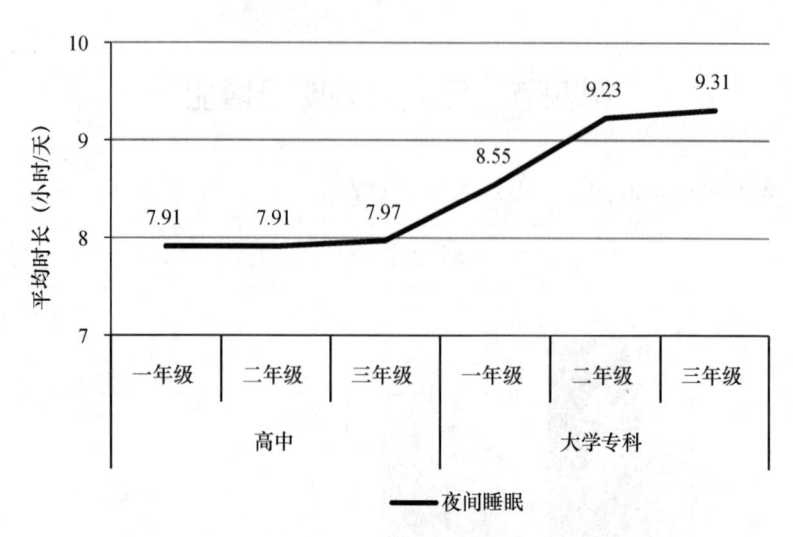

图 10—9 分年级高中生和大学专科生的夜间睡眠时间

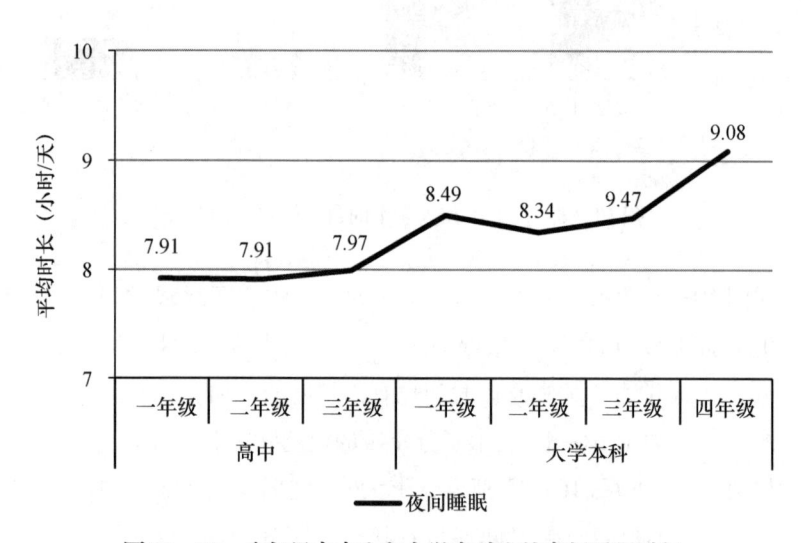

图 10—10 分年级高中生和大学本科生的夜间睡眠时间

第五节 娱乐时间大幅增加

上大学后由学习释放出来的时间,一部分被学生用在睡觉上,更大的部分被学生用于休闲娱乐,尤其是打游戏。

互联网技术的蓬勃发展和广泛运用,极大改变了人们的交际方式、思维模式和行为模式。大学生对网络的痴迷尤为明显，部分学生甚至达到了成瘾的程度①。某高校的数据显示，"宿舍上网人数超过3.4万人，约占在校学生的92%"②。大学生因沉溺网络游戏而引发的学业荒废、情绪失控、行为失常事件不断出现，网络游戏成瘾的破坏性凸显，成为政府、社会和高校普遍关注的热点问题③。在世界卫生组织于2018年发布的新版《国际疾病分类》中，将游戏障碍（即通常所说的游戏成瘾）添加到关于成瘾性疾病的章节中。可见游戏成瘾已经引起了高度关注。本节通过与高中生对比，分析大学生休闲娱乐时间的分配情况，这方面的基本情况见图10—11所示。

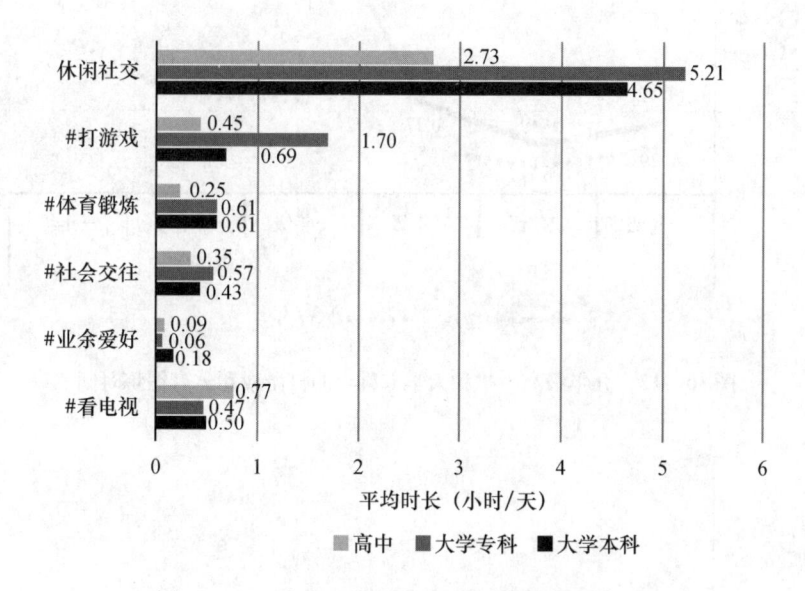

图10—11 高中生和大学生的休闲社交时间分配

由图10—11可见，相比于高中生，大学生的休闲社交时间大幅增加。上大学后，本科生的打游戏时间增加0.24小时/天，增幅超过50%；专

---

① 付文锦、陈鑫鑫：《浅析大学生网络成瘾》，《才智——创新教育》2017年第17期。
② 张维浚、朱嘉平、卞维濒、王瑜梁：《大学生课余时间利用情况调查分析》，《企业导报》2012年第5期。
③ 黄光明、安丽娟：《大学生网络游戏成瘾的原因及对策》，《现代商贸工业》2017年第18期。

科生的打游戏时间增加 1.25 小时/天，增幅达到惊人的 178%。大学生的体育锻炼时间增加了 0.36 小时/天，增幅高达 144%。大学生的社会交往时间也有明显增加，业余爱好时间本科生增加而专科生下降，看电视时间有明显减少。

图 10—12 和图 10—13 展示了分年级的打游戏和体育锻炼时间变化。

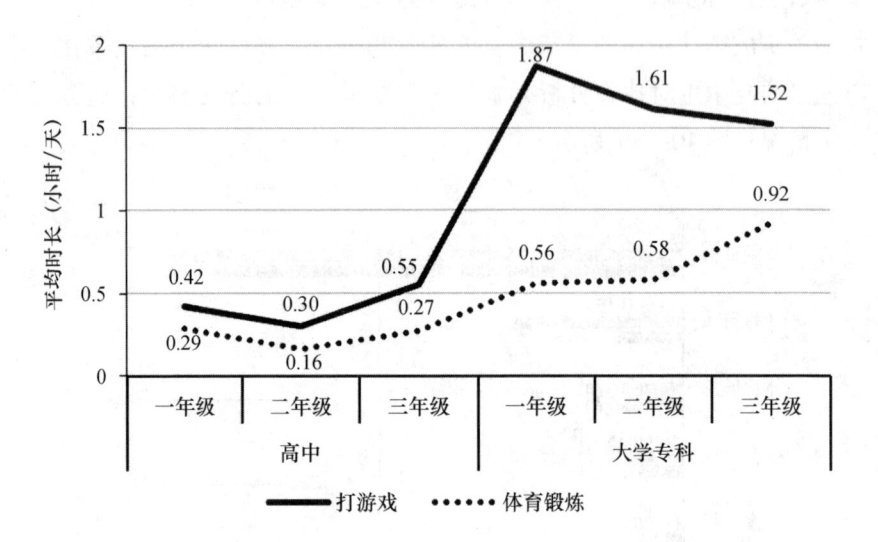

图 10—12　分年级高中生和大学专科生的打游戏和体育锻炼时间

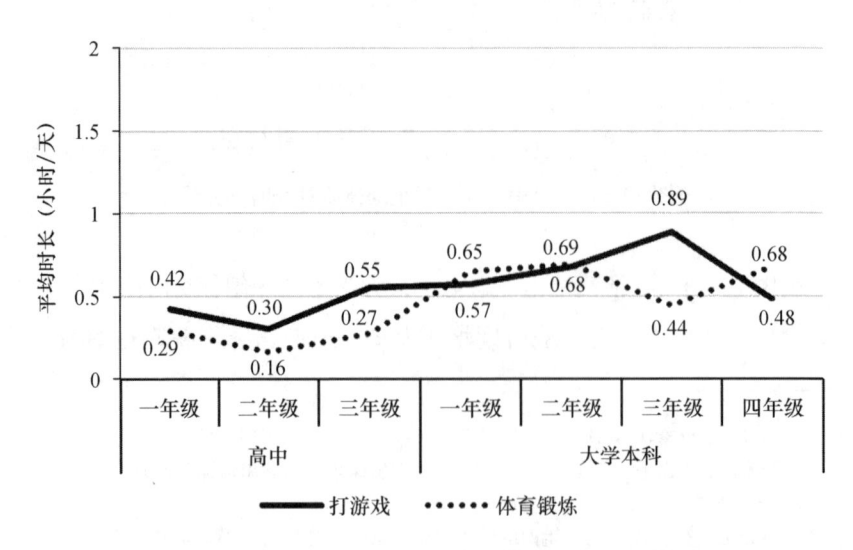

图 10—13　分年级高中生和大学本科生的打游戏和体育锻炼时间

如图 10—12 和图 10—13 所示，上大学后，大学生尤其是大专生的打游戏时间明显增加，体育锻炼时间明显增加。高中生的打游戏时间比较节制，各年级每天 0.4 小时左右。从高三到大一，大专生的打游戏时间飙升了 2.4 倍，大二、大三有所回落；本科生的打游戏时间增幅要小得多。大学生打游戏时间明显增加，这可能是由于手机、电脑等电子设备已经成为当代大学生入学的必备品。刚进入大学时，学习模式转为自主学习，没有繁重的课业压力，没有家长和老师的监督，网络游戏的诱惑使新入学的大学生花费更多的时间在打游戏上。

从体育锻炼时间来看，高中生各年级的锻炼时间维持在每天 0.25 小时左右。从高三到大一，大学生的锻炼时间大幅增加了 1.1 倍。其后，大专生的锻炼时间继续增加，本科生的小幅波动。

在应试教育下，高中生的学习、生活聚焦于高考，学习挤占了娱乐时间。高考过后，学生似乎失去了方向，没有考试的压力，大学变成了娱乐休闲的乐园。

第六节 电子阅读时间增加

《第十三次全国国民阅读调查》结果显示，2015 年中国成年人人均阅读量为 7.86 本，其中纸质书籍 4.58 本，电子书 3.21 本；近些年，中国在阅读数量上稍有改善，更大的变化是新兴媒介阅读时间的整体上升，手机阅读增长显著。美国《2016 年阅读报告》显示，2015 年美国成人阅读量为 12 本，纸质书阅读普遍领先于电子书和有声书。可见，相比于美国，中国阅读量明显偏低[1]。中国人的受教育程度明显低于美国，这可能是造成中国人阅读量低于美国的原因[2]。根据联合国发布的《2016 年人类发展报告》，2015 年中国平均受教育年限为 7.6 年，而美国平均受教育

---

[1] 夏志萍：《中美最新国民阅读调查报告分析及启示》，《图书馆研究》2017 年第 5 期。
[2] 有证据表明，教育程度越高，阅读量越大。根据 2017 年中国时间利用调查数据，对于 18 岁及以上居民，随着学历的提高，阅读时间有所增加。受教育程度为未上过学、小学、初中、高中、中专或职高、大专或高职、大学本科及以上时，其阅读平均时间分别为 0.02 小时/天、0.11 小时/天、0.25 小时/天、0.38 小时/天、0.45 小时/天、0.54 小时/天、0.66 小时/天。

年限为 13.2 年。

学生是阅读人群的一大主力。图 10—14 展示了高中生和大学生阅读时间的分配情况。值得注意的是，本节后面部分所分析的阅读指除学业以外的阅读。有研究显示，在大学生的阅读中，以娱乐为目的的阅读占到了纸质阅读的 87.3%，以娱乐为目的的阅读占到了电子阅读的 81.2%[1]，学业之外的阅读占到了阅读的大部分。因此，学业以外的阅读情况可以大致反映总阅读的情况。

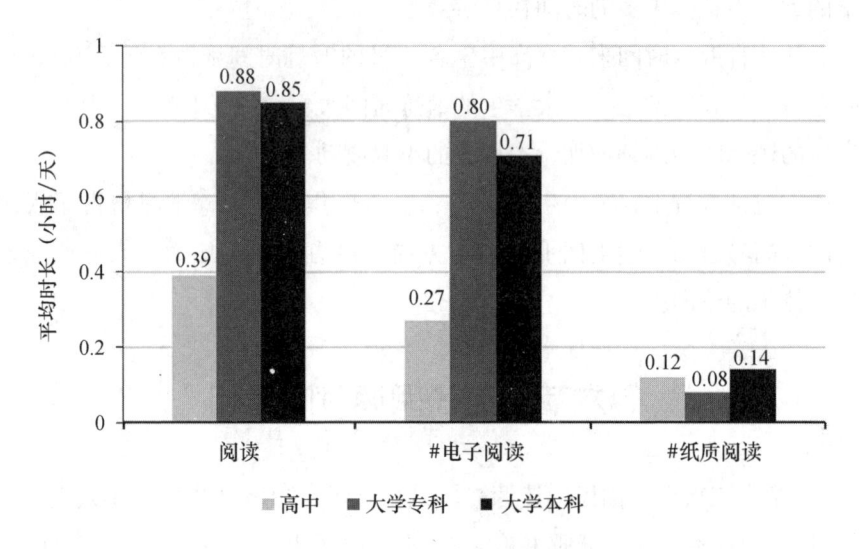

图 10—14　高中生和大学生的阅读时间分配

由图 10—14 可见，相比于高中生，大学生的阅读时间有所增加，其中专科生增加 0.49 小时/天，增幅为 1.3 倍，本科生增加 0.46 小时/天，增幅为 1.2 倍。阅读时间的增加主要发生在电子阅读上，纸质阅读时间变化不大。从纸质阅读时间占阅读时间的比例来看，高中生纸质阅读时间占比为 31%，大学本科生为 16%，专科生为 9%。可见，大学生纸质阅读比例明显下降。

图 10—15 展示了分年级的电子阅读和纸质阅读时间的变化。

---

[1] 曲皎、白静、王宁：《大学生图书阅读行为实证研究》，《大学图书情报学刊》2017 年第 5 期。

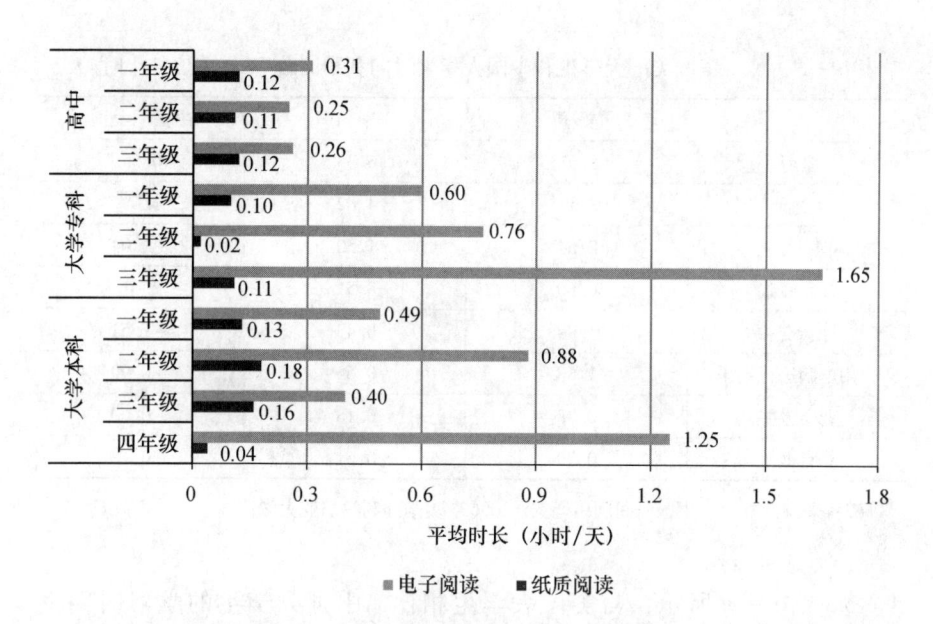

```
高中    一年级  ▇ 0.12        0.31
        二年级  ▇ 0.11    0.25
        三年级  ▇ 0.12     0.26
大学专科 一年级  ▇ 0.10              0.60
        二年级  ▏0.02                   0.76
        三年级  ▇ 0.11                             1.65
大学本科 一年级  ▇ 0.13            0.49
        二年级  ▇ 0.18                    0.88
        三年级  ▇ 0.16         0.40
        四年级  ▏0.04                         1.25
```

图 10—15　分年级高中生、大学专科生和大学本科生的电子阅读、纸质阅读时间

如图 10—15 所示，随着年级的增加，高中生电子阅读时间略有下降。从高三到大一，电子阅读时间明显跳升。之后，专科生的电子阅读时间一路上行，本科生的电子阅读时间震荡上行。纸质阅读时间普遍较低，平均不到 0.2 小时/天。显然，上大学后由学习释放出来的时间，一部分被学生用于阅读。

第七节　中美大学生时间利用比较

本节比较中国、美国大学生时间利用的差异。美国数据来源于 2006 年加利福尼亚大学的一项调查[①]，其调查对象为本科生。中国数据来源于 2017 年中国时间利用调查中的本科生样本。这两个调查的访问方式存在一定区别，但在大学生的活动分类上大致可比。比较结果见表 10—3。

---

① Brint S., Cantwell A. M., "Undergraduate Time Use and Academic Outcomes: Results from the University of California Undergraduate Experience Survey 2006", *Teachers College Record*, 2010, 112(9).

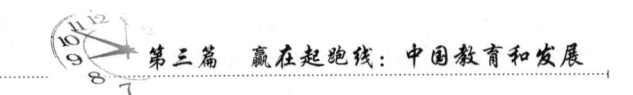

表 10—3　　　　美国大学生和中国大学生时间利用比较　　　单位：小时/天

	美国	中国	中国—美国
学习	5.68	6.33	0.65
#上课	3.13	4.82	1.69
#课外学习	2.54	1.50	−1.04
夜间睡眠	6.50	8.51	2.01
社会交往	1.94	0.43	−1.51
使用电脑进行娱乐	1.63	0.64	−0.99
业余爱好	0.78	0.18	−0.60
体育锻炼	0.79	0.61	−0.18

资料来源：2017 年中国时间利用调查、2006 年美国加利福尼亚大学调查。

如表 10—3 所示，与美国大学生相比，中国大学生的学习时间多 0.65 小时/天，其中上课时间多 1.69 小时/天，课外学习时间少 1.04 小时/天。上课时间的不同反映了两国课时安排的差异，中国大学的课时数更高。值得注意的是，中国大学生的课外学习时间低得多，这反映了中国大学生学习的主动性明显不足。

与美国大学生相比，中国大学生的睡眠时间多 2.01 小时/天。很难用访问方式的不同来解释这么大的差异。中国大学生用于睡眠的时间更多，这可能是因为中国大学的课余生活不够丰富，无法把学生从对睡眠的热衷中吸引过来。确实，中国大学生用于社会交往、使用电脑进行娱乐、业余爱好、体育锻炼的时间均低于美国大学生。

第八节　小结

本章探究中国大学生的时间分配情况，并与高中生进行比较，最后与美国大学生的时间利用进行比较。主要发现如下。

相比于高中生，大学生的学习、生活要轻松许多：上课时间减少了 40% 左右，课外学习时间也有大幅度减少。由学习释放出来的时间，一部分被学生用在睡觉、阅读上，更大的部分被学生用于休闲娱乐，尤其是打游戏。

在大学生中，专科生比本科生轻松：前者的上课和课外学习时间更短，打游戏和夜间睡眠时间更长。

与美国大学生相比，中国大学生的上课时间更长，课外学习时间不足。这反映中国大学生学习的主动性明显不足。中国大学生睡眠时间更长，用于休闲社交的时间更短。这反映中国大学生的课余生活丰富性不足。

从本章的分析可以得到如下启示：第一，改革现有教育体制，切实给中小学生减负，大学生增负，是当前大学生培养的一个紧迫任务。第二，大学生增负的重点不在于增加课时，而在提高学业要求，促使大学生增加作业、阅读、研究等课外学习时间，增强自主学习能力。知识经济时代要求大学生要有不断学习的能力，才不会被时代所淘汰。第三，大学生的可自由支配时间较多，培养学生的时间管理能力尤为重要。生命是由时间组成的，让大学生学会合理规划时间，提高时间使用效率，不但可以充实、丰富其大学期间的学习和生活，而且会令其终身受益。

第四篇

工作之余：对生活品质的追求

第十一章

休闲社交的社会差异

休闲社交指人们在完成有酬劳动、无酬劳动、学习培训和自我照料活动后,在自己自由支配的时间内从事的活动,包括体育健身、阅读、业余爱好、看电视、休息、社交等。休闲社交活动体现了人们对自由时间的一种分配和利用。休闲社交活动有助于增进身心健康,建立、维持、扩展社交圈,是一种重要的人力资本、社会资本投资。更重要的是,休闲社交是人们获得满足感的主要源泉,因此,休闲社交的数量和质量可以用来直接衡量居民的生活质量。

与其他消费活动类似,休闲社交活动也需要一定的时间投入和物质投入。由于不同社会群体可自由支配的时间投入和物质投入各不相同,对各类休闲社交的偏好也千差万别,所以,休闲社交在不同社会群体之间有很大的差异[①]。与其他消费活动不同的是,休闲社交活动还具有时间密集性特征,也就是说,在休闲社交活动的时间投入和物质投入中,时间投入往往占极大的比例,因此,休闲社交活动格外受人们可自由支配的时间的影响。工作、家务、儿童照料等相对不可自由支配时间的长短,会极大地影响人们从事休闲社交活动的时间。与儿童青少年以及老年人相比,有孩子的上班族休闲社交时间相对较少;由于家务和儿童照料活动主要由女性承担,女性的休闲社交时间可能比男性少。

---

① 蒋艳:《城市居民休闲时间投入意愿及其影响因素研究——以杭州市为例》,《生态经济》2012年第3期。

人们的受教育程度、收入水平，以及地区的经济发展和基础设施情况也会影响居民的休闲时间和休闲质量①。有学者将休闲活动分为积极被动型（观看比赛等）、消极被动型（看电影、待在家里等）、积极能动型（参加体育运动、学习等）和消极能动型（玩游戏等）四类；基于深圳调查数据，发现中国男性更倾向于积极、能动型休闲，女性则倾向于消极、被动型休闲②。也有学者将居民休闲活动分为学习型（如阅读）、健身型（如体育锻炼）、消遣型（如看电视）和爱好与社交型（如棋牌、吃饭）③。

受教育程度会影响人们的休闲方式，收入水平制约着人们的选择；由于城乡文化和经济发展的差异，城镇居民的休闲活动选择会比农村居民多一些。有学者发现，受教育程度与"经常锻炼"的人数比例成正比，而影响居民参加体育锻炼的主要障碍也是"缺乏时间"；此外，城乡经济发展的不平衡也造成城乡体育健身活动参与的不平衡④。有学者还发现，居民阅读活动存在地区差异：城镇居民高于农村居民，经济发达地区高于其他地区⑤。

本章使用 2017 年中国时间利用调查数据，从性别、城乡、城市之间、年龄、受教育程度、家庭收入水平等方面，分析中国居民休闲社交的社会差异。社会经济发展会带来居民的休闲社交方式的改变和升级，相应地，休闲消费市场也会发生改变。了解中国居民的休闲社交状况，研究不同人群休闲社交的差异，对制定适宜的产业政策、促进休闲社交产业发展、提高居民生活质量、推动国民经济持续健康发展，都有着深远的意义。

2017 年中国时间利用调查的访问对象为 3 岁及以上居民，总样本量为 30604 人。去掉基本信息不完整的样本，本章可供分析的样本量为 29254 人，其中城镇 19157 人，农村 10097 人；男性 14971 人，女性 14283 人。

---

① 周勇：《国民休闲产业发展中的时间分配因素》，《财经科学》2012 年第 5 期。
② 吴凌菲：《基于休闲方式的城市居民休闲满意度研究》，《统计与决策》2013 年第 24 期。
③ 张安民：《我国居民休闲参与的影响机制研究》，《人文地理》2013 年第 28 期。
④ 江崇民、张彦峰、蔡睿、张一民、王梅、孟亚峥、张铭、邹金辉：《2007 年中国城乡居民参加体育锻炼现状分析》，《体育科学》2009 年第 3 期。
⑤ 乔菊英、李蕊平：《当前我国国民阅读状况分析》，《图书情报工作》2009 年第 13 期。

第一节 休闲社交活动分类

依据 2017 年中国时间利用调查的活动分类，休闲社交活动包括三个大类：体育锻炼与健身活动、娱乐休闲和社会交往与宗教活动。为行文方便，本章把体育锻炼与健身活动简称为体育健身，把社会交往与宗教活动简称为社交活动。本章对这三大类活动又做了进一步的划分，见表11—1 所示。

表 11—1　　　　　　　　休闲社交活动的分类

体育健身		积极休闲/高质量休闲
娱乐休闲	阅读	
	业余爱好	
	看电视	消极休闲/低质量休闲
	休息	
社交活动		面对面社交
		非面对面社交
		宗教活动

如表 11—1 所示，本章将体育健身、阅读、业余爱好界定为积极休闲或高质量休闲；将看电视、休息界定为消极休闲或低质量休闲。体育健身、阅读、业余爱好都需要从事者的主动积极参与，有利于身心健康，丰富生活内容，可以看作某种人力资本投资；基于此，本章视之为积极休闲/高质量休闲。与之相比，看电视、休息往往不需要从事者的积极参与；因此，本章视之为消极休闲/低质量休闲。

社交活动对个人社会资本的形成，对社会的和谐发展都有着积极作用。社交活动包括面对面社交、非面对面社交、宗教活动，其中面对面社交的平均时长远高于非面对面社交和宗教活动；因此，本章在对社交活动的分析中集中关注面对面社交。

第二节 总体情况

一 概述

表11—2报告了2017年中国居民休闲社交活动的时间利用状况。

表11—2　　　　中国居民休闲社交的平均时长　　　　单位：小时/天

活动名称	全国	城镇	农村	男性	女性
积极休闲	1.73	1.95	1.41	1.91	1.54
其中：体育健身	0.57	0.69	0.39	0.60	0.53
阅读	0.27	0.34	0.17	0.30	0.24
业余爱好	0.89	0.92	0.85	1.01	0.77
消极休闲	2.32	2.21	2.46	2.36	2.28
其中：看电视	1.70	1.68	1.73	1.75	1.65
休息	0.62	0.53	0.73	0.61	0.63
社交活动	0.50	0.45	0.57	0.48	0.52
其中：面对面社交	0.44	0.38	0.52	0.42	0.45

积极休闲（含体育健身、阅读和业余爱好）的平均时长为1.73小时/天，城镇高于农村为1.95小时，男性高于女性。消极休闲（含看电视、休息）的平均时长为2.32小时/天，农村略高于城镇，男性略高于女性。社交活动的平均时长为0.50小时/天，其中面对面社交占到了88%。面对面社交的平均时长，农村高于城镇，女性略高于男性。

二 与2008年的比较

在过去十年里，中国的经济有了较大的增长，居民收入和生活水平也有较大幅度的提高。为了解中国居民休闲社交随时间的变化，本章把2017年结果与国家统计局社会和科技统计司发布的《2008年时间利用调

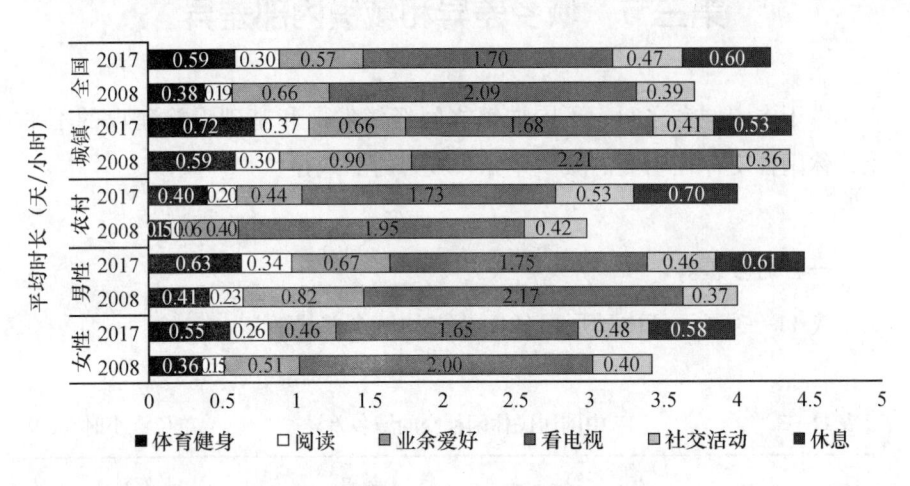

查资料汇编》中的数据作了比较①，见图 11—1 所示。

```
           2017  0.59 0.30 0.57    1.70      0.47  0.60
      全国 2008  0.38 0.19 0.66      2.09      0.39
           2017  0.72 0.37 0.66   1.68     0.41 0.53
      城镇 2008  0.59 0.30 0.90      2.21       0.36
           2017  0.40 0.20 0.44   1.73    0.53 0.70
      农村 2008  0.15 0.06 0.40    1.95     0.42
           2017  0.63 0.34 0.67   1.75    0.46 0.61
      男性 2008  0.41 0.23 0.82      2.17     0.37
           2017  0.55 0.26 0.46   1.65   0.48 0.58
      女性 2008  0.36 0.15 0.51    2.00     0.40
              0    0.5   1   1.5   2   2.5   3   3.5   4   4.5   5
        ■体育健身 □阅读 ■业余爱好 ■看电视 ■社交活动 ■休息
```

图 11—1　2008 年、2017 年中国居民休闲社交平均时长比较

图 11—1 显示，与 2008 年相比，2017 年中国居民休闲社交的平均时长增加了 0.52 小时/天，而且休闲社交的质量也有改进：体育健身、阅读、业余爱好等积极休闲活动的平均时长增加了 0.23 小时/天，作为消极休闲的看电视的平均时长减少了 0.39 小时/天。

与 2008 年相比，休闲社交活动的城乡差异、性别差异也在缩小。2008 年休闲社交活动平均时长的城乡差异为 1.38 小时/天，性别差异为 0.58 小时/天；2017 年休闲社交活动平均时长的城乡差距下降为 0.37 小时/天，性别差异下降为 0.48 小时/天。

此外，中国与美国的差距也在缩小：2008 年美国居民休闲社交平均时长为 5.09 小时/天，2016 年为 4.72 小时/天，减少了 0.37 小时/天；2008 年中国居民休闲社交平均时长为 4.20 小时/天，2017 年为 4.69 小时/天，增加了 0.49 小时/天。

---

① 《2008 年时间利用调查资料汇编》中的样本来自 10 个省（市）的 15—74 岁的中国居民，为了可比性，本小节从 2017 年中国时间利用调查中选择同样的 10 个省（市）的同年龄组的样本进行计算。此外，2008 年中国时间利用调查中没有"休息"这一活动，而 2017 年中国时间利用调查中增加了"休息"选项。

第三节　城乡差异和城镇内部差异

由于中国城乡之间、不同城镇之间经济发展和基础设施建设的不平衡，休闲社交存在明显的城乡差异和城镇内部差异。

一　城乡差异

表11—3 展示了中国居民休闲社交的城乡差异。

表11—3　　　　中国居民休闲社交的城乡差异　　　　单位：小时/天

活动	全国			城镇			农村		
	合计	男	女	合计	男	女	合计	男	女
体育健身	0.57	0.60	0.53	0.69	0.72	0.65	0.39	0.43	0.36
阅读	0.27	0.30	0.24	0.34	0.38	0.30	0.17	0.20	0.15
业余爱好	0.89	1.01	0.77	0.92	1.05	0.77	0.85	0.94	0.76
看电视	1.70	1.75	1.65	1.68	1.71	1.63	1.73	1.79	1.68
休息	0.62	0.61	0.63	0.53	0.52	0.55	0.73	0.73	0.73
社交活动	0.50	0.48	0.52	0.45	0.43	0.47	0.57	0.56	0.59
其中：面对面社交	0.44	0.42	0.45	0.38	0.37	0.40	0.52	0.51	0.53

从体育健身活动看，城镇居民体育健身的平均时长为 0.69 小时/天，比农村长 0.30 小时/天，全国男性体育健身的平均时长为 0.60 小时/天，比女性长 0.07 小时/天。从阅读活动看，城镇居民每天的阅读平均时长为 0.34 小时/天，比农村长 1 倍，男性阅读平均时长为 0.30 小时/天，比女性长 0.06 小时/天。从业余爱好活动看，城镇居民业余爱好的平均时长为 0.92 小时/天，比农村长 0.07 小时/天，全国男性业余爱好平均时长为 1.01 小时/天，比女性长 0.24 小时/天。

从看电视活动看,城镇居民平均每天用于看电视的时间为 1.68 小时/天,比农村短 0.05 小时/天。全国男性看电视的平均时长为 1.75 小时/天,比女性长 0.10 小时/天。从休息活动看,城镇居民平均每天用于纯休息的时间为 0.53 小时/天,比农村短 0.20 小时/天。全国男性休息的平均时长为 0.61 小时/天,比女性短 0.02 小时/天。

从社交活动看,城镇居民平均每天用于社交活动的平均时长为 0.45 小时/天,比农村短 0.12 小时/天,其中城镇居民平均每天用于面对面社交(聊天)活动的平均时长为 0.38 小时/天,比农村短 0.14 小时/天。全国男性社交活动的平均时长为 0.48 小时/天,比女性短 0.04 小时/天,其中全国男性面对面社交活动的平均时长为 0.42 小时/天,比女性短 0.03 小时/天。

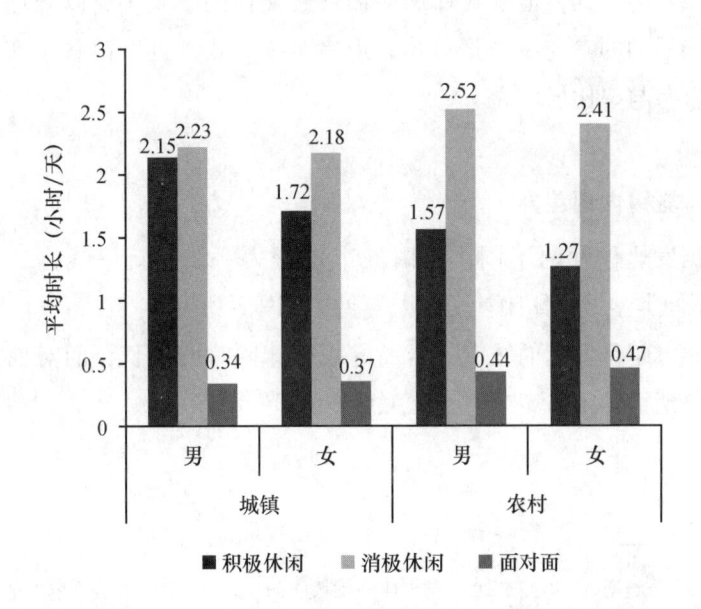

图 11—2 展示了城乡休闲活动类型。

图 11—2　中国城乡居民休闲社交活动质量比较

可见,城镇和农村居民的休闲活动仍然以消极休闲为主。而且无论城乡,都是男性的平均时长高于女性。结合表 11—3 来看,在消极休闲活动中,看电视是娱乐休闲中时间最长的活动。农村男性居民平均每天用于看电视的平均时长最高为 1.79 小时/天，数据表明，并不是女性更爱看电视。在积极休闲活动中，体育健身、阅读，城镇均高于农村。这种情况，可能是以下几个原因导致：一是与城镇相比，农村休闲社交活动配套设施不足；二是与城镇相比，农村居民的教育水平较低，限制了像阅读这类的活动；三是与城镇相比，农村更多的体力劳动，使农村居民更愿意以看电视、休息与其他这类活动方式代替体育健身，尤其是农村女性。

从社交活动看，虽然手机以及和手机绑在一起的社交平台（如微信），成为居民每天交流沟通的必不可少的工具，但根据 2017 年中国时间利用调查数据显示，直接的面对面交流仍是我们社会交往最主要的方式。这种直接面对面交流方式农村比城镇的平均时长要高。女性每天面对面交流的平均时长比男性高。尽管直接的面对面的交流仍是我们社会交往最主要的方式，但是在非面对面社会交往的方式中，以微信方式进行的社交活动的参与率占据首位，成为主要方式，且城镇参与率比农村高，女性参与率比男性高。

二　城镇内部差异

根据发达程度的不同，中国城市可分为一线、新一线、二线城市等①。不同类型城镇休闲社交的差异见图 11—3 所示。

可见，越是发达的城市，居民的积极休闲时间越长，面对面社交时间越短。消极休闲与城市类型的关系不明显。

---

① 城市分级见第一财经于 2017 年 5 月 25 日发布的《2017 中国城市商业魅力排行榜：什么样的城市才是最好的城市》。此排行榜把中国大陆地区 338 个城市划分为 4 个一线城市、15 个新一线城市、30 个二线城市，以及若干个三线、四线、五线城市。其中，4 个一线城市是北京、上海、广州、深圳，15 个新一线城市是成都、杭州、武汉、重庆、南京、天津、苏州、西安、长沙、沈阳、青岛、郑州、大连、东莞、宁波，30 个二线城市是厦门、福州、无锡、合肥、昆明、哈尔滨、济南、佛山、长春、温州、石家庄、南宁、常州、泉州、南昌、贵阳、太原、烟台、嘉兴、南通、金华、珠海、惠州、徐州、海口、乌鲁木齐、绍兴、中山、台州、兰州。

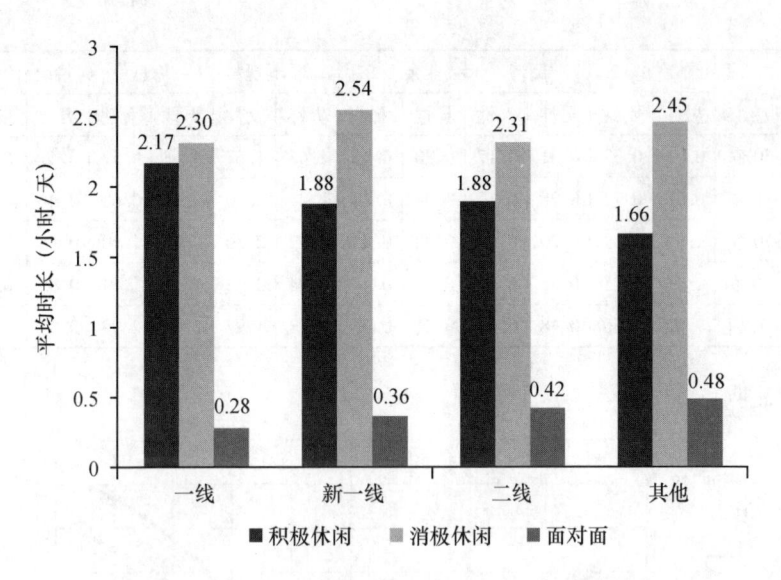

图 11—3　中国不同类型城市居民休闲社交活动比较

第四节　不同年龄居民休闲社交活动的差异

不同年龄居民处于人生的不同阶段，从而其休闲社交也有所不同。表 11—4、图 11—4 展示了不同年龄段中国居民的休闲社交情况。

表 11—4　　　　不同年龄中国居民休闲社交的平均时长　　　　单位：小时/天

年龄段	体育健身		阅读		业余爱好		看电视		休息		社交活动	
	男性	女性	男性	女性	男性	女性	男性	女性	男性	女性	男性	女性
3—5 岁	0.22	0.25	0.05	0.09	4.65	4.61	1.84	1.77	0.24	0.30	0.13	0.23
6—8 岁	0.21	0.21	0.06	0.10	1.94	2.28	2.02	1.38	0.26	0.30	0.09	0.20
9—11 岁	0.16	0.19	0.11	0.14	1.34	1.25	1.46	1.42	0.26	0.25	0.24	0.16
12—14 岁	0.36	0.23	0.27	0.29	1.16	0.64	1.41	1.28	0.27	0.39	0.24	0.16
15—17 岁	0.31	0.18	0.44	0.41	1.32	0.58	0.86	1.08	0.34	0.32	0.36	0.40
18—21 岁	0.46	0.40	0.63	0.70	1.93	0.94	0.83	1.08	0.42	0.44	0.59	0.48
22—30 岁	0.47	0.34	0.49	0.50	1.29	0.63	0.94	1.25	0.43	0.33	0.48	0.32
31—40 岁	0.33	0.37	0.37	0.29	0.52	0.37	1.31	1.29	0.49	0.40	0.37	0.33

续表

年龄段	体育健身		阅读		业余爱好		看电视		休息		社交活动	
	男性	女性	男性	女性	男性	女性	男性	女性	男性	女性	男性	女性
41—50 岁	0.33	0.37	0.31	0.17	0.30	0.35	1.65	1.62	0.63	0.57	0.41	0.45
51—60 岁	0.76	0.73	0.20	0.12	0.34	0.38	2.25	2.00	0.61	0.60	0.44	0.51
61—70 岁	1.40	1.09	0.29	0.29	0.42	0.45	2.92	2.30	0.96	1.10	0.56	0.79
71—80 岁	1.58	1.25	0.26	0.14	0.56	0.44	2.94	2.62	1.67	1.54	0.85	0.99
81 岁及以上	1.62	0.80	0.38	0.20	0.51	0.38	2.73	1.97	2.40	2.99	0.85	0.99

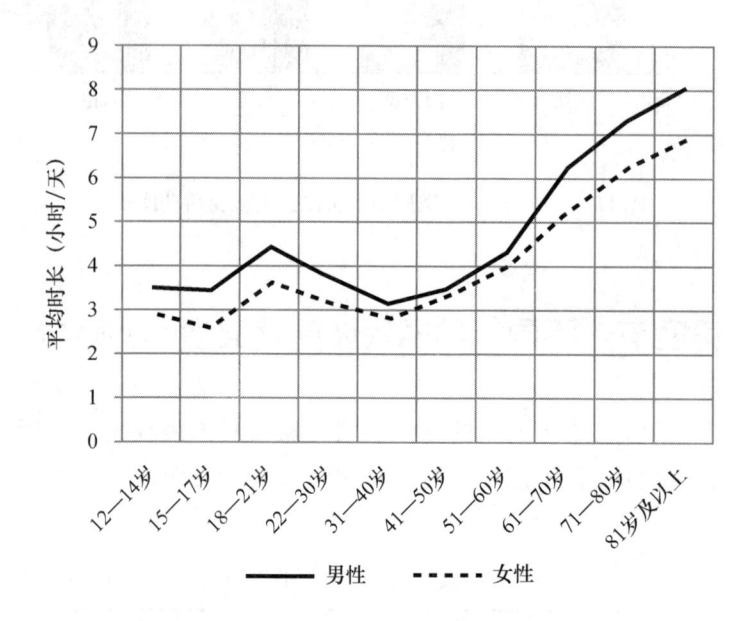

图 11—4 不同年龄居民休闲社交时长的性别差异

在积极休闲中，从 50 岁以后，年龄越大的分组，体育健身的平均时长越高。较为明显的是 50 岁以后，与女性相比，男性的体育健身时长增加幅度较大，导致性别差异扩大。学生阶段高中生的体育健身时间较短，大学生时间较长。从阅读活动看，居民每天用于阅读活动的平均时长都显示较少的时间。最大的阅读平均时长集中在 18—21 岁年龄段，为 0.66 小时/天。30 岁之前女性每天用于阅读活动的平均时长高于男性，30 岁之后男性高于女性，且性别差异扩大。从业余爱好看，平均时长较高的集中在18—21岁年龄段，30岁成家以后，花在业余爱好上的平均时长明显下降。

看电视的平均时长随着年龄组变大而增加。在15—30岁的三个分组中，女性看电视比男性长，30岁以后男性看电视比女性长。休息时长随年龄组增大而增加，性别差异不大。

从休闲社交活动的年龄差异看，总体趋势是年轻人休闲社交时间短，老年人时间长。图11—4中，居民平均每天用于休闲社交活动的时间在50岁以后有明显增加的趋势，且普遍是男性高于女性。从图中可以发现，在60岁以后，尽管男女的休闲社交活动平均时长都有增加，但性别差异扩大。从本书其他章节可以看到，可能是女性在这个时间段照顾第三代和其他家人的活动增加导致这个年龄段的女性的无酬劳动开始增加，从而引起性别差异的扩大。这一情况在农村中更为明显。

从图11—4中还可以发现，18—21岁居民的休闲社交时长明显高于12—17岁，这反映了大学阶段与中学阶段的休闲社交差异。

中小学生体育健身明显不足，见图11—5所示。

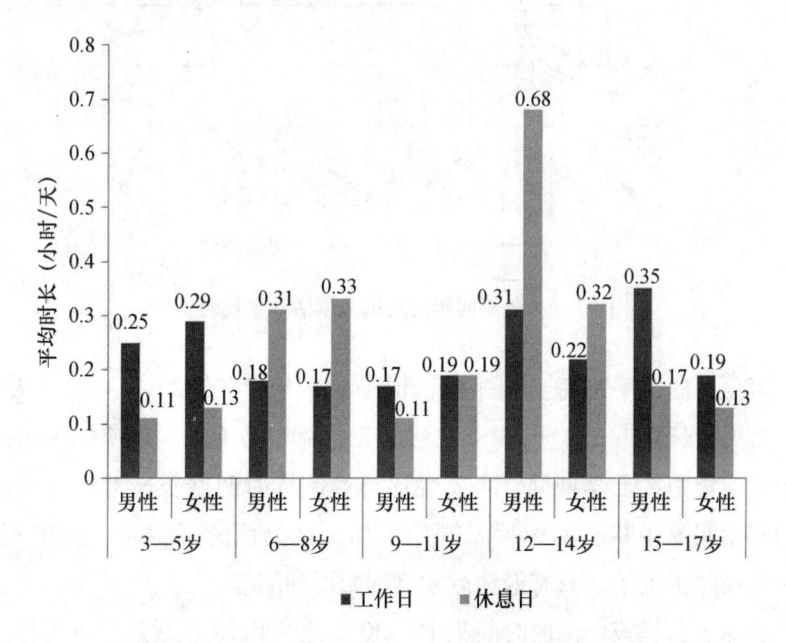

图11—5　中小学生体育健身平均时长

第四篇 工作之余：对生活品质的追求

教育部《学校体育工作条例》中规定，保证学生每天有 1 小时体育活动的时间。根据 2017 年中国时间利用调查数据，图 11—5 显示，无论是小学生还是高中生，体育锻炼和健身活动均低于 1 小时。高中生（15—17 岁）这个年龄段，工作日的体育锻炼与健身活动的平均时长明显都比休息日的平均时长多 1 倍。这些可以被解释为高中生在休息日参加各种辅导班学习，或者作业过多挤占了体育锻炼时间。

图 11—6 展示了不同年龄居民的阅读情况。

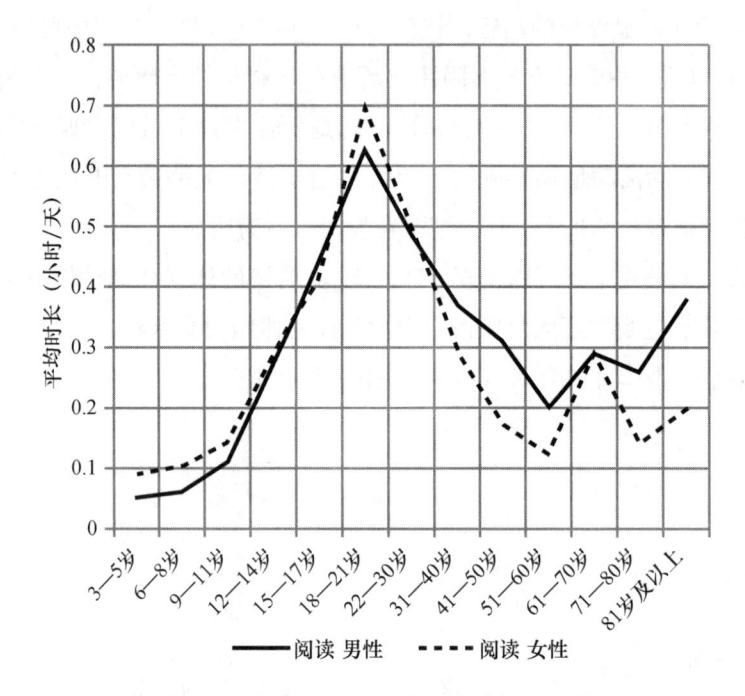

图 11—6 不同年龄居民阅读活动平均时长

可见，居民平均每天用于阅读活动的平均时长，20 岁左右（大学）达到最高时长接近 0.7 小时/天，然后开始随年龄下降。表明中国居民的阅读活动集中在上学期间，且女性比男性阅读时间略长。工作以后阅读活动开始明显下降，退休后又开始增加，且男性的平均时长高于女性。中国居民除了上学，只有退休后才又开始增加阅读。

总体上，积极休闲的时间集中在 30 岁之前和 70 岁之后，且男性的平均时长高于女性。消极休闲的时间具有同样的年龄特点，但是女性的平均时长略高于男性。基于前述同样的原因，可能是女性在60岁以后，相比于男性无酬劳动又开始增加（如照看第三代），使得这个年龄段的女性在休闲中更倾向于纯休息这类的消极休闲。

第五节　不同受教育程度居民休闲社交活动的差异

受教育水平不同，居民对休闲社交的价值认知也不同，所以受教育程度会影响人们的休闲社交的方式。本节分析不同受教育程度居民休闲社交活动的差异。在2017年中国时间利用调查数据中，仅16岁及以上的样本有受教育程度信息，因此，本节分析的是16岁及以上的居民。

表11—5展示了不同教育程度居民休闲社交的总体情况。

表11—5　　不同受教育程度中国居民休闲社交的平均时长　　单位：小时/天

	体育健身		阅读		业余爱好		看电视		休息		社交活动	
	男性	女性	男性	女性	男性	女性	男性	女性	男性	女性	男性	女性
没上过学	0.55	0.59	0.04	0.02	1.63	0.74	1.87	1.72	1.31	1.48	0.59	0.84
小学	0.74	0.61	0.11	0.11	0.38	0.31	2.16	1.95	0.99	0.84	0.58	0.59
初中	0.65	0.59	0.30	0.20	0.60	0.50	1.91	1.80	0.62	0.46	0.46	0.43
高中	0.64	0.59	0.39	0.38	0.64	0.52	1.76	1.56	0.49	0.38	0.36	0.40
中专/职高	0.66	0.67	0.53	0.35	1.01	0.76	1.60	1.72	0.56	0.36	0.56	0.30
大专/高职	0.70	0.46	0.53	0.55	1.00	0.55	1.41	1.34	0.46	0.35	0.33	0.35
大学本科	0.73	0.52	0.68	0.64	1.08	0.62	0.98	1.05	0.39	0.42	0.45	0.43
研究生	0.47	0.44	0.43	0.88	0.57	0.41	1.00	0.72	0.19	0.12	0.35	0.39

可见，休息活动和社交活动，在教育水平较低的人群中，平均时长较高。除了社交活动是女性平均时长高于男性以外，体育健身、休息活动均是男性高于女性。教育水平越高阅读活动的平均时长越长，相反看电视的时间越短，且性别差异不明显。

图11—7显示，居民用于阅读、看电视的平均时长，与受教育水平直接相关。

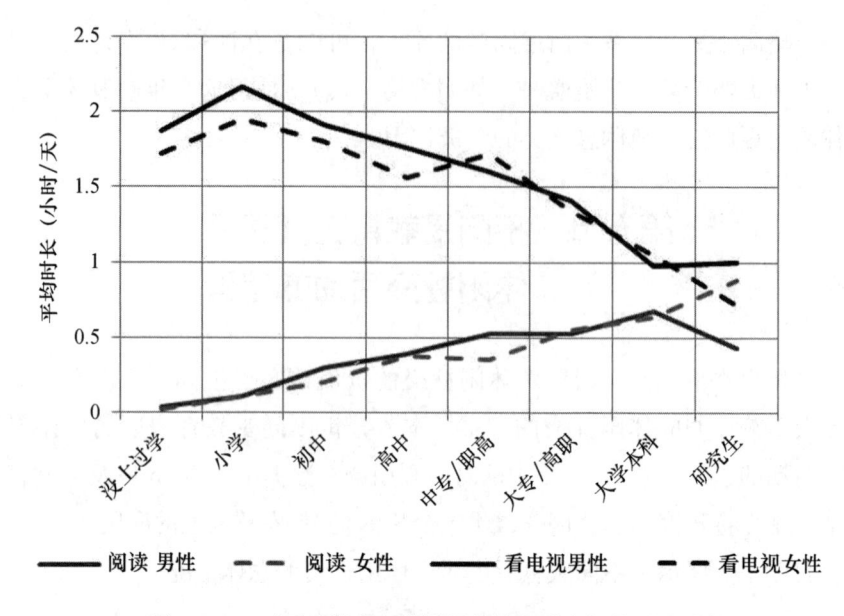

图11—7 不同受教育程度居民阅读和看电视的平均时长

受教育水平越高，每天用于阅读的时间越长。没上过学的居民每天阅读的平均时长为 0.03 小时/天，大学本科以上学历的居民每天阅读的平均时长接近 0.70 小时/天。大专以上学历（含）的女性每天阅读的平均时长比男性长，大专以下学历男性每天阅读的平均时长比女性长。与阅读活动相反，看电视时间随着受教育水平的提高越来越少。从图11—7 中可看到学历高的人群阅读时间长。对于学历高的人阅读可能也构成了工作的一部分。同时也可能是因为相比学历低的人，娱乐休闲更倾向于主动型、高质量的活动。另外，从阅读和看电视两项活动中，也可以看出随着教育水平的提高，性别差异在缩小。

根据 2017 年中国时间利用调查数据，居民每天社会交往活动的平均时长为 0.50 小时/天。其中面对面社会交往的平均时长是 0.44 小时/天。图11—8 显示，教育水平越高面对面交往的平均时长减少，非面对面交往方式增加。性别差异不明显。

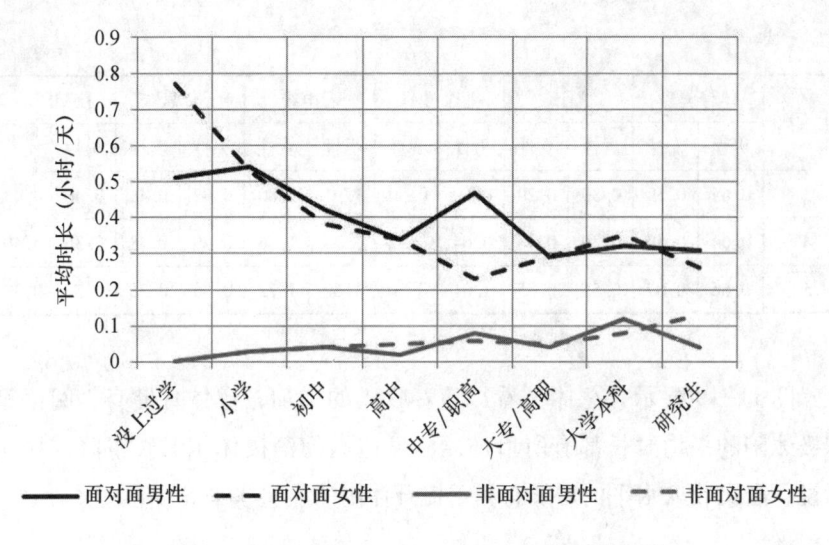

图 11—8　不同受教育程度居民社会交往的平均时长

总体上看，受教育水平越高，积极休闲的平均时长越高，消极休闲的平均时长越少，且性别差异也缩小，但总休闲时间并没有随受教育水平的提高而明显增加。

第六节　不同收入水平居民休闲社交活动的差异

显然，收入不同的居民，其休闲社交会有所不同。表 11—6 是不同收入居民休闲社交活动的平均时长，其中的收入档为按本省居民家庭人均收入划分的五等分组：0—20%、20%—40%、40%—60%、60%—80%、80%—100%。

表 11—6　　不同收入水平中国居民休闲社交的平均时长　　单位：小时/天

收入档	体育健身		阅读		业余爱好		看电视		休息		社交活动	
	男性	女性	男性	女性	男性	女性	男性	女性	男性	女性	男性	女性
1	0.55	0.59	0.04	0.02	1.63	0.74	1.87	1.72	1.31	1.48	0.59	0.84
2	0.74	0.61	0.11	0.11	0.38	0.31	2.16	1.95	0.99	0.84	0.58	0.59

续表

收入档	体育健身		阅读		业余爱好		看电视		休息		社交活动	
	男性	女性	男性	女性	男性	女性	男性	女性	男性	女性	男性	女性
3	0.65	0.59	0.30	0.20	0.60	0.50	1.91	1.80	0.62	0.46	0.46	0.43
4	0.64	0.59	0.39	0.38	0.64	0.52	1.76	1.56	0.49	0.38	0.36	0.40
5	0.66	0.67	0.53	0.35	1.01	0.76	1.60	1.72	0.56	0.36	0.56	0.30

图11—9显示，总体上看，随着收入的增加，像体育健身、阅读等积极休闲的平均时长都有所增加，休息这类的消极休闲时长下降。换句话说，居民收入水平的增加有利于提升休闲的质量水平。

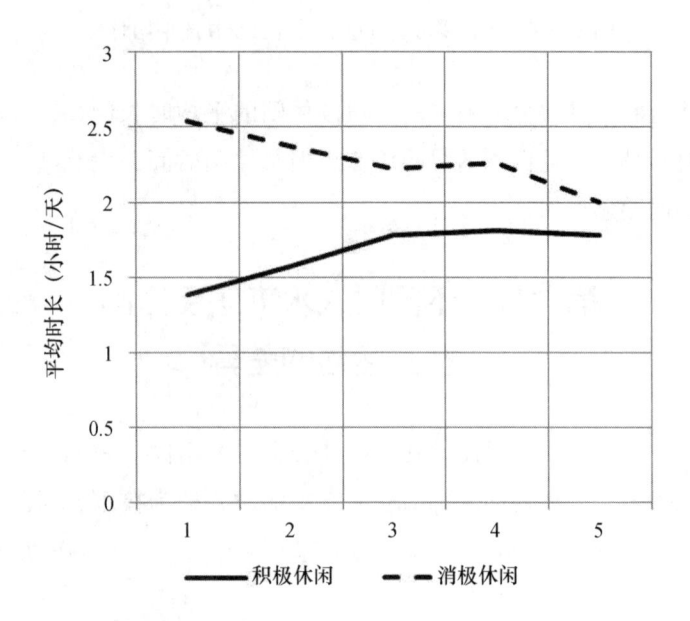

图11—9 不同收入水平居民休闲活动平均时长

无论是积极休闲还是消极休闲，居民休闲社交活动的性别差异，没有随收入增加而缩小。但是随着收入增加，消极休闲时间下降的同时城乡差异在缩小（见图11—10）。收入的增加不仅提高了城市居民的休闲质量，也提升了农村居民的休闲质量。

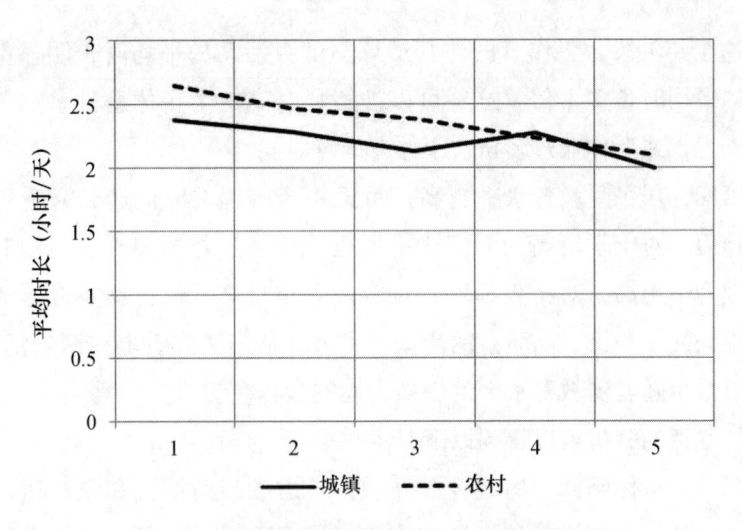

图 11—10 不同收入水平居民消极休闲的城乡差异

第七节 小结

本章使用 2017 年中国时间利用调查数据,从性别、城乡、城市之间、年龄、受教育程度、家庭收入水平等方面,分析中国居民休闲社交的社会差异。主要发现如下。

第一,与 2008 年相比,中国居民休闲社交总时长增加,质量提高,各类休闲社交活动的城乡差异、性别差异也在缩小,其中城乡差异缩小得更为明显。

第二,城镇和农村居民的休闲活动仍然以看电视、休息等消极休闲为主,且男性的平均时长高于女性。这种情况在一线、新一线和二线城市同样存在。看电视是娱乐休闲中时间最长的活动。从社交活动类型看,直接的面对面交流仍是我们社会交往最主要的方式。这种直接面对面的交流方式农村比城镇的平均时长要高。

第三,体育健身活动的总体趋势是年轻人体育健身时间短,老年人时间长。其中,中小学生阶段,体育锻炼明显不足。教育部《学校体育工作条例》中规定,保证学生每天有 1 小时体育活动的时间。无论是小学生还是高中生,体育锻炼和健身活动均低于 1 小时。高中生(15—17

岁）这个年龄段，工作日的体育锻炼与健身活动的平均时长明显都比休息日的平均时长多1倍。这些可以被解释为高中生在休息日参加各种辅导班学习，或者作业过多挤占了体育锻炼时间。

第四，居民受教育水平越高，每天用于阅读的时间越长，看电视的时间越短。对于学历高的人阅读可能也构成了工作的一部分。同时也可能是因为学历高，对于人力资本投资的要求也高，使得这类群体的娱乐休闲更倾向于积极、高质量的活动。另外，从阅读和看电视两项活动中，也可以看出随着受教育水平的提高，性别差异在缩小。

从本章的分析可以得到以下启示。

第一，从休闲社交的城乡差异看，考虑到当前城镇和农村居民的休闲活动仍然以看电视等消极休闲为主的情况下，一是通过有针对性地提升城镇、农村电视节目的质量，提升居民休闲质量；二是考虑到农村体力劳动时间高于城镇，则适当增加更适合农村居民生活方式的休闲社交的设施、项目种类等；三是考虑到一线、二线经济发达的城市居民，则更需要为他们提供更多的休闲时间，来提升城镇居民的休闲质量。

第二，从休闲社交的年龄差异看，一是考虑到老年人相对空闲时间较为充裕，要为老年人提供更多的休闲社交设施和项目，丰富老年人的休闲社交生活。尤其是对女性，通过建立更多、更便利的社区家庭服务项目，增加她们的休闲时间，提高晚年的生活质量。二是大学生远比中小学生有更多的休闲社交时间。从一个侧面反映出中国的教育真是"忙死中学生""轻松大学生"。这一现象确实需要国家从政策层面上做出调整和改变。

第三，从不同受教育程度、不同收入居民休闲社交的差异来看，学历部分决定了收入水平。学历较高、收入水平较高，积极休闲的时间投入较高，也意味着生活质量较高。考虑到短期内教育和收入的城乡差异仍然存在，要提高农村居民休闲质量，则国家需要从政策层面上增加农村休闲社交供给水平。

第十二章

中国人是老有所乐吗？

随着中国逐渐步入老年型社会，如何使所有老年人都能老有所养、老有所依、老有所乐、老有所安，日益引起社会和决策者的关注①。离开劳动力市场以后，老年人闲暇时间增多，提高休闲活动的品质可以为未来生活提供新的源泉，使老年人的晚年生活更加丰富多彩。对于社会而言，老年人参加具有人文性、文化性、社会性和创造性的休闲，还能够为个体提供交流的机会，增加社会互动，发展社会同一性，推动和谐社会的构建②。因此，休闲活动对于老年人晚年幸福生活具有重要意义。

本章利用2017年中国时间利用调查数据，分析了老年群体时间利用的整体情况，尤其是休闲时间的分配情况，旨在全面了解中国老年人的休闲时间分布、休闲内容，比较不同群体老年人休闲时间的配置。

第一节 人口特征及健康状况

《2010年第六次全国人口普查主要数据公报（第1号）》显示65岁及以上人口占中国总人口数的8.87%。1956年联合国出版的《人口老龄化及其社会经济后果》书中写到，若一个国家或地区60岁及以上的老年人口在总人口中的比例达到10%，或65岁及以上的老年人口在总人口的

---

① 李赞鹏：《"老有所养"亟待金融支持》，《人民论坛》2018年第4期。
② 王永明：《老龄化背景下老年人休闲文化生活研究——以常熟市为例》，《长白学刊》2015年第5期。

比例达到7%，就属于老年型国家或地区。那么中国已经进入老年型社会。自2000年起，国家统计局开始使用"65岁"作为老年人口界定的起始年龄①。据此，本章将65岁及以上人口定义为老年人。为了能够更加清楚地了解老年群体不同时期的时间分配，本章将老年人分为年轻老人（65—74岁）、高龄老人（75—84岁）和长寿老人（85岁及以上）三个年龄组，其样本分布详见表12—1。

表12—1　　　　　　　　　样本观测值分布　　　　　　　　　单位：人

	年轻老人		高龄老人		长寿老人	
	城镇	农村	城镇	农村	城镇	农村
男性	1297	878	611	343	132	59
女性	1436	798	668	318	156	83
合计	2733	1676	1279	661	288	142

一　人口特征

本章中老年人居住状态包括独居和非独居两类。独居是指老年人未与子女或亲友居住在一起，非独居与之相反。将老年人婚姻状况为已婚、同居和再婚称为和配偶一起生活，未婚、分居、离婚和丧偶称为无配偶一起生活。表12—2显示，农村年轻老人和高龄老人独居率高于城镇，城镇长寿老人的独居率高于农村。就老人们的婚姻状况来说，农村老人没有与配偶一起生活的比例高于城镇老人，且随着年龄的增长，没有与配偶一起生活的比例明显增加。另外，老年人的文化程度整体偏低，受教育程度主要集中在小学及以下阶段，且年龄段越大，文化水平越集中在低教育阶段，这一趋势在农村更为明显。

---

① 杨胜慧、赵勇、林杰：《关于我国老年人口界定标准的一点思考》，《西北人口》2017年第3期。

表12—2　　　　　　　　老年群体人口特征　　　　　　　　单位:%

		年轻老人		高龄老人		长寿老人	
		城镇	农村	城镇	农村	城镇	农村
居住状态	独居	13.9	17.8	18.6	20.4	13.5	12.0
	非独居	86.1	82.2	81.4	79.6	86.5	88.0
婚姻状况	有配偶一起生活	86.3	84.7	69.2	63.4	42.3	33.1
	没有配偶一起生活	13.7	15.3	30.8	36.6	57.7	66.9
文化程度	没上过学	13.0	33.4	21.5	48.5	45.8	70.0
	小学	32.4	47.6	30.5	38.9	21.5	26.4
	初中	30.9	15.1	17.3	9.4	13.7	3.6
	高中	15.8	3.6	17.2	3.0	9.2	0.0
	大专及以上	7.9	0.3	13.6	0.2	9.9	0.0

二　健康状况

健康状况会影响老年人的生活和时间利用方式。表12—3显示，没有患病的比率随年龄的增加而降低，残疾率则相反。三类老人患有两种及以上疾病的比率大约在30%。老年人参加社会医疗保险的整体比例较高。

表12—3　　　　　　　　老年人群体健康状况　　　　　　　　单位:%

组群	年轻老人		高龄老人		长寿老人	
	城镇	农村	城镇	农村	城镇	农村
没有患病	16.2	22.7	15.3	17.9	12.9	13.4
残疾率	1.9	4.2	3.7	7.0	4.2	5.6
患有两种及以上疾病	26.7	30.3	29.6	28.3	26.4	30.3
参加社会医疗保险	95.1	94.4	92.0	91.8	90.4	87.9

第二节　老年人的时间分配

根据2017年中国时间利用调查数据，本章将老年人时间利用总体

第四篇　工作之余：对生活品质的追求

分为四大类：有酬劳动、无酬劳动、休闲社交和自我照料。有酬劳动主要包括工作和家庭生产经营；无酬劳动主要包括做家务、照料成年人和未成年人等；休闲社交包括阅读、游戏、看电视、运动健身、各类面对面交往和非面对面交往活动；自我照料包括睡眠、个人卫生、吃饭等活动。

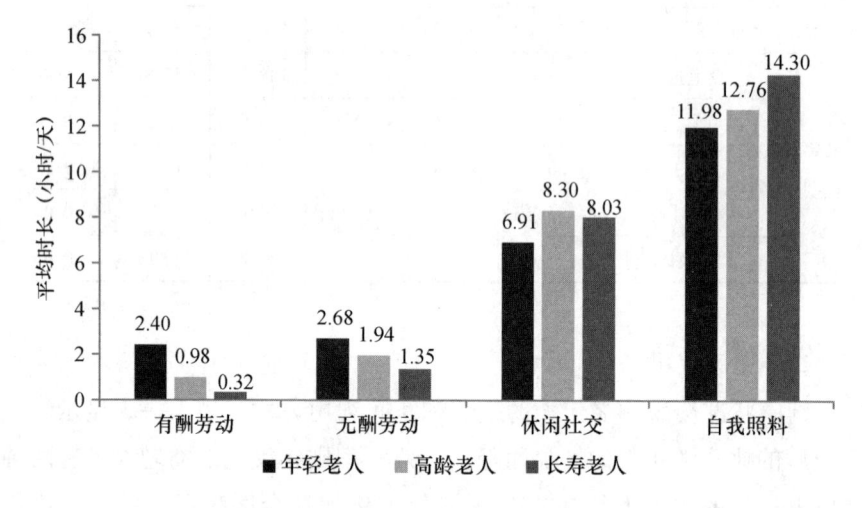

图 12—1　老年群体四类时间分配比较

图 12—1 展示了老年人一天的时间分配情况。可以看出，老年人一天活动的平均时长由高到低依次为自我照料、休闲社交、无酬劳动、有酬劳动。随着年龄的增加，老年人自我照料时间增加，有酬劳动和无酬劳动时间减少。休闲社交方面则是高龄老人花费时间最长，其次是长寿老人，时间最少的是年轻老人。相对而言，年轻老人需要承担较多的有酬劳动和无酬劳动。

图 12—2 显示出老年人一天活动安排的城乡差异。可以看出，不管哪个年龄段的老年人，自我照料时间、劳动时间①农村均高于城镇，休闲社交时间城镇高于农村。

---

① 劳动时间：指有酬劳动时间和无酬劳动时间之和。

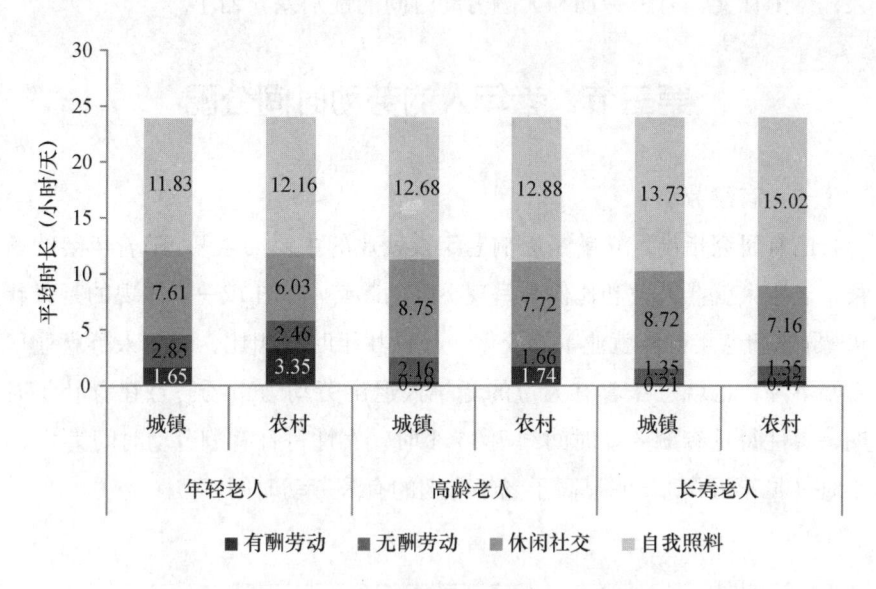

图 12—2　老年群体时间分配的城乡比较

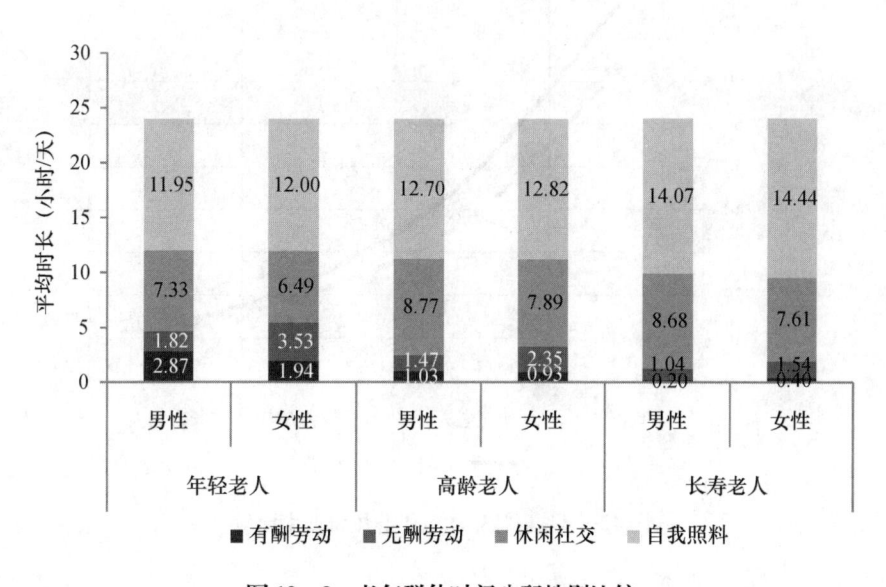

图 12—3　老年群体时间分配性别比较

图 12—3 显示了老年人一天活动安排的性别差异。可以看出，老年人中，女性自我照料时间、无酬劳动时间高于男性，而休闲社交和有酬劳动时间是男性高于女性。随着年龄的增加，自我照料时间的性别差异增

大，休闲社交、有酬劳动和无酬劳动时间的性别差异缩小。

第三节 老年人的劳动时间分配

一 有酬劳动

已有研究指出，年龄是影响老年人就业的主要因素[1]。随着年龄的增长，老年人就业人数和比例都呈现下降的趋势[2]。图12—4体现的是青壮年[3]群体和老年群体就业率的变化。与青壮年时期相比，老年人群就业率大幅下降，也就意味着有大量的老年人退出劳动力市场。且在青壮年时期，男性每日有酬劳动时间约7.34小时，女性每日有酬劳动时间为5.20小时（见第五章），明显高于老年时期的有酬劳动时间。

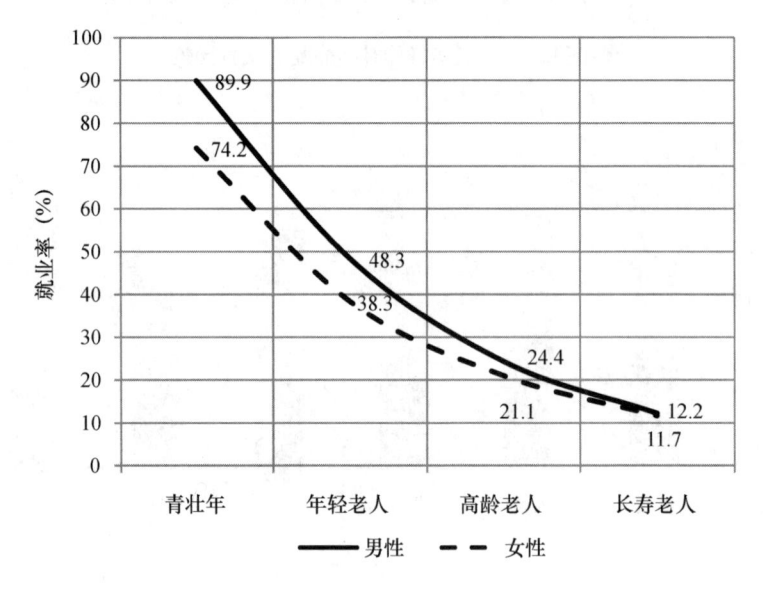

图12—4 青壮年和老年群体就业率比较

---

[1] 周祖根：《上海老年人口就业状况和趋势分析》，《南方人口》1993年第2期。
[2] 赖妙华：《何时方休？——中国老年人就业参与的队列分析》，《北京社会科学》2017年第3期。
[3] 青壮年是指22—64岁的年龄段人口。

二 无酬劳动

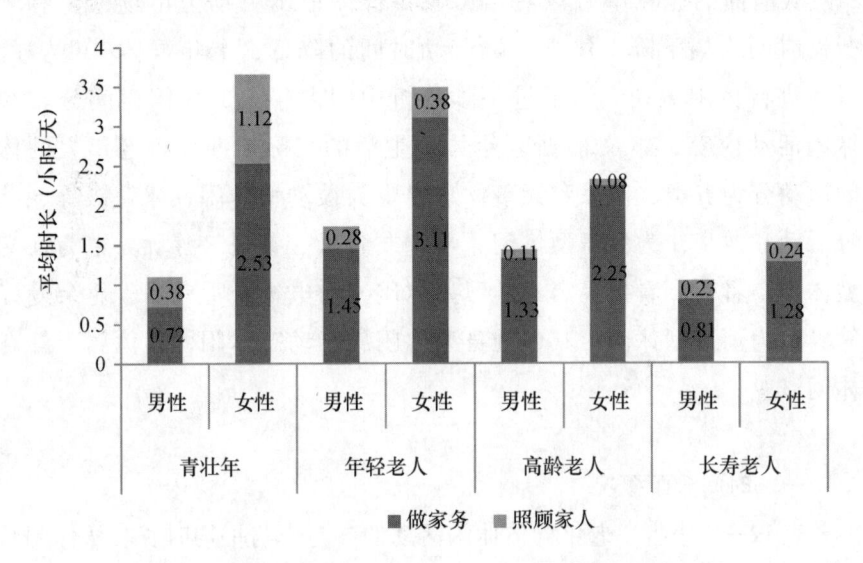

图12—5 青壮年和老年群体无酬劳动比较

图12—5显示，从青壮年到长寿老人，男性无酬劳动时间呈现倒"U"形，谷峰为年轻老人，谷底为长寿老人；女性无酬劳动时间呈直线下降的趋势，青壮年女性承担的无酬劳动最多，年轻老人中女性承担无酬劳动略低于青壮年女性。无论处于哪个时期，女性无酬劳动时间均高于男性，但性别差异随年龄的增加而减少。

第四节　老年人的休闲活动

休闲对于提高老年群体的生活质量具有重要意义。闲暇活动不仅是为了消磨时间，而且是个人的进一步发展和完善，可增进与亲朋好友的交往，是一种崭新的体验，尤其是促进身心健康的重要途径和方法[1]。生

---

[1] Tinsley, H. E. A. Teaff, J. D., Clobs, S. L. et al., "N. A System for Classifying Leisure Activities in Terms of the Psychological Benefits of Participation Reported by Older Persons", *Journal of Gerontology*, 1985（40）.

活满意度较高的老年人往往是参与各种闲暇活动最多的老年人,闲暇活动对老年人的生理、心理发展都是有利的①。

从前面的比较中可以看出,老年群体退出劳动力市场,使有酬劳动时间大幅下降,加之无酬劳动时间的降低,老年群体有更多的时间进行休闲活动。为了进一步分析中国老年人的休闲时间分布和休闲活动内容,本文根据老年休闲生活的实际情况,将老年人的休闲活动分为五类:闲呆和无事休息界定为被动型休闲,体育锻炼、健身活动和散步作为健身型休闲,与亲友聊天、参观、游玩界定为社交型休闲,看书、看报界定为学习型休闲,看电视、听广播、业余爱好等界定为消遣型休闲,其中健身型休闲属于动态休闲,其他属于静态休闲。

一 时间分配概况

表12—4报告了老年群体休闲活动的参与率与平均时长。从休闲状态看,中国老年人的休闲以静态休闲为主,特别是消遣型休闲,在老年人的休闲活动中占有最重要的位置,其参与率在各项休闲活动中最高,这一研究结论与丁志宏②的研究结论一致。其他几项静态休闲活动,参与率由高到低依次为被动型休闲、社交型休闲和学习型休闲。年轻老人和高龄老人动态休闲的参与率较高,仅次于消遣型休闲。

表12—4　　　　老年群体休闲活动的参与率与平均时长

组别	参与率(%)					平均时长(小时/天)				
	被动型	社交型	消遣型	健身型	学习型	被动型	社交型	消遣型	健身型	学习型
年轻老人	35.0	23.1	77.6	45.3	6.6	1.22	0.81	3.41	1.26	0.16
高龄老人	44.0	23.4	73.3	49.6	9.5	2.03	0.91	3.55	1.48	0.25

---

① Bevil, Catherine A., O'Connor, Priscilla C., Mattoon, Pamela M., "Leisure Activity, Life Satisfaction, and Perceived Health Status in Older Adults", *Gerontology & Geriatrics Education*, 14 (2), 1993.

② 丁志宏:《我国老年人休闲活动的特点分析及思考》,《兰州学刊》2010年第9期。

续表

组别	参与率（%）					平均时长（小时/天）				
	被动型	社交型	消遣型	健身型	学习型	被动型	社交型	消遣型	健身型	学习型
长寿老人	51.5	24.3	58.6	33.1	9.0	2.81	0.95	3.07	0.88	0.25

从休闲活动时长来看，消遣型休闲时间最长，三个年龄组的老人此项休闲活动时间均超过3小时/天；学习型休闲时间最短，年轻老人每天仅花费0.16小时。随着年龄的增长，健身型和消遣型休闲时间先增后降，被动型和社交型休闲时间则一直增加，其中，被动型休闲时间增加较多，且在高龄老人和长寿老人中超过了健身型休闲时间。

二　城乡差异

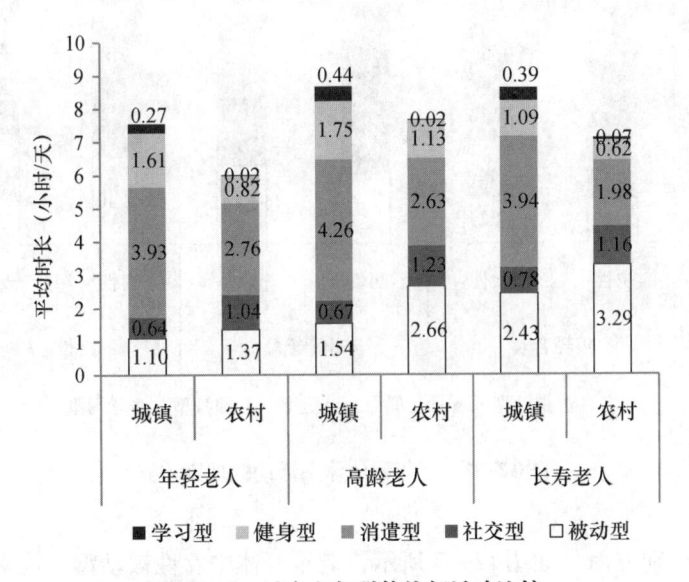

图12—6　城乡老年群体休闲活动比较

老年人的休闲活动时间分配具有明显的城乡差异，城镇老年人休闲时间更长，其消遣型、健身型和学习型休闲时间均高于农村老年人。相反，农村老年人被动型休闲（闲呆/休息）时间明显高于城镇；社交型休闲时间也是农村高于城镇。这说明城镇老年人的休闲质量较高。对于不同年龄组的老年人来说，不同类型休闲时间的城乡差异表现为，随着年龄增加，健身型休闲时间降低，消遣型休闲时间增加，学习型休闲、社交型休闲和被动型休闲先增后减。

城乡老年人休闲活动的时间反映出城乡社会经济发展的差异。农村地区经济保障水平低、娱乐活动设施少[①]，且农村老人较长的劳动时间也在一定程度上挤占了休闲时间。

三　性别差异

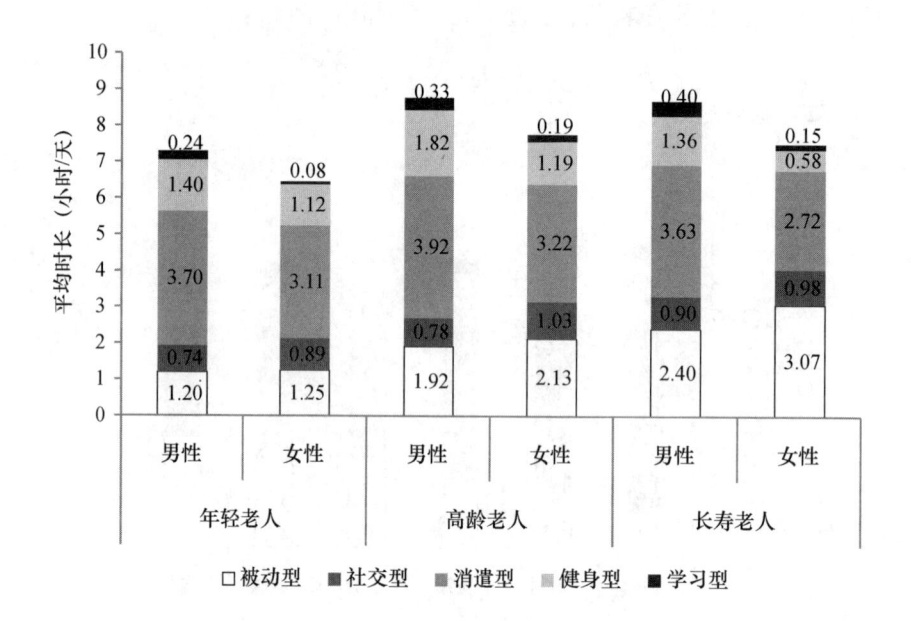

图12—7　老年群体休闲活动的性别差异

在性别方面，如图12—7所示，老年群体中女性被动型、社交型休闲时间略高于男性，消遣型、健身型和学习型休闲时间低于男性。换言之，女性比男性花更多时间用于闲呆和与邻居朋友聊天，男性比女性花更多

---

① 王莉莉：《中国老年人闲暇活动参与状况及其影响因素分析》，《西北人口》2010年第3期。

时间在看电视、散步、体育锻炼以及读书看报上。这体现了女性老年人参加群体性活动的意愿高于男性老年人,男性老年人则更愿意参加兴趣性和个体性较强的活动。被动型、消遣型和健身型休闲时间的性别差异随年龄的增加而增加,社交型休闲时间性别差异随着年龄的增加而降低,学习型休闲则是高龄老年人性别差距最大。

四 不同文化程度老年人的时间利用差异

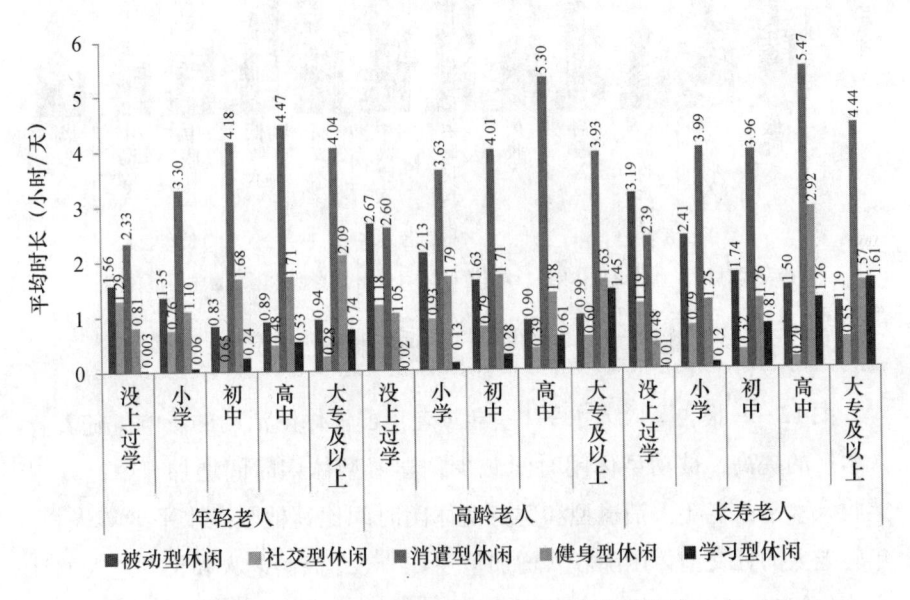

图 12—8 老年群体休闲活动的文化程度差异

老年人的文化程度差异对其休闲活动也会产生影响。图 12—8 显示,文化程度低的老年人被动型和社交型休闲时间较多,消遣型、健身型和学习型休闲时间较少,文化程度高的老年人则相反。尤其是学习型休闲时间与老年人的文化程度成正比,初中及以上文化程度的老年人学习型休闲时间明显高于小学及以下文化程度的老年人。

五 不同收入水平老年人的时间利用差异

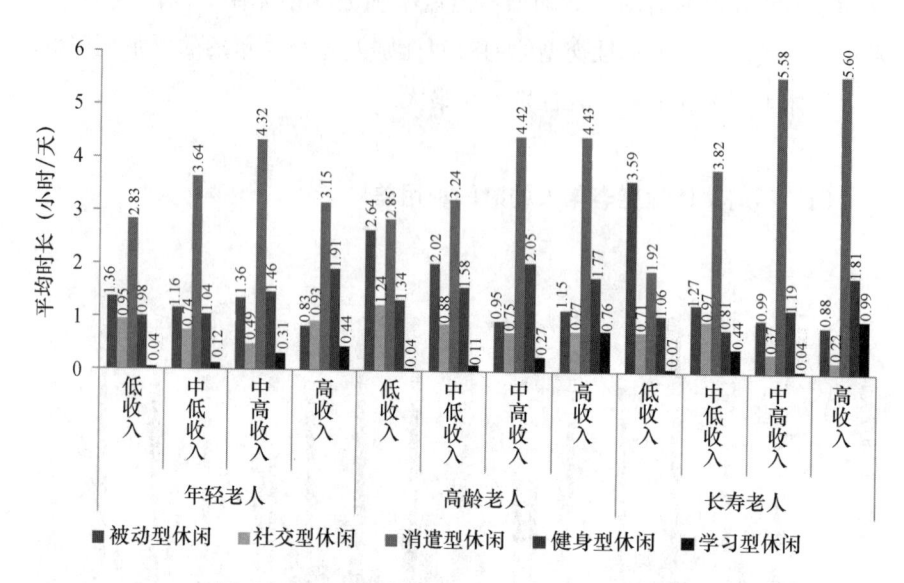

图12—9 老年群体休闲活动的收入水平差异

图12—9报告了收入水平①差异对老年群体休闲活动的影响。随着收入水平的提高，被动型休闲时间减少，学习型休闲时间增加。中高及以上收入水平的老年人消遣型和健身型休闲时间比其他收入水平老年人长。年轻老人的社交型休闲随收入增加呈"U"形，高龄老人和长寿老人的社交型休闲时间随收入增加呈下降趋势。

六 不同居住状态老年人的时间利用差异

居住状态不同，老年人的休闲时间分布存在差异。图12—10报告了依居住状态不同的老年群体休闲时间的统计结果。表中的统计结果表明，年轻老人和高龄老人独居状态休闲时间高于非独居状态休闲时间，长寿老人非独居状态的休闲时间更长。这可能是长寿老人能够得到更多的家庭照料，使得长寿老人有更多的时间进行休闲活动。除长寿老人外，独

---

① 这里的收入水平是指家庭人均收入水平。

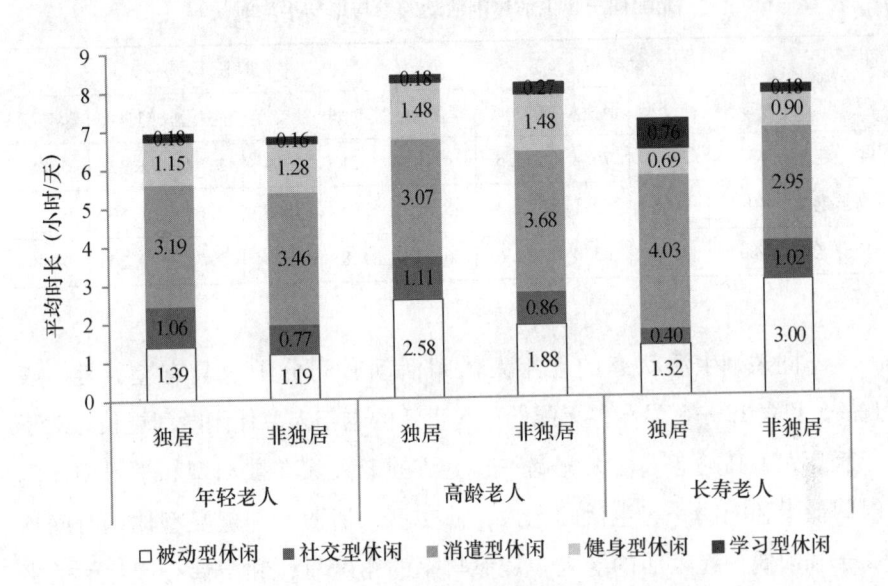

图 12—10　老年群体休闲活动居住状态差异比较

居老人在被动型休闲、社交型休闲和学习型休闲方面花费了更长时间，而非独居老人在消遣型休闲方面花费的时间更多，可能的原因是，如果老年人是非独居的，那么老年人在照料其他人，特别在照顾晚辈方面将花费更长的时间，这种照料时间对老年人的社交型休闲、消遣型休闲和健身型休闲产生挤占效应。

七　不同婚姻状态老年人的时间利用差异

表 12—5　　　　　　和配偶一起生活休闲活动的参与率与平均时长

组别	参与率（%）					平均时长（小时/天）				
	被动型	社交型	消遣型	健身型	学习型	被动型	社交型	消遣型	健身型	学习型
年轻老人	35.4	22.3	77.8	45.6	7.0	1.22	0.79	3.41	1.25	0.17
高龄老人	45.7	21.9	75.1	50.1	11.2	2.08	0.86	3.50	1.45	0.31
长寿老人	39.9	22.5	64.9	37.5	13.2	1.98	0.55	3.64	1.08	0.43

表12—6　无配偶一起生活休闲活动的参与率与平均时长

组别	参与率（%）					平均时长（小时/天）				
	被动型	社交型	消遣型	健身型	学习型	被动型	社交型	消遣型	健身型	学习型
年轻老人	33.0	28.2	76.4	43.5	4.1	1.21	0.94	3.44	1.32	0.14
高龄老人	40.1	26.9	69.1	48.3	5.6	1.93	1.03	3.65	1.56	0.13
长寿老人	58.7	25.8	55.0	30.6	6.3	3.28	1.23	2.72	0.76	0.13

不同婚姻生活状态的老年人休闲活动时间分配也具有差异性。表12—5和表12—6显示，无配偶一起生活的老年人总休闲时间更长。对于年轻老人和高龄老人，无配偶一起生活的老人除在被动型和学习型休闲时间低于和配偶一起生活的老人，社交型、消遣型和健身型休闲时间均高于和配偶一起生活的老人。从参与率的角度看，和配偶一起生活的老年人消遣型和学习型休闲参与率高于无配偶一起生活的老年人，社交型休闲活动的参与率则是无配偶一起生活的老人更高。

第五节　老年人休闲活动的影响因素

由于城乡、性别、收入、受教育水平、居住状态和婚姻状况等因素是相互关联的，并受其他因素的影响，为了度量这些群体特征的净影响，使用多元回归对五类休闲社交活动进行深入分析，回归方程控制了年龄、性别、地区、健康状况等因素。

表12—7报告了老年人休闲活动影响因素回归结果。从表中可以看出，城乡、性别、居住状态、婚姻状况、受教育水平和收入状况对老年群体的休闲活动具有显著性影响。

从城乡差别的影响来看，与城镇老年人相比，农村老年人每天将增加0.37小时的被动型休闲时间，并减少0.96小时的消遣型休闲时间、0.49小时的健身型休闲时间以及0.12小时的学习型休闲时间。也就是说，农村老年人被动型休闲时间增加，就会减少消遣型、健身型和学习型休闲的时间，这一回归结果与前文的描述性分析结果一致，说明结果比较可靠。造成这一结果的原因是多方面的,包含内因和外因两个方面。具体而言,外因就是农村的休闲设施供给远远落后于城镇,这会在相当程度上限制农村老年人的休闲活动参与;对于内因,就是与城镇老年人相比,农村老年人在支付能力和信息解析能力方面存在差距,导致其只能参与进入门槛较低的被动型休闲和社交型休闲。

从性别差异的影响来看,与男性老年人相比,女性老年人每天少0.49小时的消遣型休闲时间、0.23小时的健身型休闲时间、0.1小时的学习型休闲时间。造成这一结果的原因可能是老年女性对于家庭成员的照顾与做家务的时间更多一些,一部分休闲时间被无酬劳动挤占。

老年人的居住状态会显著影响老年人的社交型休闲和消遣型休闲。与非独居老人相比,独居老人更倾向于在社交型休闲活动上多花费0.21小时/天,并且减少消遣型休闲时间0.48小时/天;与老年人共同居住人员数量对老年人健身型休闲时间有显著的负向影响;和配偶生活在一起显著增加老年人社交型休闲时间。

从受教育水平的影响来看,与没受过教育的老年人相比,受过教育的老年人被动型休闲时间显著减少,消遣型休闲时间显著增加,大专及以上的老年人每天学习型休闲的时间要多花1.04小时。从收入的影响来看,高收入家庭老年人每天花在被动型休闲的时间要少0.55小时,而花在学习型休闲的时间要多0.25小时。教育与收入的影响方向和影响机理是极为相似的。与受教育水平低的老年人相比,受教育水平较高(如高中及以上)的老年人更倾向于减少被动型休闲时间,更多地参加学习型休闲活动;类似地,与低收入组的老年人相比,处于中高收入或者高收入组的老年人也倾向于减少被动型休闲和社交型休闲,增加消遣型休闲和学习型休闲。造成上述结果的原因可能是被动型休闲和社交型休闲对参与主体的支付能力和信息解析能力要求较低,而学习型休闲则需要参与主体具备更高的支付能力和信息搜集、解析能力。

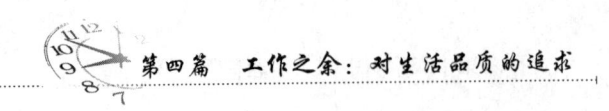

表12—7　老年群体休闲活动影响因素回归结果

变量	被动型休闲	社交型休闲	消遣型休闲	健身型休闲	学习型休闲
样本来源（农村=1，城镇=0）	0.369***	-0.084	-0.961***	-0.490***	-0.121***
	(0.107)	(0.077)	(0.136)	(0.088)	(0.047)
性别（男性=0；女性=1）	-0.152	0.025	-0.491***	-0.234**	-0.104**
	(0.117)	(0.084)	(0.149)	(0.096)	(0.051)
是否独居	0.173	0.212**	-0.488***	-0.144	0.023
	(0.125)	(0.090)	(0.159)	(0.103)	(0.055)
家庭居住人数	-0.011	0.005	-0.038	-0.039**	0.004
	(0.023)	(0.017)	(0.030)	(0.019)	(0.010)
是否和配偶生活在一起	0.001	0.244***	0.174	0.146	-0.000
	(0.119)	(0.085)	(0.151)	(0.098)	(0.052)
文化程度为小学（是=1，否=0）	-0.365***	-0.101	0.728***	-0.082	0.028
	(0.134)	(0.096)	(0.170)	(0.110)	(0.059)
文化程度为初中（是=1，否=0）	-0.444***	-0.146	0.7736	0.199	0.187***
	(0.150)	(0.108)	(0.191)	(0.124)	(0.066)
文化程度为高中（是=1，否=0）	-0.630***	-0.187	1.042***	0.030	0.539***
	(0.179)	(0.128)	(0.226)	(0.147)	(0.078)
文化程度为大专及以上（是=1，否=0）	-0.609***	-0.191	0.395	0.246	1.042***
	(0.209)	(0.150)	(0.265)	(0.172)	(0.091)
家庭收入为中低收入组（是=1，否=0）	-0.133	-0.068	0.347**	-0.269***	0.045
	(0.123)	(0.088)	(0.155)	(0.101)	(0.053)
家庭收入为中高收入组（是=1，否=0）	-0.365***	-0.177*	0.824***	-0.122	0.123**
	(0.127)	(0.091)	(0.161)	(0.105)	(0.056)
家庭收入为高收入组（是=1，否=0）	-0.556***	-0.330***	0.911***	0.004	0.246***
	(0.139)	(0.100)	(0.176)	(0.114)	(0.061)

续表

变量	被动型休闲	社交型休闲	消遣型休闲	健身型休闲	学习型休闲
常数项	-2.2258***	0.055	2.236***	2.166***	-0.134
	(0.682)	(0.489)	(0.864)	(0.560)	(0.297)
观测值	3393	3393	3393	3393	3393
R^2	0.076	0.040	0.095	0.082	0.134

注：①表中未报告控制性变量的回归结果，未报告的估计结果包括老年人健康状况、年龄、省级区域虚拟变量、是否有医疗保险；②文化程度的参照组为没有上过学，家庭收入的参照组为低收入水平；③括号中的数字表示标准误；④***、**、*分别表示估计系数在1%、5%和10%的水平上通过显著性检验。

第六节 小结

本章利用2017年中国时间利用调查数据，对中国老年人的时间利用进行阐释，揭示中国老年人休闲时间的分布特点、差异化特征以及影响因素。统计结果表明：（1）随着老年人年龄的增长，有酬、无酬劳动时间减少，自我照料时间增加；（2）中国老年人的休闲以静态休闲为主，其中消遣型休闲在老年人休闲活动中占有最重要的位置，其参与率在各项休闲活动中最高，其休闲时长在各项休闲活动中最长；（3）在城镇，老年人学习型、消遣型和健身型休闲时间明显高于农村，在被动型休闲和社交型休闲方面（闲呆/休息），农村明显高于城市；（4）与男性相比，女性被动型和社交型休闲时间更长，消遣型、健身型和学习型休闲时间更短；（5）随着教育水平和收入水平的增加，老年人更倾向于在学习型休闲、消遣型休闲和健身型休闲方面花费时间，而减少被动型休闲和社交型休闲的时间投入；（6）与非独居老人相比，年轻独居老人更倾向于在被动型、社交型和学习型休闲活动上花费更长时间，并且减少消遣型休闲时间；（7）和配偶一起生活的老年人在消遣型和学习型休闲活动中的参与度更高，无配偶一起生活的老年人在社交休闲活动中的参与度更高。

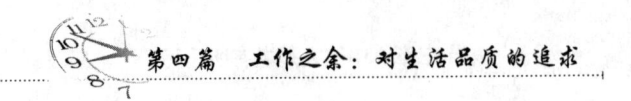

上述研究结果可以给我们带来以下启示：一方面，老有所乐是城乡均衡发展的重要内容，也是社会和谐发展的重要组成部分，我们应该通过硬件建设和观念引导来满足老年人休闲活动需求。另一方面，政策的靶向需考虑城乡、收入、性别、受教育水平等带来的休闲活动需求差别，针对不同特征的老年群体对症下药。

第十三章

中国式夫妻

在中国，夫妻（婚姻）关系属于儒家"五伦"之一①。《礼记·昏礼》对婚姻的表述为："昏礼者，将合二姓之好，上以事宗庙，而下以继后世也。故君子重之。"所以，传统意义上中国的夫妻关系主要是为了继承家业和传宗接代，更多的是承担一种社会责任。现代经济学认为婚姻是一种经济社会制度，婚姻乃至家庭存在的主要目的是集中资源以获得更高的福利水平②，但是随着经济社会发展，婚姻这一经济制度的具体安排也在不断演变③。上述对夫妻关系的阐述多少都有些过于理性甚至让人感到冷漠。而另一方面，在不同文化的各种文艺作品中，我们也可以看到对夫妻关系的另外一种描述：比如苏轼纪念亡妻的"十年生死两茫茫，不思量、自难忘"，当代歌曲中的"我能想到最浪漫的事，就是和你一起慢慢变老"，描写至死不渝爱情的好莱坞电影《人鬼情未了》，印度史诗《罗摩衍那》，等等。因此，婚姻具有双重属性：经济功能和精神伴侣。但不可否认的是，随着生产力发展和女性受教育程度以及劳动参与率的提高，婚姻的作用也在一直变化着④。

本章使用2017年内蒙古大学的中国时间利用调查数据，从夫妻共处和非共处时间的角度来观察和分析当代中国的夫妻关系。2017年中国时

---

① 其他四种关系是君臣、父子、兄弟、朋友。
② Gary S. Becker, "A Theory of Marriage: Part I", *Journal of Political Economy*, 1973, 81 (4).
③ David De La Croix, F. Mariani, "From Polygyny to Serial Monogamy: A Unified Theory of Marriage Institutions", *Review of Economic Studies*, 2012, 82 (2).
④ Shelly Lundberg, A. Pollak Robert, "The Evolving Role of Marriage: 1950–2010", *The Future of Children*, 2015, 25 (2).

间利用调查数据共包括 12484 户家庭，在剔除掉未婚、丧偶、分居等样本，去掉年龄小于 20 岁的已婚样本以及性别、年龄等重要信息缺失的样本后，基于每位家庭成员与"受访者"①的关系，我们共匹配出 8987 对夫妻。本章在计算所有描述性统计量和回归分析中使用了抽样权重进行加权。

第一节　夫妻间共处和非共处时间

我们把夫妻间的相处时间分为三类：不与配偶共处（夫妻二人各自参与某项活动，包括独自一人和与不是配偶的其他人一起参与这两种情况）、与配偶及他人共处（夫妻二人一起参与某种活动，但同时有其他人同时参与）、与配偶单独共处（夫妻二人同时参与某种活动，没有其他人参与）。

图 13—1 报告了 2017 年不同年龄的中国人与其配偶共处和非共处的时间。首先，在 70 岁以前，夫妻的非共处时间一直都大于共处时间：总体上，不与配偶共处的时间为每天 12.9 小时，与配偶及其他人共处的时间为每天 3.0 小时，与配偶单独共处的时间为每天 8.1 小时。其次，随着年龄的增加，与配偶及他人共处的时间不断减少，夫妻两人单独共处的时间不断增加，大概在 70 岁以后，每天超过一半的时间都是和配偶共处。中国有句老话："少年夫妻老来伴。"图 13—1 中，我们虽然看不到夫妻在一起会从事什么活动，但确实可以看到老了相互做伴的时间会增加。最后，中国农村夫妻共处时间普遍多于城镇夫妻，形成这一现象的原因不是农村夫妻单独共处时间长，而是农村夫妻和其他人一起共处时间较长。

图 13—2 报告了教育程度与夫妻相处时间的关系，发现受教育程度越高，与配偶非共处的时间越多，这应该是由于受教育程度高的夫妻各自有独立的工作，受教育程度低的夫妻更可能共同从事家庭生产经营或农业生产活动；受教育程度越高，与配偶单独共处的时间越少，夫妻二

---

① "受访者"指的是在接受调查时主要回答问题的家庭成员。

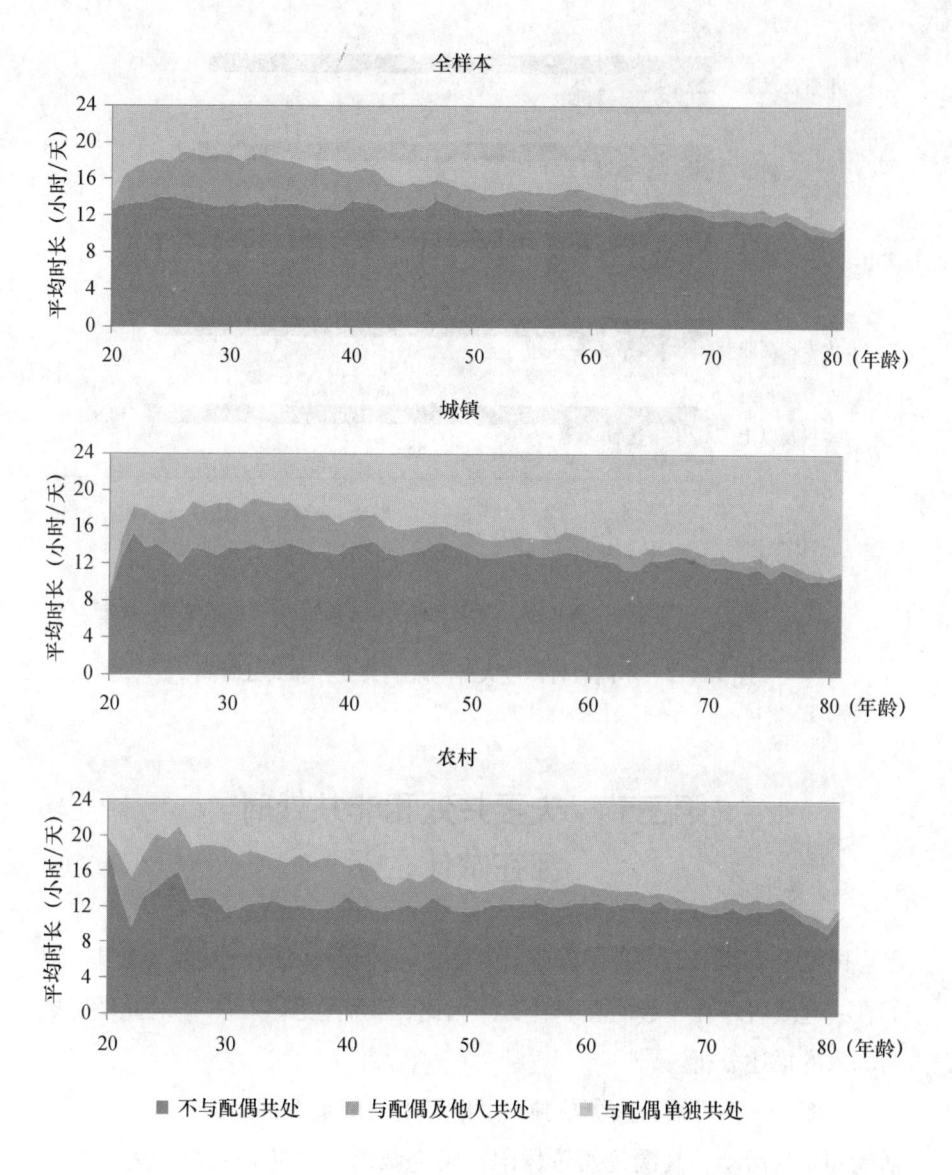

图 13—1　不同年龄人群与配偶共处、非共处时间

人与其他人一起共处的时间则越多。如果夫妻共处时间尤其是夫妻单独共处时间与夫妻关系之间的亲密程度呈正相关关系的话，且不考虑夫妻共处时所从事的活动，似乎受教育程度越高的夫妻关系越淡漠。

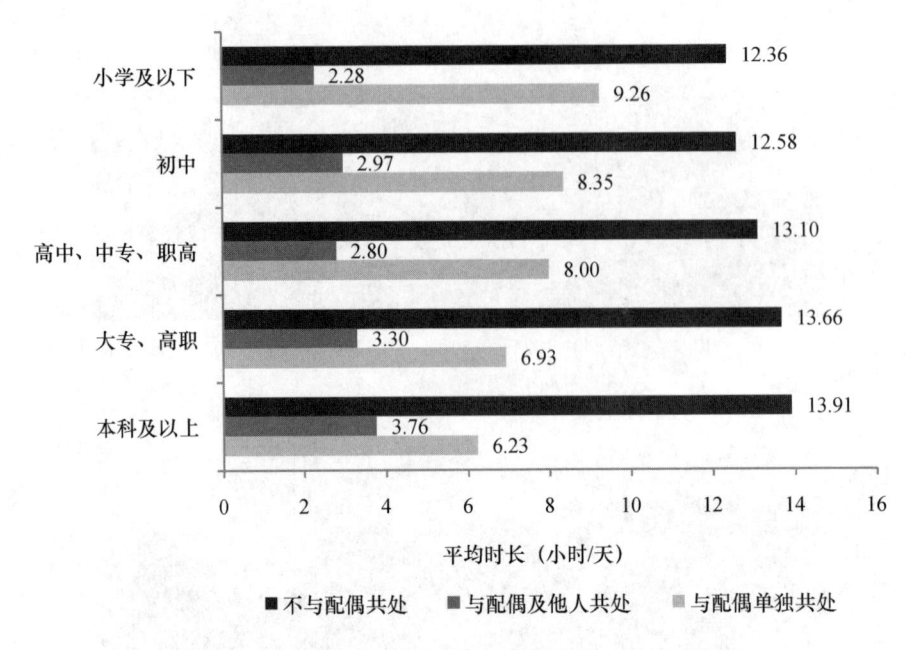

图 13—2　不同教育程度人群与配偶共处、非共处时间

第二节　夫妻共处和非共处时都在做什么？

图 13—1 和图 13—2 仅描述了夫妻之间的相处时间,但是不能显示他们在一起或者不在一起时在做什么。因此,我们在图 13—3 中对此做了更为深入的描述分析。

由图 13—3 可知,夫妻单独共处时花费时间最多的是睡眠、个人卫生活动和私密活动,其次是娱乐休闲,无论城镇夫妻还是农村夫妻都是如此。城镇夫妻单独共处时花费时间排第三名的是吃饭及其他饮食活动,接下来是工作及工作相关活动(工资性劳动)和体育锻炼,而农村夫妻单独共处时花费时间排第三名的是家庭生产经营活动,接下来是工作及工作相关活动(工资性劳动)和吃饭。夫妻非共处时花费时间最多的是工作和工作相关活动(工资性劳动)。分城乡来看,城镇夫妻非共处时花费时间最多的是工作和工作相关活动(工资性劳动),而农村夫妻非共处

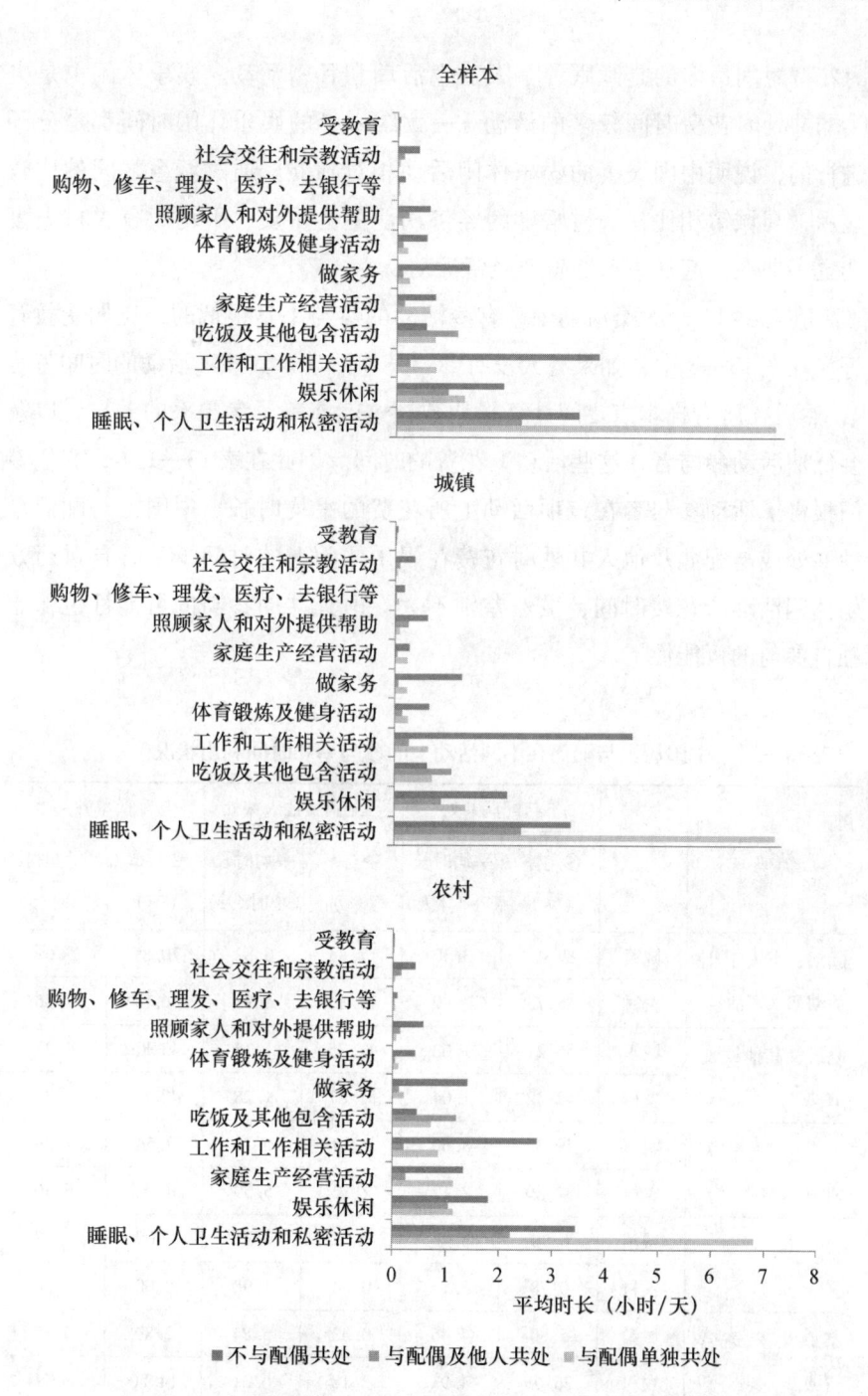

图13—3 中国居民与配偶在不同活动上的时间利用状况

时花费时间最多的是睡眠、个人卫生活动和私密活动。娱乐休闲也是夫妻非共处时花费时间较多的活动——大约一半的娱乐休闲时间都是分开进行的,说明中国夫妻的娱乐休闲活动相对独立。通过城乡之间的比较显示,与城镇相比,农村婚姻的经济功能更为重要,平均而言农村夫妻会更多地在一起从事家庭生产经营活动。

在总共11个大类活动中,有些活动的参与率是很低的,比如受教育等。在图13—3中,如果有人没有参与某项活动,其该项活动的时间就是0,然后在所有样本点之间计算平均数,这就掩盖了参与率的差异,以及会低估活动参与者在这些活动上花费的时间。因此在表13—1中,我们专门报告了活动参与者在该项活动上所花费的平均时长。中国人与配偶单独共处或与配偶及他人共处时花费在娱乐休闲上的时间少于各自进行娱乐休闲活动所花费时间,虽然差别不大,但其共同参与的可能性也低于独自参与的可能性。

表13—1　中国居民与配偶在不同活动上的参与率和时间利用状况

活动		不与配偶共处		与配偶及他人共处		与配偶单独共处	
		参与率（%）	平均时长（小时/天）	参与率（%）	平均时长（小时/天）	参与率（%）	平均时长（小时/天）
睡眠、个人卫生活动和私密活动	城镇	89.41	3.50	17.83	6.82	70.89	7.69
	农村	85.73	3.90	17.85	6.95	66.87	7.96
吃饭及其他饮食活动	城镇	56.21	1.02	47.75	1.13	43.86	1.23
	农村	42.32	1.04	51.87	1.28	42.81	1.31
工作和工作相关活动	城镇	49.35	8.60	1.99	6.78	7.54	6.39
	农村	32.39	8.12	2.12	5.59	10.55	6.30
受教育	城镇	0.99	3.46	0.07	1.71	0.09	2.93
	农村	0.78	3.15	0.04	1.98	0.00	0.50
家庭生产经营活动	城镇	5.80	4.45	0.33	5.84	2.89	5.85
	农村	26.06	4.91	2.18	6.31	14.50	6.11

续表

活动		不与配偶共处		与配偶及他人共处		与配偶单独共处	
		参与率（%）	平均时长（小时/天）	参与率（%）	平均时长（小时/天）	参与率（%）	平均时长（小时/天）
做家务	城镇	49.63	2.40	2.78	1.20	12.01	1.44
	农村	50.65	2.70	2.40	2.65	10.66	1.48
照顾家人和对外提供帮助	城镇	16.26	3.57	4.64	2.83	2.39	2.65
	农村	12.22	4.50	2.21	3.41	1.48	2.68
购物、修车、理发、医疗、去银行等	城镇	10.01	1.57	0.55	2.13	2.08	1.78
	农村	3.37	2.17	0.41	1.84	1.23	2.74
体育锻炼及健身活动	城镇	26.74	2.25	4.34	1.58	9.90	1.86
	农村	17.17	2.36	1.37	1.24	4.00	1.77
娱乐休闲	城镇	58.32	3.44	18.87	2.36	34.14	2.94
	农村	50.55	3.44	23.48	2.47	32.79	2.72
社会交往和宗教活动	城镇	12.33	2.82	1.98	1.84	1.96	1.43
	农村	13.19	3.04	3.47	2.45	1.63	1.44

第三节 夫妻共处时间与生活满意度

本章开头提到，我们希望通过分析夫妻相处时间来研究中国夫妻关系。生活满意度是夫妻关系的重要指标。2017年中国时间利用调查中要求每位在场的家庭成员对生活满意度进行打分（1—5分）：1表示非常满意，5表示非常不满意。图13—4报告了夫妻相处时间与生活满意度的关系。为简化分析我们将生活满意度当作连续变量处理，将相处时间按照每10分钟一个区间划分为最多150个区间，由于落在0附近和150附近的观测数量远低于落在中间部分的观测数量，所以在图13—4中我们用每个区间的观测数量加权进行非参数拟合。结果表明：总体上，夫妻相处时间与生活满意度的相关性较弱；当"不与配偶共处"时间小于13小时,受访者的生活满意度基本上与这一类相处时间无关,当超过 13 小时,受访者对生活的满意度降低①,并保持在一个较低的水平上;"与配偶及他人共处"和"与配偶单独共处"时间与生活满意度之间存在正相关关系,即夫妻共处时间越长,生活满意度越高,但"与配偶及他人共处"时间超过 12 小时后异质性显著增加,虽然与生活满意度仍然具有正相关关系,这说明有些人非常不喜欢夫妻共处时有其他人在场,但是根据图 13—1,我们知道老年夫妻单独共处的时间长于年轻夫妻,年轻夫妻非共处的时间长于老年夫妻。所以,这里无法判断到底是共处、非共处时间影响生活满意度还是由于年龄的原因。

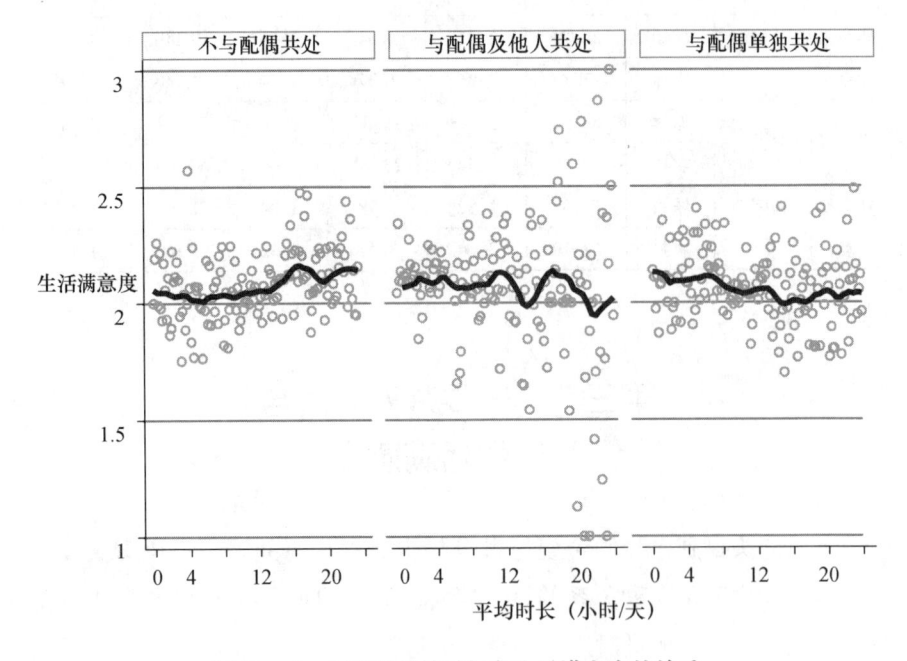

图 13—4 与配偶相处时间和生活满意度的关系

注:生活满意度:1 非常满意;2 满意;3 一般;4 不满意;5 非常不满意,下同。

在图 13—3 和表 13—1 中我们可以看到:夫妻共处时花费在睡眠、个人卫生和私密活动的时间最多;在农村样本中,夫妻共同从事生产活动

---

① 数字越大表示生活满意度越低。

的时间也很长。前者属于必要的生理需要，后者属于经济活动。在这些活动中夫妻间"享受生活"的属性较低。因此，在这里我们要专门分析一下中国夫妻在"娱乐休闲"这项活动上时间利用情况与生活满意度的关系。

图13—5与图13—4类似，只是将横坐标换为在娱乐休闲活动上花费的时间。首先，娱乐休闲时间与生活满意度有一定的相关性，但是相关度不高。其次，夫妻各自进行娱乐休闲的时间超过11小时后，生活满意度会较快下降；在"与配偶及他人共处"和"与配偶单独共处"这两幅图中，都有一个满意度非常低的极端值，但是剔除极端值与否对结果都没有太大影响；夫妻共处的娱乐时间与生活满意度关系不大。

图13—5提出了一个问题：为什么夫妻两人共处时花在娱乐休闲上的时间与生活满意度的相关性非常弱呢？问题的关键或许不在于数量——夫妻双方一起娱乐休闲的时间长短，而在于质量——他们如何娱乐休闲，而这些娱乐休闲活动是否真的使人获得精神上的享受和满足？因此在下一节中，我们将进一步分析中国夫妻在娱乐休闲时在做什么。

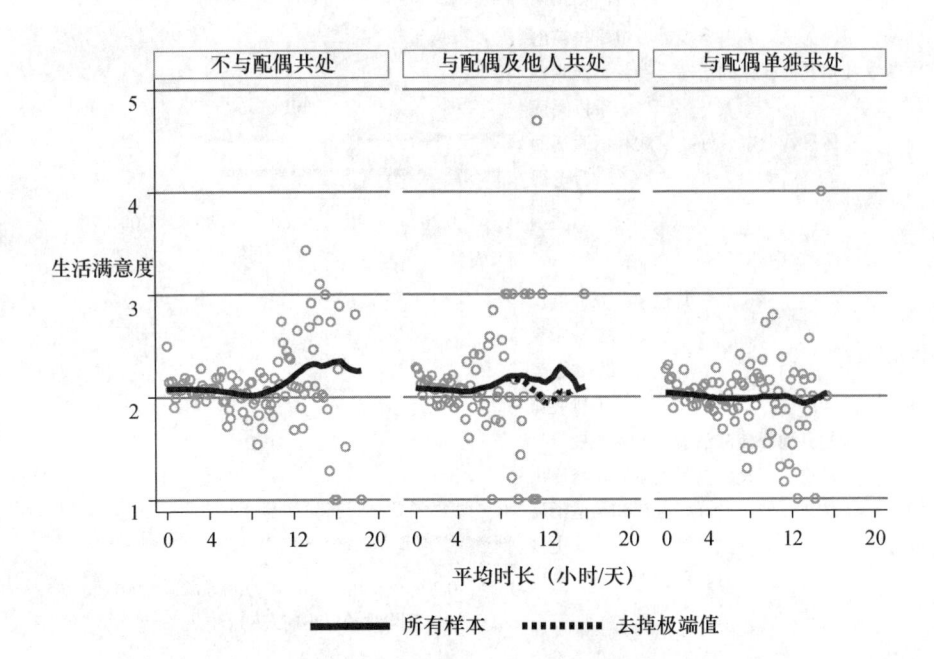

图13—5 与配偶在娱乐休闲活动上的相处时间和生活满意度

第四节 夫妻在娱乐休闲时都在做什么?

在本小节我们分析中国夫妻在娱乐休闲活动上的时间安排。图 13—6 报告了中国居民与配偶在不同娱乐休闲活动上的时间利用情况。总体上,看电视以及休息、业余爱好、游戏和消遣活动是花费时间最多的两类娱乐休闲活动,远超其他活动所花费的时间。夫妻共处时(包括单独共处和与他人共处)花费时间最多的活动是看电视,其次是休息、业余爱好、游戏和消遣活动。而夫妻非共处时花费时间最多的是休息、业余爱好、游戏和消遣活动,其次是看电视。另外,手机阅读也是夫妻非共处时的一项很重要的娱乐休闲活动。

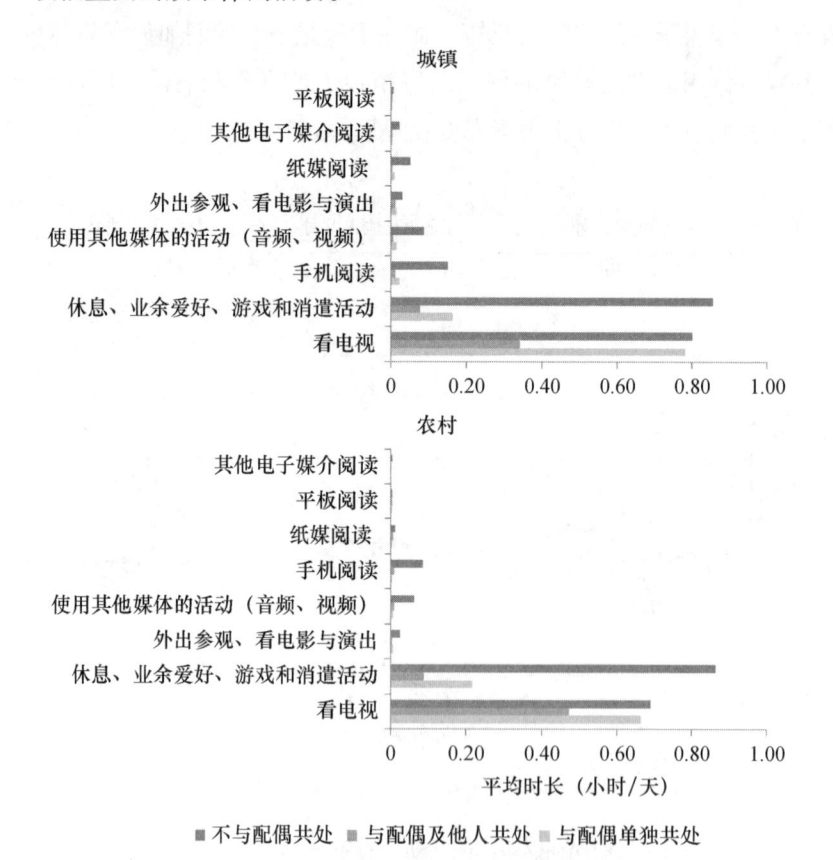

图 13—6 夫妻在不同娱乐休闲活动上的时间利用方式

表13—2报告了夫妻在不同娱乐休闲活动上的参与率和参与者在每项活动上的平均时长。首先看电视以及休息、业余爱好、游戏和消遣活动是所有活动中参与率最高的两项：近30%的城市夫妻非共处时每天花费近3个小时在这两项活动上，近30%的城市夫妻单独共处时也大约每天花费近3个小时用来看电视；农村夫妻的情况与城镇夫妻相似。其他的娱乐休闲活动中，除了手机阅读和其他媒体活动外，其他一些娱乐活动的参与率都非常低，即在个别活动上花费的时间比较多，如"外出参观、看电影与演出"等。

表13—2　夫妻在不同娱乐活动上的参与率与时间利用状况

活动		不与配偶共处		与配偶及他人共处		与配偶单独共处	
		参与率（%）	平均时长（小时/天）	参与率（%）	平均时长（小时/天）	参与率（%）	平均时长（小时/天）
纸媒阅读	城镇	2.77	1.86	0.20	1.42	0.38	2.00
	农村	0.71	1.50	0.19	2.69	0.13	0.59
手机阅读	城镇	9.35	1.62	0.73	1.49	1.16	1.83
	农村	4.34	1.95	0.33	2.06	0.25	1.14
平板阅读	城镇	0.28	1.58	0.01	1.19	0.02	1.29
	农村	0.05	1.98	0.03	0.33	0.00	4.98
其他电子媒介阅读	城镇	0.84	2.55	0.05	2.50	0.10	3.24
	农村	0.21	1.59				
看电视	城镇	29.05	2.76	14.87	2.28	28.78	2.72
	农村	25.42	2.72	20.31	2.32	27.55	2.41
使用其他媒体的活动（音频、视频）	城镇	3.85	2.27	0.26	1.78	0.59	2.08
	农村	2.13	2.90	0.37	1.96	0.28	1.71
休息、业余爱好、游戏和消遣活动	城镇	29.94	2.86	3.93	1.93	6.98	2.35
	农村	28.29	3.05	3.64	2.38	7.50	2.89
外出参观、看电影与演出	城镇	0.78	3.69	0.29	3.66	0.43	2.82
	农村	0.68	3.46	0.11	2.50	0.20	2.48

图 13—6 和表 13—2 都说明看电视以及休息、业余爱好、游戏和消遣活动是中国夫妻最重要的两种娱乐休闲方式。但是值得我们注意的是，这是两种成本最低的娱乐休闲活动。在图 13—7 中，我们重点分析这两种活动在教育程度方面的异质性。首先，与配偶及他人一起看电视的时间大约每天 20 分钟，与教育程度关系不大。其次，随着受教育程度的提高，无论是与配偶非共处还是单独共处，平均每天看电视的时间越少。最后，中国居民"休息、业余爱好、游戏和消遣活动"更多的是一种个人活动，很少同配偶一起进行，这在各教育程度组内都是如此，并且随着教育程度的提高，夫妻非共处时花费在这项活动的时间越少。

教育程度	活动	不与配偶共处	与配偶及他人共处	与配偶单独共处
小学及以下	看电视	0.75	0.39	0.81
小学及以下	休息、业余爱好、游戏和消遣活动	1.04	0.09	0.30
初中	看电视	0.80	0.43	0.70
初中	休息、业余爱好、游戏和消遣活动	0.81	0.07	0.13
高中、中专、职高	看电视	0.83	0.37	0.81
高中、中专、职高	休息、业余爱好、游戏和消遣活动	0.81	0.09	0.13
大专、高职	看电视	0.65	0.33	0.61
大专、高职	休息、业余爱好、游戏和消遣活动	0.70	0.07	0.13
本科及以上	看电视	0.41	0.36	0.45
本科及以上	休息、业余爱好、游戏和消遣活动	0.53	0.07	0.10

平均时长（小时/天）

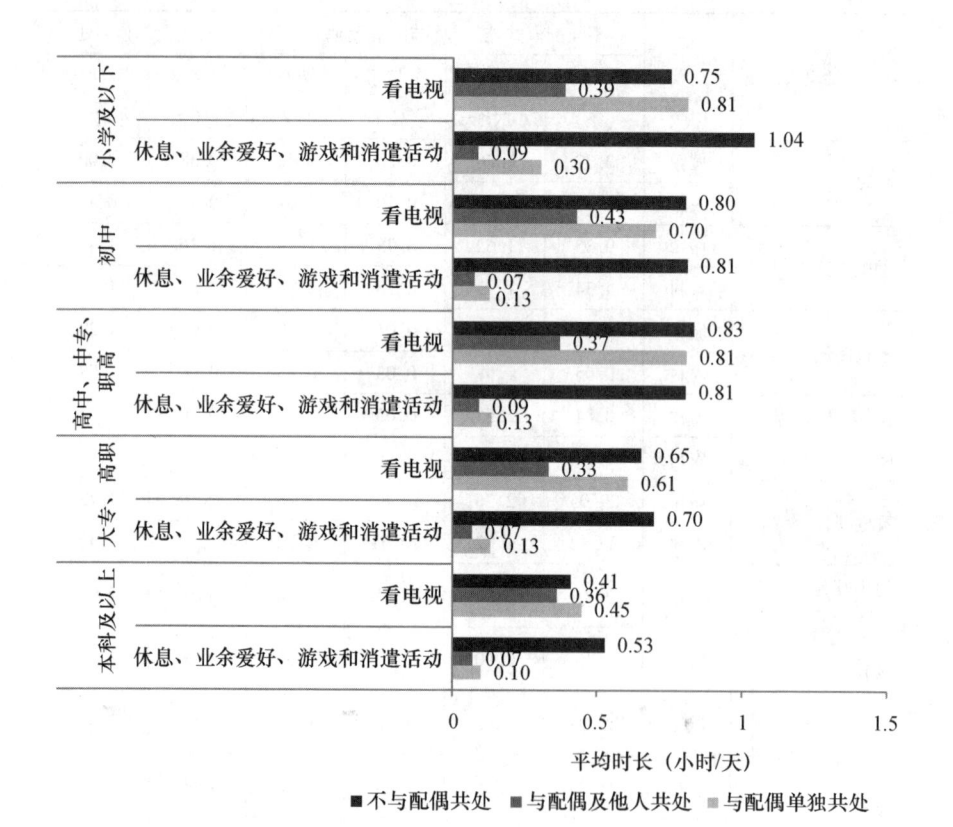

图 13—7 不同教育程度夫妻在两种主要娱乐休闲活动上花费的时间

从活动时长上来看,"休息、业余爱好、游戏和消遣活动"是中国居民最重要的两种娱乐休闲方式之一。表13—3表明这类活动中参与率最高的是休息,其次是棋牌活动(在中国的语境下,棋牌活动很大程度上就是麻将)。值得注意的是,有些活动的参与率虽然比较低,但是参与者花费的时间却很多,比如在城市样本中,虽然与配偶及他人一起玩计算机游戏的参与率很低,但是每天花费大约6小时。另外,如果我们将玩手机游戏、手游、计算机游戏、桌游加总在一起(统称为电子游戏),城镇夫妻非共处时的参与率达到3.36%[①],日均耗时2.85小时;农村夫妻非共处时的参与率则是1.32%,日均耗时2.57小时;夫妻共处(包括单独共处和与他人共处)时虽然很少玩游戏,但是一旦玩起来花费的时间却并不少,甚至更多。由此可见,电子游戏覆盖的人群可能还不算大,但是从时间利用的角度来说,电子游戏对这些"玩家"日常生活的影响并不小。

表13—3　夫妻在休息、业余爱好、游戏和消遣活动上的参与率和花费的时间

活动		不与配偶共处		与配偶及其他人共处		与配偶单独共处	
		参与率(%)	平均时长(小时/天)	参与率(%)	平均时长(小时/天)	参与率(%)	平均时长(小时/天)
休息	城镇	19.39	2.18	2.89	1.72	5.68	2.28
	农村	21.32	2.60	3.44	2.39	7.02	2.93
抽烟	城镇	0.31	0.45			0.04	0.61
	农村	0.37	0.82	0.02	0.17	0.08	0.27
棋牌游戏	城镇	4.63	3.99	0.25	2.61	0.29	3.38
	农村	3.35	4.08	0.06	4.12	0.01	2.19
手机游戏	城镇	1.66	2.11	0.09	3.03	0.19	1.43
	农村	0.60	2.51	0.01	1.73	0.08	1.29
玩手游	城镇	0.42	2.02	0.05	1.15	0.02	1.22
	农村	0.41	2.03	0.03	1.85	0.00	

[①] 这个参与率低于表13—3中这几项活动参与率的加总,是因为有人会同时参与2个及以上的活动。

续表

活动		不与配偶共处		与配偶及其他人共处		与配偶单独共处	
		参与率（%）	平均时长（小时/天）	参与率（%）	平均时长（小时/天）	参与率（%）	平均时长（小时/天）
计算机游戏	城镇	0.89	3.90	0.02	6.00	0.16	3.64
	农村	0.19	2.40	0.00		0.00	
玩网游	城镇	0.49	3.54	0.02	3.25	0.02	3.53
	农村	0.23	2.55	0.00		0.00	
玩桌游	城镇	0.01	4.20	0.00		0.00	
	农村	0.00		0.00		0.00	
唱歌	城镇	0.16	2.58	0.01	1.98	0.01	1.88
	农村	0.01	2.16	0.00		0.00	
集邮等收藏活动	城镇	0.02	3.29	0.00		0.00	
	农村	0.00	3.98	0.00		0.00	
文学艺术活动	城镇	0.49	3.43	0.01	3.31	0.04	3.01
	农村	0.10	2.57	0.00		0.00	
其他业余爱好活动	城镇	4.12	2.82	0.41	1.84	0.63	1.95
	农村	3.59	3.40	0.10	1.51	0.38	2.20
相关交通活动	城镇	1.15	0.75	0.13	0.30	0.22	0.69
	农村	0.83	0.60	0.02	0.39	0.22	0.44

第五节 与配偶共处时间会影响生活满意度吗？

上面我们分析了夫妻在不同活动上的共处和非共处时间，重点分析了在娱乐休闲活动上的相处时间，因为休闲娱乐活动更多地可以视为"享受生活"，更可能反映婚姻关系中的非经济因素。因此，基于活动的性质，以及这些活动是否需要或引起参与者的积极互动，我们将活动分成以下五类（具体分类情况见本章末尾的附表13—1）：（1）生理需求（如睡眠和吃饭）；（2）经济活动（工资性劳动和家庭生产经营活动）；（3）家庭生产（如做家务、辅导孩子功课等）；（4）积极互动（如外出旅游、陪孩子玩耍）；（5）消极互动（如看电视、玩计算机游戏等）。

表 13—4　中国夫妻在五大类活动上的参与率和时间利用状况

活动		不与配偶共处		与配偶及其他人共处		与配偶单独共处	
		参与率（%）	平均时长（小时/天）	参与率（%）	平均时长（小时/天）	参与率（%）	平均时长（小时/天）
（1）分城乡							
生理需要	城镇	92.91	3.97	50.39	3.48	75.68	7.91
	农村	88.42	4.25	53.59	3.55	73.15	8.04
经济活动	城镇	54.30	8.29	2.30	6.70	10.20	6.38
	农村	55.19	7.08	4.29	5.96	23.72	6.54
家庭生产	城镇	56.07	3.20	6.30	2.22	14.58	1.80
	农村	54.49	3.43	4.06	3.01	12.47	1.78
积极互动	城镇	41.91	3.10	8.65	1.94	12.98	1.97
	农村	34.87	3.20	5.78	2.29	6.49	1.88
消极互动	城镇	56.65	3.25	18.43	2.30	33.76	2.90
	农村	49.14	3.25	23.39	2.47	32.65	2.70
（2）分性别							
生理需要	丈夫	91.15	3.96	51.00	3.46	75.35	7.96
	妻子	90.98	4.20	52.45	3.56	73.88	7.96
经济活动	丈夫	63.95	8.23	3.03	6.27	15.78	6.58
	妻子	44.79	7.11	3.22	6.30	15.72	6.36
家庭生产	丈夫	32.54	2.22	4.28	2.55	13.05	1.80
	妻子	79.75	3.76	6.55	2.41	14.41	1.79
积极互动	丈夫	38.16	3.26	7.74	2.11	10.60	1.94
	妻子	39.93	3.01	7.18	1.98	10.02	1.95
消极互动	丈夫	56.10	3.31	21.26	2.45	33.60	2.90
	妻子	50.87	3.18	19.63	2.30	32.98	2.74

表13—4的第一部分报告了城镇和农村夫妻在五大类活动上的参与率和参与者花费在该项活动上的平均时长。从表中可以发现生理需要和经济活动占据了日常生活的大部分时间；积极互动活动的参与率和花费的时间一般都少于消极互动活动；和配偶一起参与（包括单独共处和与

他人一起）的互动活动都远远少于不和配偶一起参与的互动活动。表13—4 中第二部分分性别考察中国夫妻在五大类活动上的参与率和参与者花费在该项活动上的平均时长。结果表明丈夫独自进行经济活动的时间和参与率更高一些，妻子独自从事家庭生产的时间和参与率更高一些，这与传统的家庭内部分工一致。除此之外，夫妻在五大类活动上与配偶共处、非共处的时间利用情况差别不大。在积极互动和消极互动活动的参与率和时间利用方面，丈夫和妻子几乎没有差别：都是消极活动多于积极活动，两人分开参与多于共同参与。

夫妻共处时才更可能实现夫妻间的有效沟通和精神上的陪伴。所以夫妻的共处时间以及夫妻共处时从事的活动与主观幸福密切相关①，图13—4 和图13—5 显示夫妻相处的时间和生活满意度相关，但是关系并不强。这里我们进一步采用回归分析来考察夫妻相处时间与生活满意度之间的关系，结果见表13—5 所示。

表13—5　　　　　　生活的满意度与夫妻相处时间的关系

	(1)	(2)	(3)	(4)	(5)	(6)	(7)	(8)	(9)
与配偶及他人共处的时间（小时）	-0.005* (0.003)								
与配偶单独共处的时间（小时）	-0.004** (0.002)								
不与配偶共处的娱乐休闲时间（小时）		0.003 (0.004)							
与配偶及他人共处的娱乐休闲时间（小时）		-0.016** (0.007)							

---

① Melissa A. Milkie, P. Peltola, "Playing All the Roles: Gender and the Work-family Balancing Act", *Journal of Marriage & Family*, 1999, 61 (2); Kerry J. Daly, "Deconstructing Family Time: From Ideology to Lived Experience", *Journal of Marriage & Family*, 2001, 63 (2); Constance T. Gager, Laura Sanchez, "Two as One? Couples' Perceptions of Time Spent Together, Marital Quality, and the Risk of Divorce", *Journal of Family Issues*, 2003, 24 (1).

续表

	(1)	(2)	(3)	(4)	(5)	(6)	(7)	(8)	(9)
与配偶单独共处娱乐休闲时间（小时）		-0.007 (0.005)							
不与配偶共处的积极互动时间（小时）			-0.013*** (0.004)						-0.014*** (0.005)
与配偶及他人共处的积极互动时间（小时）				0.006 (0.017)					0.007 (0.017)
与配偶单独共处的积极互动时间（小时）					-0.012 (0.012)				-0.015 (0.012)
不与配偶共处的消极互动时间（小时）						0.005 (0.004)			0.002 (0.004)
与配偶及他人共处的消极互动（小时）							-0.017** (0.007)		-0.020*** (0.008)
与配偶单独共处的消极互动（小时）								-0.005 (0.005)	-0.008 (0.005)
样本量	17924	17924	17924	17924	17924	17924	17924	17924	17924
R^2	0.047	0.047	0.047	0.046	0.046	0.047	0.047	0.046	0.049

注：因变量是生活满意度：1 非常满意；2 满意；3 一般；4 不满意；5 非常不满意。括号中的数字是标准误，标准误在家庭层面进行集聚处理。***、**、* 分别表示估计系数在1%、5%和10%的水平上通过显著性检验。所有的回归中都控制了性别、户口、居住地城乡分类、年龄及其平方项、教育程度、就业状态、收入水平的对数以及表示收入变量缺失的虚拟变量和省份固定效应。

对于生活满意度变量，数值越大表示对生活越不满意。所以第（1）列表示夫妻共处（无论是否有其他人在场）时间越长，生活满意度越高。Flood 和 Genadek 对美国夫妻共处、非共处时间的研究也得到类似的结果①。由于每天的时间只有 24 小时，将夫妻非共处时间加入回归分析会导致完全的多重共线性，所以没有将其加入回归模型。第（2）列中显示夫妻共处时的娱乐休闲时间会提高生活满意度，但是只有夫妻二人和其

---

① Sarah M. Flood, Katie R. Genadek, "Time for Each Other: Work and Family Constraints Among Couples", *Journal of Marriage and Family*, 2016, 78（1）.

他人（一般是家人尤其是孩子）在一起时，统计上才显著。第（3）列至第（8）列中我们将本节定义的两种互动方式按照三种夫妻共处情况分别放入回归模型，发现与他人而非配偶的积极互动以及与配偶及他人一起的消极互动能显著提高生活满意度；与配偶单独在一起的积极互动和消极互动也有类似效果，但是统计上不显著。这个结果稍微令人感到惊讶，但是限于篇幅限制，本章不能进一步挖掘其中的原因和含义。第（9）列中将两种互动方式按照三种夫妻共处情况归类的六种时间利用情况一起放入回归模型，除了系数的绝对值稍有变化外，回归结果与第（3）列至第（8）列的结果基本相同。

第六节　小结

本章考察中国夫妻的相处时间。主要发现：（1）中国夫妻只有老了以后才有大量的时间互相陪伴；（2）受教育程度越高，夫妻单独相处时间越短；（3）中国夫妻共处时的娱乐休闲方式主要是看电视，非共处时的娱乐休闲方式是"休息、业余爱好、游戏和消遣活动"；（4）夫妻之间互动尤其是积极互动的参与率比较低、花费的时间比较少；（5）平均而言，夫妻共处时间与生活满意度的相关性较弱，这可能与夫妻间共处时所进行的活动不够积极、有趣有关。

中国式夫妻或家庭更多的是一个生产单位，除生理需求之外，经济活动和家庭生产占据了大部分时间，娱乐休闲又以看电视和休息为主，夫妻之间的互动性比较差，而且夫妻单独相处时得到的快乐低于夫妻二人与他人共处时得到的快乐。因此，中国婚姻关系的现状就是经济功能甚于精神伴侣，生活平淡不精彩。虽然说"平平淡淡才是真"，但是"平淡"并不排斥"精彩"的日常生活。

附表13—1　基于夫妻间互动关系对活动类型的分类

分类	具体项目
1 生理需要	01：睡眠、个人卫生活动和私密活动 0201：吃饭

续表

分类	具体项目
2 经济活动	03：工作及工作相关活动（工资性劳动）
	05：家庭生产经营
3 家庭生产（home production）型活动	0401-0405：各种正规教育
	0601-0604、0606、0688、0699：各种家务
	070101-070103、070105、070107-070199、070301-070303、070305、070307-070399：各种照顾未成年人的活动
	0702：照顾成年家人
	0704：照顾成年亲戚
	080101、080199：购物及交通活动
	080201-080205、080299：各种线上购物活动及相关的交通活动
	0803：修理汽车、电器等
	0805：医疗
	0806：办理银行业务
	0807：找家政、培训、教育与中介
	0808：办理其他各种业务
4 积极互动型	0202：其他饮食活动
	0406：非正规教育
	0605：饲养宠物
	0607：家庭事务的安排
	070104、070106、070304、070306：陪孩子阅读、陪孩子玩
	0705：对其他家庭提供的无偿家务帮助
	0706：参与社区服务、公益活动
	080102：逛街
	080206：浏览
	0804：理发、美容、洗浴、养生
	09：体育锻炼与健身活动
	100709-100799：玩耍、文学艺术等各种活动以及交通时间
	1008：外出参观、看电影与演出
	1101：面对面的社会交往
	1103：宗教活动

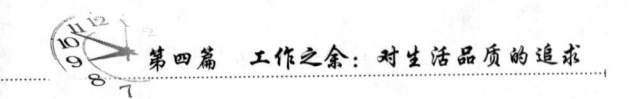

续表

分类	具体项目
5 消极互动型	1001–1004：各种阅读 1005：看电视 1006：其他使用媒体的活动 100701–100708：休息以及各种游戏 1102：非面对面的社会交往

第十四章

手机使用对居民时间利用的影响

信息技术革命颠覆了人们的生产与生活方式，尤其是近十年来，智能手机的普及让互联网走到了每个人身边。智能手机功能也日趋强大，包含通话、聊天、搜索、阅读、视频、音乐、支付和医疗等方方面面，人们由现实日常生活转向以数字信息技术为核心的在线生活。

在发展中国家，因居民对信息技术的拥有程度、应用程度以及创新能力有所差别，所以存在数字鸿沟。伴随网络媒介环境变化和互联网技术的革新，数字鸿沟使得人们对数字媒体接触时间、接触习惯和信息占有产生差异，进而导致社会阶层分化[1]。信息的可接入性差异称为"一级数字鸿沟"，利用和鉴别能力差异称为"二级数字鸿沟"。随着手机正以惊人的速度在城镇以及农村普及，这种信息技术创新对消除不同国家、地区、行业、企业和社区之间的数字鸿沟起到关键性作用，成为"信息无产者"提升生活质量的重要途径[2]。当前中国通信基础设施趋于完善，"一级数字鸿沟"已经基本填平，但在信息爆炸时代，部分人群的信息利用和鉴别能力差，仍然无法获取真正的有效信息，存在较大的"二级数

---

[1] 严励、邱理:《从网络传播的阶层分化到自媒体时代的文化壁垒——数字鸿沟发展形态的演变与影响》，《新闻爱好者》2014年第6期。

[2] BBC, "Mobile Growth 'Fastest in Africa'", http://news.bbc.co.uk/2/hi/business/4331863.stm, 2005.

字鸿沟"①。随着智能手机的发展，人们的时间分配开始发生重大变化，而时间又是一种稀缺资源，所以时间配置和利用效率关系到劳动者的效用和福利水平②。

本章使用2017年中国时间利用调查数据，探讨上述存在的问题。首先，介绍当前中国居民手机拥有情况、使用情况、使用手机的平均时长以及使用手机进行哪些活动。然后，分析不同年龄、学历、城乡、性别、就业状况以及收入等社会经济因素对是否使用手机、使用时长以及使用手机用途的影响，进而探讨当前中国是否存在"数字鸿沟"。最后，分析手机对居民时间分配的影响，通过本节可以看出手机使用挤占了居民哪些活动时间以及时长，这有助于研究手机使用对中国居民生活质量的影响。

第一节 居民手机使用概况

本节主要介绍中国居民手机拥有率，以及不同收入、职业和受教育程度人群的手机使用情况，数据来自2017年中国时间利用调查（CTUS）和2017年中国家庭金融调查（CHFS）。选取年龄段在10—80岁的居民作为研究对象，总样本数为26251个，其中城镇样本15466个，占58.9%；农村样本10785个，占41.1%。从性别方面来看，男性样本13226个，占50.4%；女性样本13025个，占49.6%。

图14—1a是中国家庭金融调查样本中所有家庭户主拥有手机的比例，从图中可以看出，中国居民拥有手机的比例达到了95.2%，其中拥有智能手机的比例占63.0%，拥有非智能手机的比例占32.3%，没有手机的比例只占4.8%。

图14—1b是全样本居民在调查日当天使用智能手机的情况，可以看出，样本中有23.4%的居民在调查日当天使用了智能手机。造成使用手

---

① 许竹青、郑风田、陈洁：《"数字鸿沟"还是"信息红利"？信息的有效供给与农民的销售价格——一个微观角度的实证研究》，《经济学》（季刊）2013年第4期。

② Floro, M. S., "Economic Restructuring, Gender and the Allocation of Time", *World Development*, 1995, 23 (11).

机比例比拥有手机比例小的原因可能有：（1）农民在调查日当天进行劳动没有携带手机；（2）工人在工作过程中承担的任务较重没有时间使用手机；（3）相当一部分年老的人群因为文化程度较低等原因拥有手机但不会使用；（4）受访者虽然一天中多次使用手机，但是每次使用时长都在10分钟以下，故没有统计；（5）居民在工作与交通时间使用手机却没有报告。

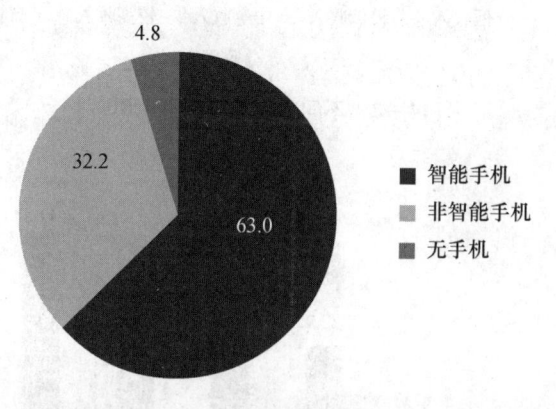

图14—1a　中国居民拥有手机比例（%）

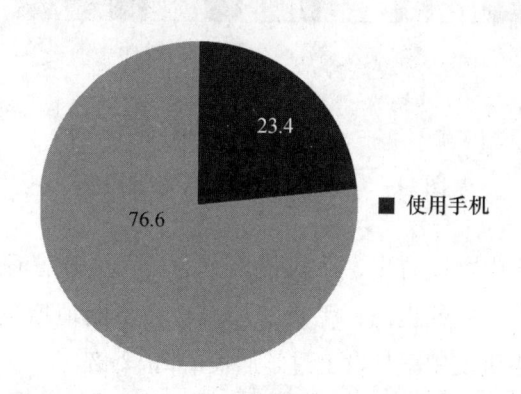

图14—1b　中国居民使用智能手机比例（%）

图14—2展示的是不同收入人群手机使用率，收入变量是按照每个省份本省家庭人均收入的五分位进行度量的，这就避免了不同省份收入差异的影响。手机使用率和收入呈正相关关系，随着收入的提高，手机的使用率也在增加。其中，高收入人群手机使用率是低收入人群的2.4倍。

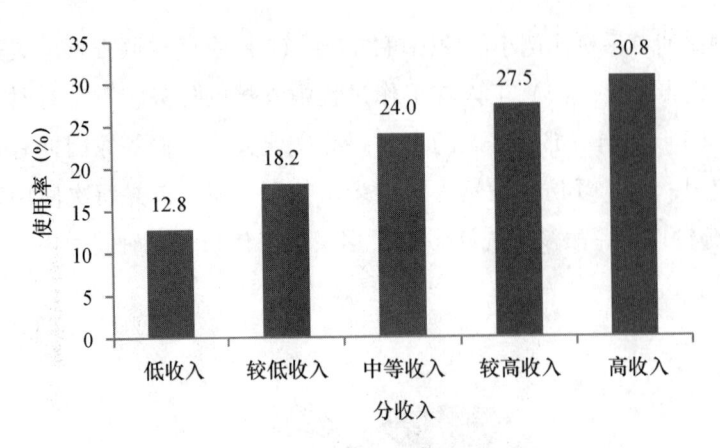

第四篇 工作之余：对生活品质的追求

图14—2　不同收入人群手机使用率

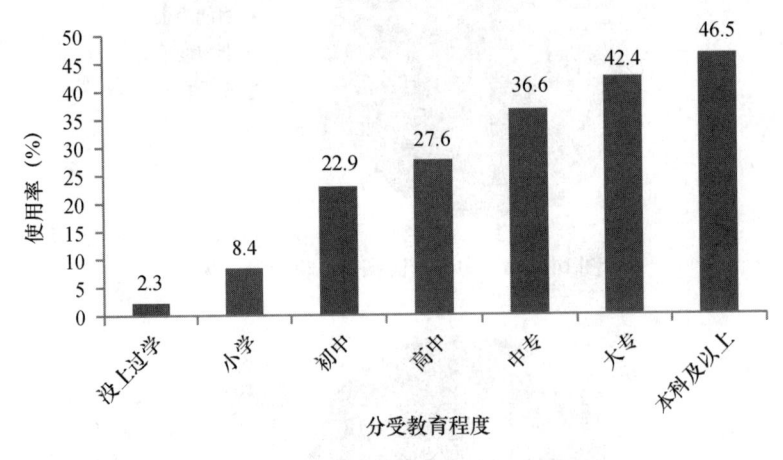

图14—3　分受教育程度手机使用率

从图14—3中可以看出，手机使用率和居民受教育程度呈正相关关系，随着受教育程度的提高，手机使用率也在不断地增加。其中，本科及以上的居民手机使用率是没上过学居民的20.2倍。

从图14—4中可以看出，从事农、林、牧、渔业生产的居民手机使用率最低，为14.0%，而专业技术人员手机使用率最高，为39.5%，其他职业人员差异不大。

从图14—5中可以看出，中国居民使用手机最常进行的活动有手机阅读、手机社交、手机视听和手机游戏，其中使用手机阅读活动的人数占比最大，达到了63.9%，其次是手机视听，达到了31.8%，占比最小的是手机游戏，仅为 6.2%。

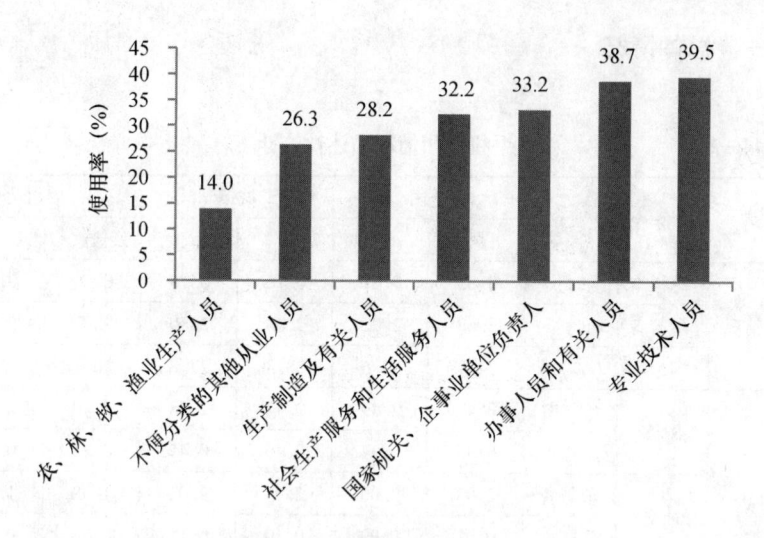

图 14—4 分职业手机使用率

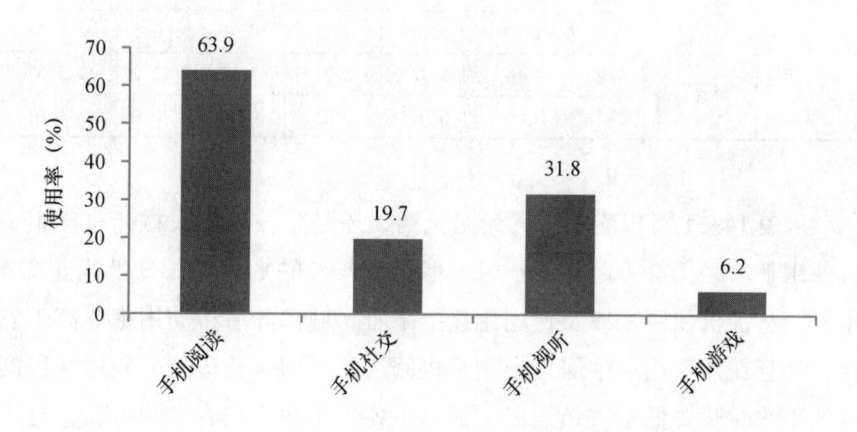

图 14—5 分用途手机使用率

第二节 数字鸿沟

本节详细分析了不同年龄、学历、就业状况、城乡、性别、婚姻状况和收入的人群在使用手机时长、使用率以及用途上的差异。首先对手机使用情况进行描述性统计分析，其次对手机使用时长、使用率进行回

归分析，进一步分析了不同人群各项手机用途的参与率情况。

一 总体情况

表14—1　　　　手机使用情况描述性统计　　　　单位：小时/天

人群		全国		城镇		农村	
		男	女	男	女	男	女
总体情况	总样本平均时长	0.65	0.61	0.76	0.78	0.48	0.38
	参与者平均时长	2.68	2.72	2.68	2.80	2.67	2.50
	使用率（%）	24.1	22.6	28.3	27.8	18.1	15.3
分用途平均时长	阅读 参与者	2.41	2.49	2.42	2.58	2.40	2.21
	阅读 总样本	0.38	0.34	0.46	0.45	0.25	0.19
	社交 参与者	2.03	2.00	2.05	2.02	1.98	1.93
	社交 总样本	0.09	0.09	0.10	0.11	0.08	0.05
	视听 参与者	2.00	2.13	2.03	2.06	1.93	2.30
	视听 总样本	0.13	0.17	0.15	0.19	0.11	0.13
	游戏 参与者	2.14	1.72	2.07	1.80	2.27	1.37
	游戏 总样本	0.05	0.01	0.05	0.02	0.04	0.01

从表14—1可以看出，无论是全国，还是分城镇和农村，总样本手机使用平均时长都不超过1小时，但是参与者的平均时长却都高于2.5小时。从手机使用率以及使用用途上来看，城镇的手机使用率要高于农村，并且在四项用途中居民使用手机阅读的平均时长最长，农村居民阅读的平均时长要低于城镇居民，而其他各项用途参与者平均时长差异不明显。

表14—2　　　　手机使用时长与使用率的回归结果

变量		(1) 平均时长	(2) 参与者平均时长	(3) 是否使用
年龄（参照组：10—18）	19—22	0.459** (2.29)	0.358 (1.06)	0.096** (2.43)

续表

变量		(1) 平均时长	(2) 参与者平均时长	(3) 是否使用
年龄（参照组：10—18）	23—30	0.046 (0.20)	-0.113 (-0.31)	0.052 (1.19)
	31—40	-0.298 (-1.29)	-0.403 (-1.06)	-0.015 (-0.35)
	41—50	-0.525 ** (-2.29)	-0.545 (-1.44)	-0.097 ** (-2.20)
	51—60	-0.747 *** (-3.26)	-0.506 (-1.32)	-0.201 *** (-4.58)
	61—70	-0.857 *** (-3.73)	-0.697 * (-1.75)	-0.237 *** (-5.40)
	71—80	-0.934 *** (-4.06)	-0.485 (-1.07)	-0.266 *** (-6.03)
教育程度（参照组：没上过学）	小学	0.068 *** (3.76)	-0.112 (-0.30)	0.023 *** (4.74)
	初中	0.279 *** (11.47)	-0.108 (-0.30)	0.107 *** (17.03)
	高中	0.327 *** (9.54)	-0.142 (-0.39)	0.135 *** (15.03)
	中专	0.440 *** (7.56)	-0.018 (-0.05)	0.165 *** (11.63)
	大专	0.509 *** (9.37)	-0.061 (-0.17)	0.194 *** (14.53)
	本科及以上	0.513 *** (8.83)	-0.085 (-0.23)	0.194 *** (13.54)
婚姻状况（未婚=1）		0.371 *** (5.34)	0.674 *** (4.73)	0.037 *** (2.59)
性别（男=1）		-0.015 (-0.74)	0.070 (1.01)	-0.009 * (-1.70)
城乡（农村=1）		-0.104 *** (-4.96)	0.176 * (1.84)	-0.058 *** (-11.07)

续表

变量		（1）平均时长	（2）参与者平均时长	（3）是否使用
就业状况（参照组：无业者）	学生	-0.345* (-2.12)	-0.966*** (-3.74)	-0.007 (-0.25)
	就业者	-0.109*** (-4.61)	-0.587*** (-6.01)	-0.001 (-0.20)
收入状况（参照组：低收入）	较低收入	0.062** (2.49)	0.124 (0.99)	0.014** (2.28)
	中等收入	0.105*** (3.62)	-0.007 (-0.05)	0.044*** (6.01)
	较高收入	0.139*** (4.53)	-0.005 (-0.04)	0.059*** (7.49)
	高收入	0.180*** (4.43)	0.106 (0.78)	0.064*** (6.17)
常数项		0.772*** (3.38)	2.654*** (5.23)	0.248*** (5.58)
观测值		24053	5213	24053
R^2		0.104	0.041	0.170
F 值		101.6	7.859	246.4

注：括号内是 t 值，***、**、* 分别表示估计系数在 1%、5% 和 10% 的水平上通过显著性检验。

表14—2 报告了手机使用时长与使用率的回归结果。从中可以看出，和 10—18 岁居民相比，19—30 岁居民使用手机的平均时长和使用率都有所增加，其中使用时长最长、使用率最高的是 19—22 岁的居民，这一年龄段正好是大学生群体，他们的时间更充裕，且更容易接受和掌握新鲜事物。从受教育程度来看，和没有上过学的居民相比，其他居民使用手机时长与使用率随着受教育程度的提高而增加。性别对于手机的使用没有显著影响，未婚居民要比已婚居民更多地使用手机，城镇居民在使用时长与使用率上都要显著高于农村居民。

可以看出，随着收入的提高，使用手机的平均时长和使用率也在增加,但是增加的幅度很小,不同品牌的手机已经覆盖具有高中低档需求的各类人群,而且不同价位的手机具有替代性,在用途上没有差异。因此,收入已经不是影响手机使用的主要因素。

从上述结论中可以看出,中国居民手机的使用与信息的利用在一定程度上受到城乡、受教育程度、就业状况以及婚姻状况等因素的影响,不同人群的手机使用率和使用时长都存在一定差异。因此,虽然智能手机有效提高了人们利用信息和交流的便利性,但中国不同人群间仍然存在一定程度的"数字鸿沟"。

二 分手机使用用途的分析

本节将手机使用用途分为手机阅读、手机社交、手机视听和手机游戏四类。通过分年龄、城乡、性别和就业状况来探讨居民使用手机各项用途使用率的差异。

（一）不同人群手机阅读的差异

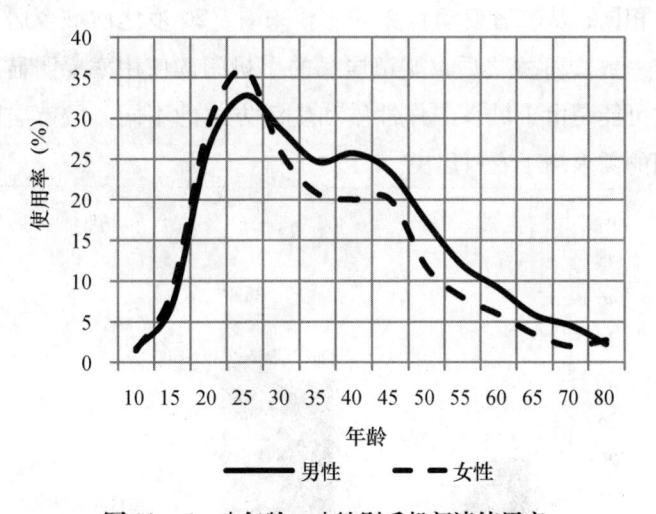

图14—6 分年龄、分性别手机阅读使用率

从图14—6可以看出,不同年龄的男性和女性手机阅读使用率变动的趋势基本相同,都在20—25岁达到顶峰。从二者变动趋势的比较来看,30岁之前女性阅读使用率高于男性,而30岁之后男性阅读使用率高于女性。

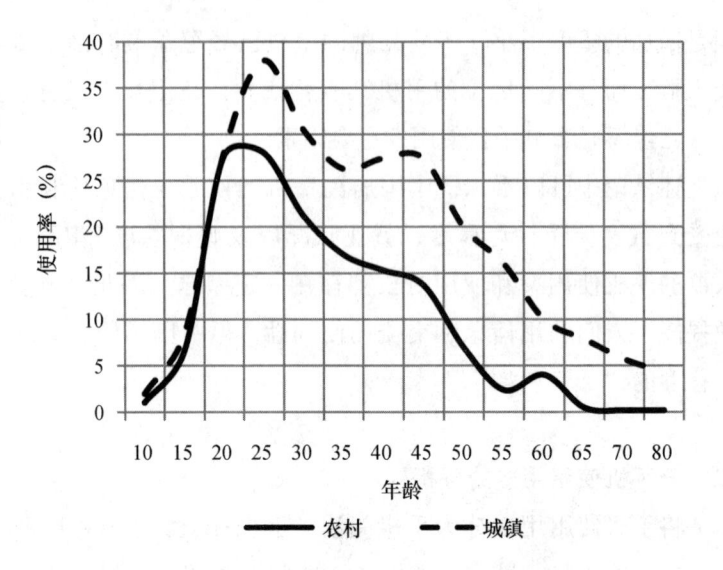

图14—7　分年龄、分城乡手机阅读使用率

从图14—7可以看出,不同年龄的城镇和农村居民阅读使用率变动的趋势基本相同,从二者变动趋势的比较来看,20岁之前城乡居民阅读使用率基本一致,20岁之后,城镇居民的手机阅读使用率要明显高于农村居民。这可能是由于城乡工作性质和生活方式的不同,城市居民对于信息和知识的需求高于农村居民。

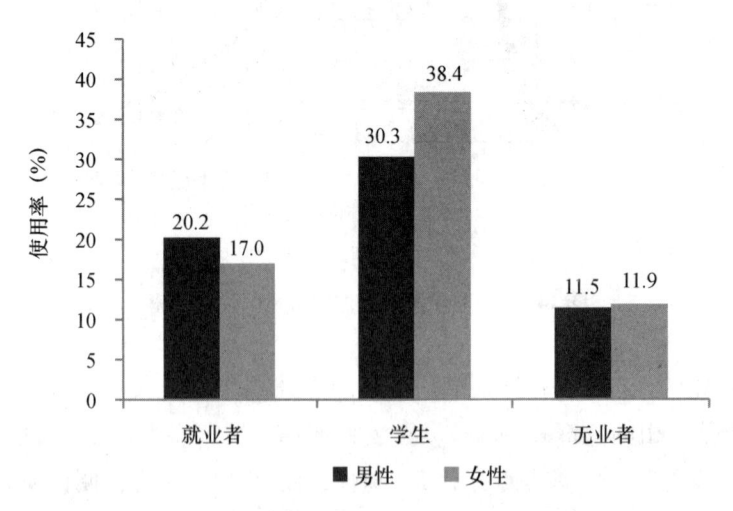

图14—8　分就业状况、分性别手机阅读使用率

从图14—8可以看出，三类人群中学生使用手机阅读的使用率最高。从性别视角来看，学生与无业者中女性使用率要高于男性，而就业者中则是男性高于女性。

（二）不同人群手机社交的差异

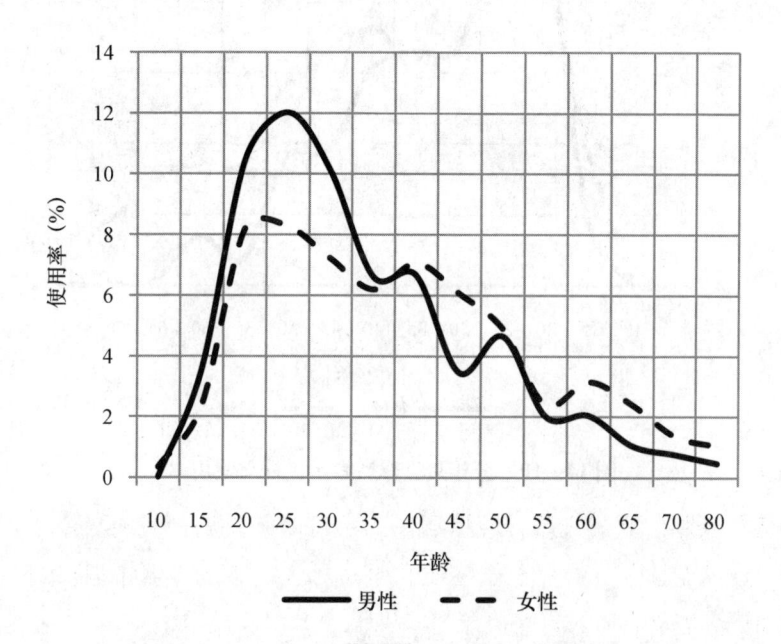

图14—9 分年龄、分性别手机社交使用率

从图14—9可以看出，不同年龄的男性和女性手机社交使用率变动趋势基本相同。从二者变动趋势的比较来看，40岁之前男性手机社交使用率一直高于女性，而在40岁之后女性手机社交使用率高于男性。

从图14—10可以看出，不同年龄的城镇与农村居民使用率变动趋势基本相同，从二者变动趋势的比较来看，20岁之前城镇居民手机社交使用率与农村居民基本一致，而在20岁之后城镇居民的使用率逐渐高于农村居民。

从图14—11可以看出，三类人群中学生使用手机社交的使用率最高。从性别视角来看，学生中男性使用率要高于女性，而就业者中男性与女性相同，无业者中则是女性高于男性。

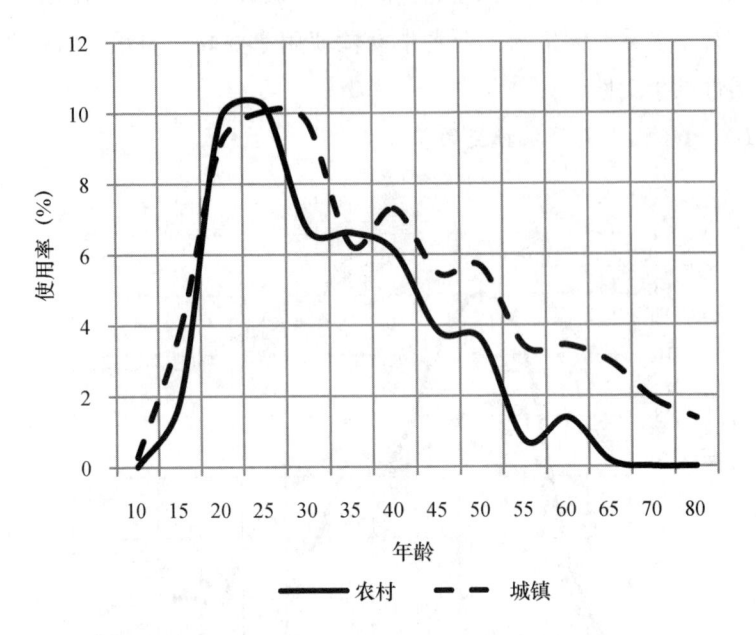

图 14—10　分年龄、分城乡手机社交使用率

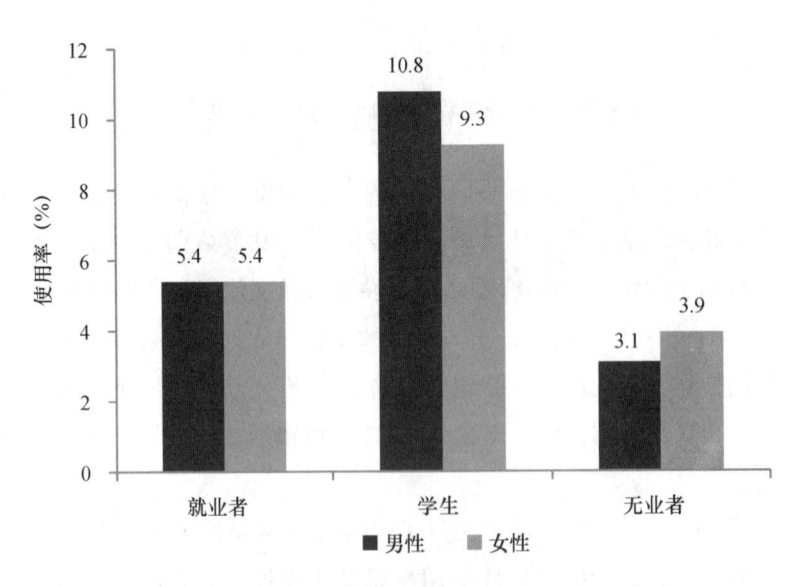

图 14—11　分就业状况、分性别手机社交使用率

(三) 不同人群手机视听的差异

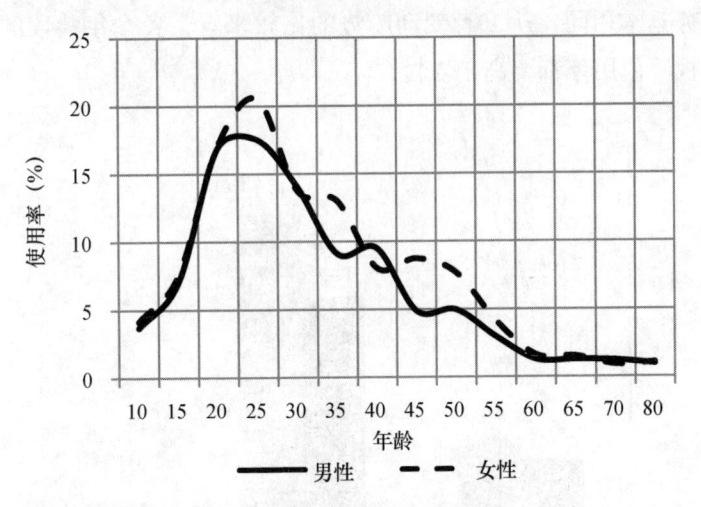

图 14—12 分年龄、分性别手机视听使用率

从图 14—12 可以看出，不同年龄的男性和女性手机视听使用率变动趋势基本相同。从二者变动趋势的比较来看，在 20 岁之前，男性和女性手机视听使用率没有差异，而从 20 岁开始，女性的使用率要高于男性，到了 60 岁以后，男性和女性手机视听的使用率再次相同。

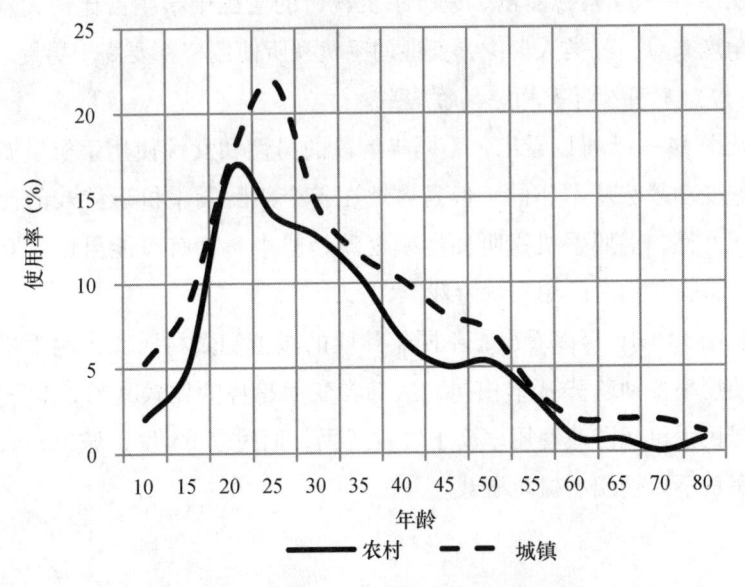

图 14—13 分年龄、分城乡手机视听使用率

第四篇 工作之余：对生活品质的追求

从图 14—13 可以看出，不同年龄的城镇与农村居民手机视听使用率变动趋势基本相同，从二者变动趋势的比较来看，各个年龄段的城镇居民手机视听使用率都要高于农村。

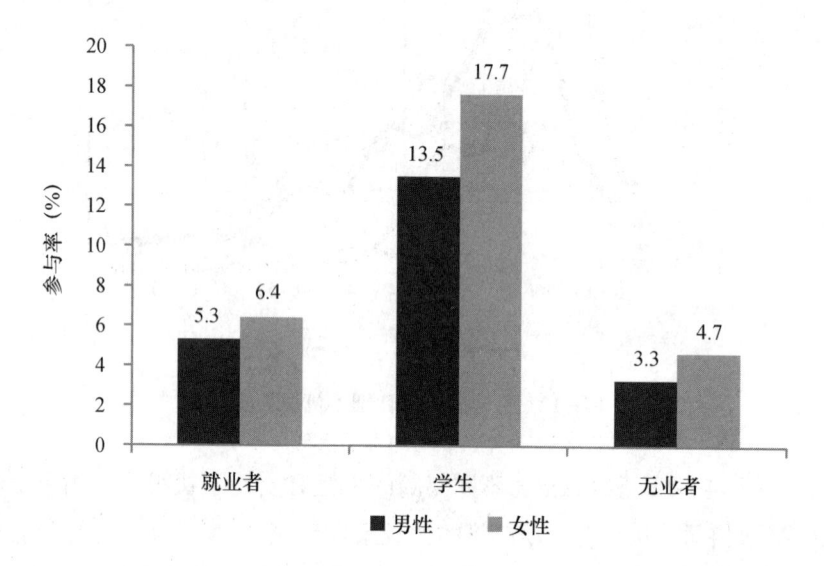

图 14—14 分就业状况、分性别手机视听使用率

从图 14—14 可以看出，进行手机视听的居民中学生占比最大。而从性别角度来看，三类人群中，女性的手机视听使用率都要高于男性。

（四）不同人群手机游戏的差异

从图 14—15 可以看出，不同年龄段的男性和女性使用手机玩游戏的使用率变动趋势基本相同，但是男性在各个年龄段手机玩游戏的使用率都高于女性，对照手机视听使用率变动趋势来看，有可能男性将女性看视频、听音乐的时间用来玩游戏。

从图 14—16 可以看出，不同年龄段的城镇和农村居民使用手机玩游戏的使用率变动趋势基本相同，从二者变动趋势的比较来看，20—35 岁城镇居民手机玩游戏使用率高于农村居民，而过了 35 岁，城镇和农村居民几乎都不再使用手机玩游戏。

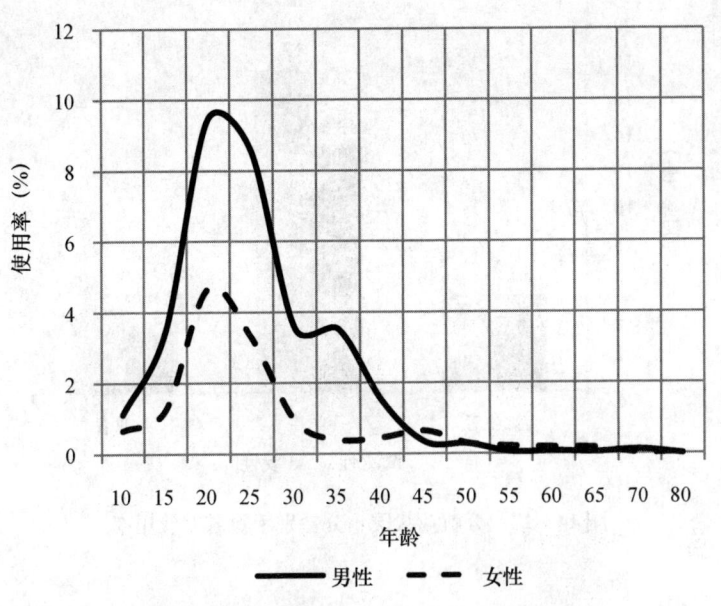

图 14—15 分年龄、分性别手机游戏使用率

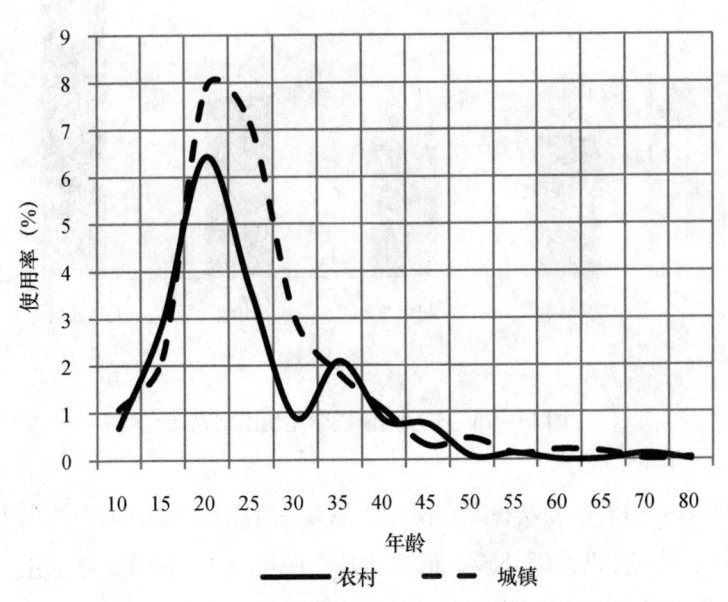

图 14—16 分年龄、分城乡手机游戏使用率

从图 14—17 中可以看出，学生使用手机玩游戏的使用率明显高于就业者和无业者，而且男性显著高于女性。

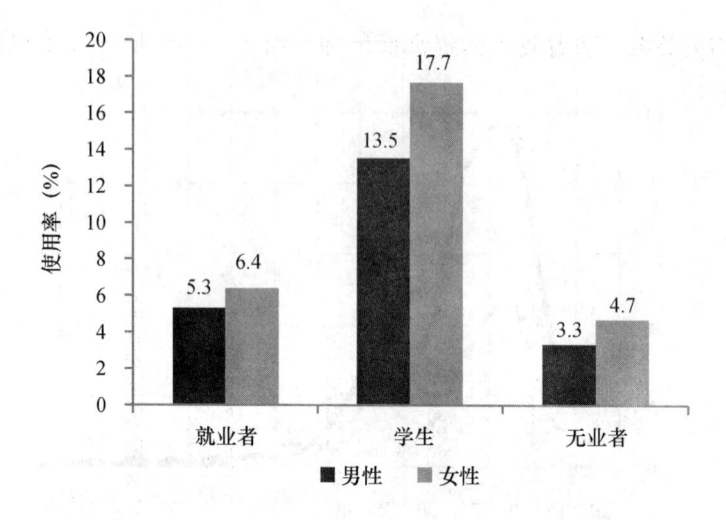

图 14—17　分就业状况、分性别手机游戏使用率

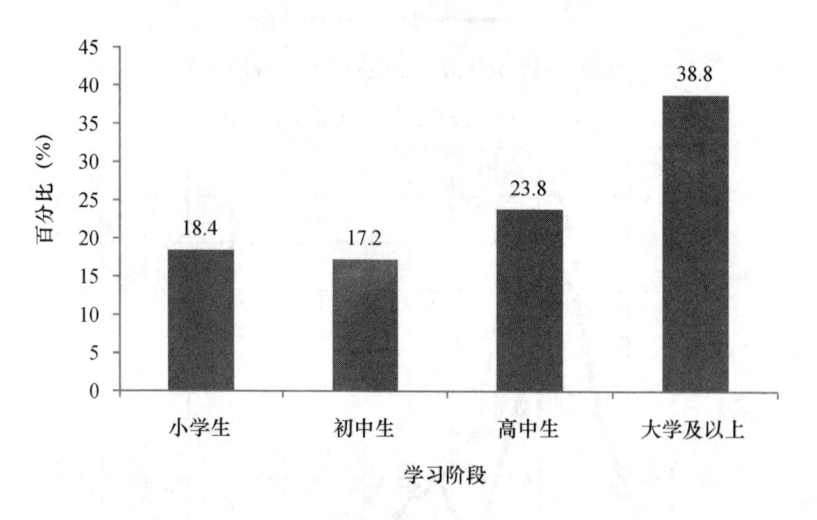

图 14—18　分学习阶段学生玩游戏占比

从图 14—18 中可以看出，使用手机玩游戏的学生中大学及以上的学生占比最高，达到了 38.8%，最少的是初中生（17.2%），排名第二、第三位的分别是高中生（23.8%）和小学生（18.4%）。

（五）不同收入、学历职业人群手机使用差异

从图 14—19 中可以看出，无论收入高低，手机阅读在居民使用手机的用途中占比最大，其次是手机视听和手机社交，这三项用途都和收入

呈正相关关系，随着收入的提高而增加。而各收入阶层居民手机游戏使用率都较低。

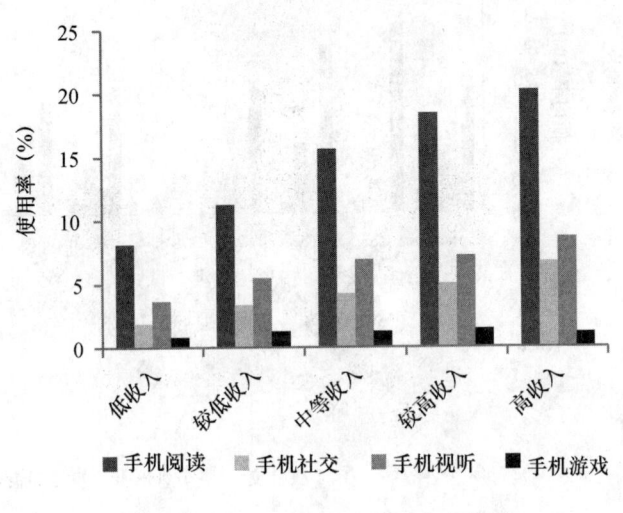

图14—19 分收入、分用途手机使用率

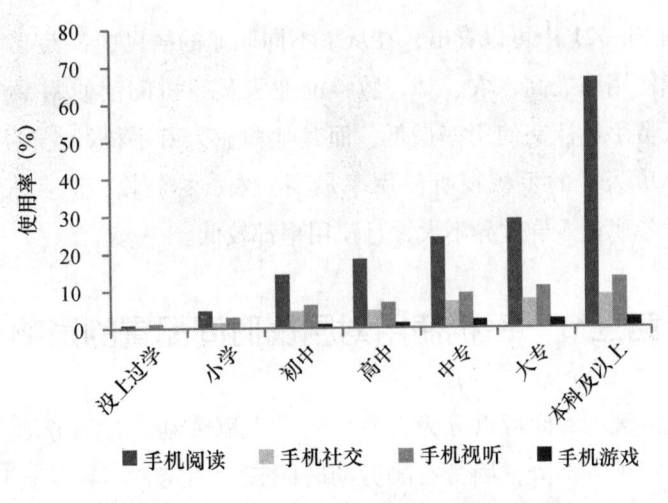

图14—20 分受教育程度、分用途手机使用率

从图14—20中可以看出，各项手机用途的使用率都在随着居民受教育程度的提高而增加，没上过学的居民几乎不使用手机，而学历在本科及以上的居民使用手机各项用途的使用率都是最高的，尤其使用手机阅

读明显高于其他受教育程度的居民。

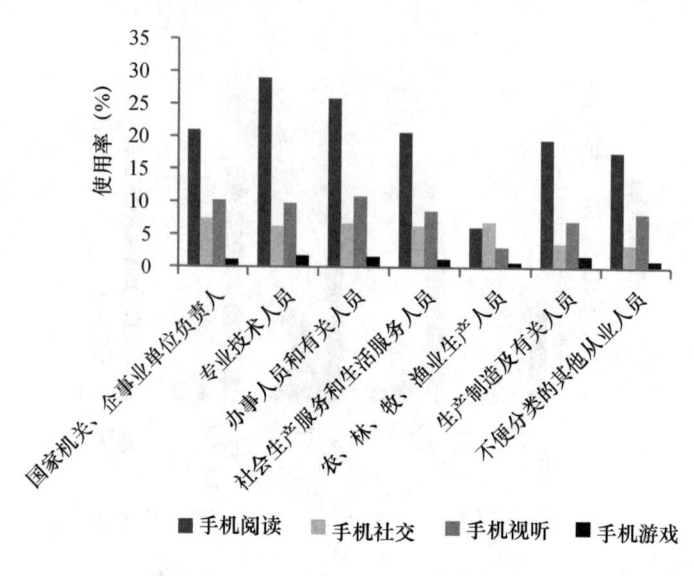

图 14—21　分职业、分用途手机使用率

从图 14—21 中可以看出，在从事不同职业的居民中，专业技术人员手机阅读使用率最高，农、林、牧、渔业人员手机阅读使用率最低。生产制造人员手机社交使用率最低，而其他职业人群手机社交使用率差异不大。办事人员的手机视听使用率最高，农、林、牧、渔业人员最低。手机游戏各职业人群差异不大，且使用率都较低。

第三节　手机使用对居民时间配置的影响

居民一天的时间可以分为自我照料、无酬劳动、有酬劳动、休闲娱乐和学习培训五部分，因为有酬劳动时间较为固定，不易受到其他因素的影响，故本节从自我照料、无酬劳动、休闲娱乐和学习培训四个方面来分析使用手机与不使用手机群体时间分配的差异，其中自我照料包括睡眠、个人卫生和吃饭；无酬劳动包括做家务、照顾家人和购买商品与服务；休闲娱乐包括体育锻炼、纸媒阅读、看电视；学习培训包括做作业和上辅导班。因为不同的活动所对应的人群不同，所以本节自我照料与休闲娱乐选择10—80岁的样本,无酬劳动选择16—64岁的样本,学习培训则选取10—22岁的样本。首先,通过描述性统计来对比各项活动参与者中使用手机与不使用手机居民的平均时长,接着通过用各项活动时间对是否使用手机进行回归,研究手机对各项活动的影响程度和趋势。

表14—3　　　　　　　　各项活动参与者平均时长　　　　单位:小时/天

活动	人群	全国		城镇		农村	
		使用	不使用	使用	不使用	使用	不使用
自我照料	睡眠	8.38	8.42	8.36	8.39	8.44	8.46
	个人卫生	0.67	0.63	0.67	0.65	0.65	0.61
	吃饭	1.58	1.68	1.58	1.67	1.57	1.68
无酬劳动	家务与照料	3.04	3.71	2.85	3.61	3.50	3.84
	购买商品与服务	1.77	1.75	1.77	1.63	1.79	2.11
休闲娱乐	体育锻炼	1.79	2.22	1.84	2.26	1.60	2.13
	纸媒阅读	1.69	1.90	1.83	2.01	1.20	1.56
	看电视	2.73	3.14	2.71	3.22	2.79	3.05
学习培训	做作业	2.95	2.62	2.98	2.89	2.91	2.18
	辅导班	3.84	3.72	3.95	3.85	3.48	3.11

从表14—3可以看出,使用手机和不使用手机的居民在各项活动时间分配上有差异。无论是全国还是城镇与农村,使用手机的居民睡眠、吃饭、家务与照料、体育锻炼、纸媒阅读和看电视时间都要少于不使用手机的居民。而使用手机居民的个人卫生时间、购买商品与服务时间、做作业时间和上辅导班时间多于不使用手机居民。这一方面可能是由于不使用手机的人群,可以把节约出来的时间用于其他活动中;另一方面也可能是由于使用手机和不使用手机的群体差异造成的。因此,本书不仅分析了不同个体特征对手机使用的影响,还将进一步分析手机使用对其他活动时间的影响。

由于时间在不同活动之间的分配不仅受手机使用的影响,而且受手机使用者个人特征的影响,我们使用多元回归的方法分析手机对其他活动的影响,回归方程控制了年龄、性别、城乡、受教育程度、就业状况以及家庭人均收入等变量。严格地说,回归结果验证了手机使用和其他活动之间的相关性,但不是因果关系,因为手机使用可能与其他活动是同期决定的。具体的回归结果报告如表14—4所示。

表14—4　　　　　使用手机对各项活动时间的影响　　　　单位:小时/天

活动	结果	是否使用手机	t值	观测值
自我照料	睡眠	-0.164***	-5.96	24053
	个人卫生	0.069***	7.80	24053
	吃饭	-0.051***	-3.05	24053
无酬劳动	家务与照料	-0.208***	-4.84	18576
	购买商品与服务	0.045***	3.46	18576
休闲娱乐	体育锻炼	0.034	1.53	24053
	纸媒阅读	-0.016**	-2.05	24053
	看电视	-0.356***	-10.03	24053
学习培训	做作业	-0.284***	-3.40	3187
	辅导班	-0.015	-0.44	3187

注:***、**、*分别表示估计系数在1%、5%和10%的水平上通过显著性检验。

从回归结果来看,使用手机的居民比不使用手机的居民睡眠时间要少0.16小时/天,也就是说,使用手机挤占了部分睡眠时间,这一结论与Demirci等[1]对学生群体的研究结果一致,他们发现使用智能手机会降低睡眠时间和睡眠质量。从个人卫生和吃饭时间的回归结果来看,使用手机同样也减少了吃饭时间,而增加了个人卫生时间。手机使用为什么会增加个人卫生时间呢?这可能是下面两个原因造成的:一是手机使用者对于社会的要求和变化更加了解,从而会对个人形象有更高的要求,因此会花更多时间进行个人卫生活动,如穿衣、化妆、美容、美发等;二是在进行个人卫生活动时,如洗漱和如厕,如果同时使用手机听新闻或

---

[1] Demirci K., Akgnül M., Akpinar A., "Relationship of Smartphone Use Severity with Sleep Quality, Depression, and Anxiety in University Students", *Journal of Behavioral Addictions*, 2015, 4(2).

看视频等,则可能会增加个人卫生活动所需时间。

使用手机会挤占做家务和照顾家人的时间,平均挤占了 0.21 小时/天,这和 Wallsten[1] 得出的结论相同。而使用手机的居民购买商品与服务的时间也更多,这可能是由于购物需求多的居民使用了更为便捷的手机购物。

使用手机对体育锻炼时间没有显著影响,这可能和现代人越来越注重身体健康有关。但是使用手机挤占了纸媒阅读时间,江晓原[2]认为电子阅读与纸媒阅读的根本对立在于"碎片化阅读",手机阅读的增加是因为其具有便携性的特征,在任何一个碎片化的时间都可以进行阅读。而且随着互联网的发展,从手机中所能获取的信息量不断增加,这对于生活节奏不断加快的今天来说,是纸媒阅读所不能企及的最重要的原因。

从表 14—4 中也可以看出,使用手机也挤占了看电视的时间,Jiyoung Cha[3] 基于"相对常数原理"或"零和游戏"原理的媒介取代理论认为:居民的注意力资源和广告商投入资源是有限的,为相对常数,新型媒介的出现将从已有媒介这里分流资源,进而形成媒介间的零和竞争关系。Ferguson[4] 认为:新型媒介能否取代已有媒介,在于其能否在功能上比已有媒介更能满足居民需求。显而易见,手机的功能异常丰富,完全可以取代电视的功能,而且手机具有便携性,已经将"客厅文化"转移为"卧室文化"。

学生群体使用手机与做作业时间有负相关关系,使用手机的学生比不使用手机的学生做作业的时间少了 0.28 小时/天,而对上辅导班的时间没有显著的影响,这可能是因为上辅导班是家长的硬性要求,不是学生

---

[1] Wallsten S., "What are We Not Doing When We're Online?", *Social Science Electronic Publishing*, 2013.

[2] 江晓原:《阅读前景:一个乐观的展望——关于电子阅读和纸质阅读》,《编辑学刊》2013 年第 3 期。

[3] Jiyoung Cha, "Do Online Video Platforms Cannibalize Television? How Viewers are Moving from Old Screens to New Ones", *Journal of Advertising Research*, 2013, 53 (1).

[4] Ferguson, Douglas A. and Perse, Elizabeth M., "The World Wide Web as a Functional Alternative to Television", *Journal of Broadcasting & Electronic Media*, 2000, 44 (2).

可以自主决定的。

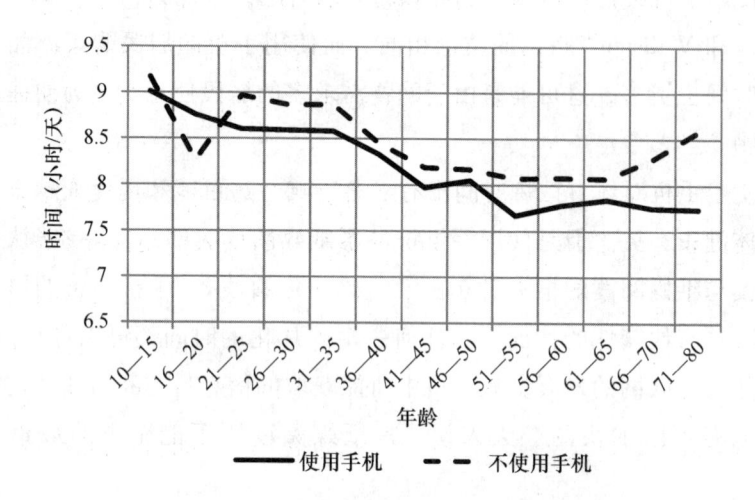

图 14—22　分年龄、分人群睡眠时间对比

从图 14—22 中可以看出，20 岁之前使用手机的人群睡眠时间高于不使用手机的人群，而 20 岁之后使用手机的人群睡眠时间都要低于不使用手机人群的睡眠时间。

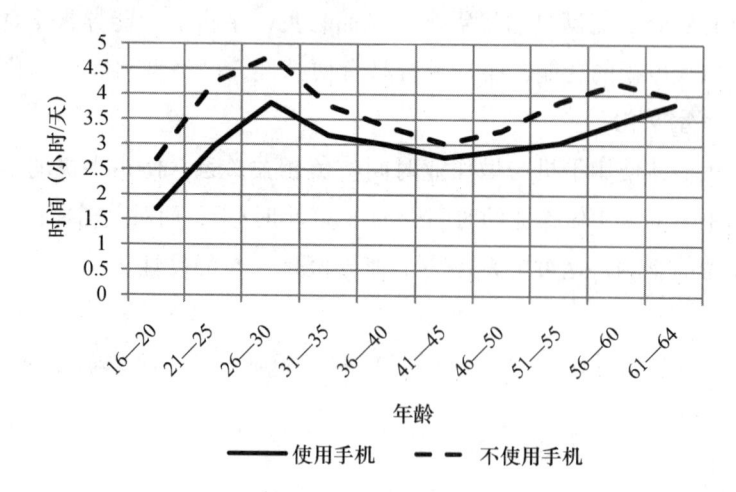

图 14—23　分年龄、分人群家务与照料时间对比

从图 14—23 中可以看出，任何年龄段都是不使用手机的人群家庭照料时间高于使用手机的人群。从家务照料时间的变动趋势来看，30岁左右达到了一个波峰，这与大多数这个年龄段的中国居民都有了自己的第一个孩子有关，随着孩子年龄的增长，参与照料的时间开始下降，到50岁左右降到一个低点，随后开始上升，这可能是这个年龄段的家庭中诞生了孙辈的孩子。

从图14—24中可以看出，20岁之前使用智能手机的居民阅读纸质书籍的时间长，总体来说20岁之后是不使用手机的人群阅读纸质书籍时间高于使用手机的人群。

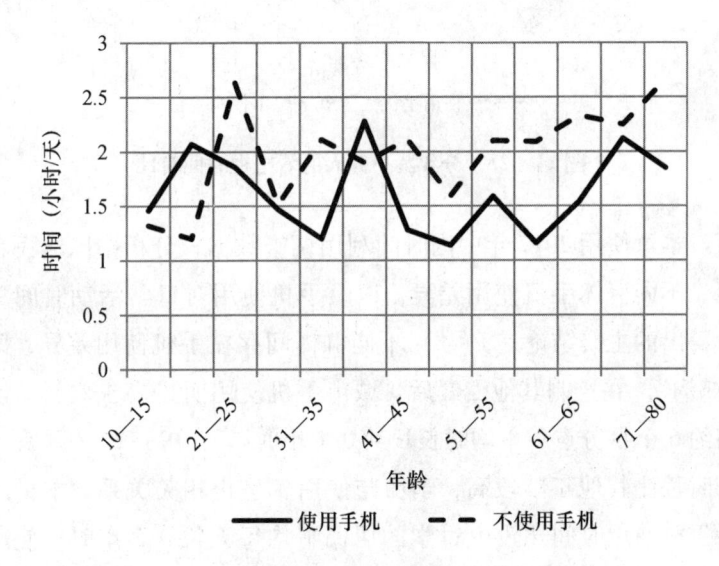

图14—24 分年龄、分人群阅读纸质书籍时间对比

从图14—25可以看出几乎所有年龄段都是不使用手机的人群看电视时间高于使用手机的人群。从变动趋势来看，两类人群的观看时间都成"U"形，使用手机人群最低点出现在31—35岁，不使用手机人群最低点出现在36—40岁。

第四节 小结

手机是现代社会中信息的重要载体，已经影响到居民日常生活的方

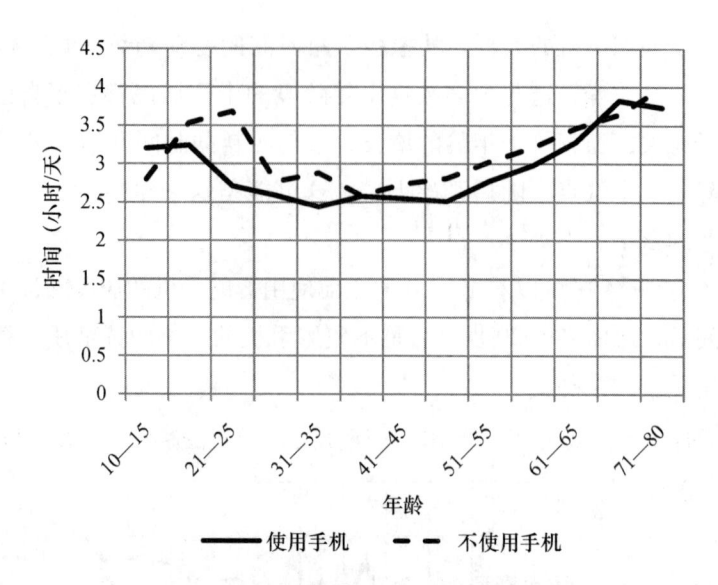

图14—25 分年龄、分人群看电视时间对比

方面面。本章使用2017年中国时间利用调查数据,分析中国居民手机使用概况、不同群体手机使用差异,以及手机使用对日常活动时间配置的影响。得出的主要结论是:(1)不同群体间存在手机使用差异,即存在"数字鸿沟"。在控制其他因素后,城市手机使用明显高于农村,前者较后者高约6个百分点,平均时长长约0.1小时/天;19—22岁居民手机使用平均时长比其他年龄段高,学历与使用率呈正相关关系,本科及以上学历者手机使用时间比没上过学的居民平均每天长0.5小时,使用率高19个百分点;收入与手机使用率和使用时间成正比,五分位最高收入者比最低收入者平均每天多使用0.2小时,使用率高6个百分点。(2)手机使用改变了居民的时间配置。手机使用减少了睡眠、吃饭、家务与照料、纸媒阅读、看电视和做作业时间,其中挤占家务与照料时间最长,为0.21小时/天,睡眠时间次之,为0.16小时/天,延长了个人卫生、购买商品与服务的时间,分别延长0.07小时/天和0.05小时/天,对体育锻炼和上辅导班时间没有显著影响。总体而言,手机使用可以为人们带来更多的信息和便捷,但同时也会挤占睡眠或休闲时间,降低人们的生活质量。

后　　记

　　在《时间都去哪儿了？中国时间利用调查研究报告》出版之际，心中满满的感慨、感恩和感谢。

　　2015年9—12月，内蒙古大学时任副校长班士良教授、科技处处长郭喜教授、经济管理学院副院长（主持工作）杜凤莲教授带领研究团队走访了北京大学、中国人民大学、北京师范大学、西南财经大学等高校，一边学习高校数据调查和开发经验，一边寻找选题。选题必须植根中国大地，还必须是学术空白点，不能重复其他学者的工作。北京大学调查研究中心主任李强教授及团队，北京大学国家发展研究院赵耀辉教授及团队，中国人民大学曾湘泉教授及团队，北京师范大学李实教授及团队，西南财经大学甘犁教授及团队给我们很多帮助和建议。感恩在学术生涯中遇到他（她）们，否则我们就不会如此从容与坚持。2014年习近平总书记的"时间都去哪儿了"之问，朱自清的《匆匆》，以及诺贝尔经济学奖得主贝克尔的经典理论都给我们以启迪。时间是和物质同样重要的生产要素，但在现代经济学研究中，时间要素被忽视了。

　　选题确定之后，从文献整理到调查问卷设计、样本抽样，经济管理学院师生凭着对科研工作的热情投入了时间和精力。国内外相关领域的学者对该研究提供了帮助。除了前文提到的学者之外，还包括斯坦福大学的Scott Rozelle教授，美国大学的Maria S. Floro教授，加拿大卡尔顿大学的Frances Woolley教授，澳大利亚南威尔士大学的Lyn Craig教授，香港中文大学的张俊森教授等，没有他们的支持和鼓励，就没有内蒙古大学高质量的CTUS数据。

　　感谢国家"中西部高校综合实力提升工程"资助，内蒙古大学成立

后 记

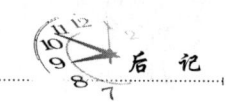

了"中国时间利用调查与研究中心",与国内外大学进行数据对接、科研合作。本报告主笔人以内蒙古大学师生为主体,还吸收了校外合作老师。其中,第一章和第二章由内蒙古大学王文斌主笔;第三章由内蒙古大学高霞、徐金美、包玲玲主笔;第四章由内蒙古大学赵宇娜、张胤钰、张悦平主笔;第五章由内蒙古大学杜凤莲、张悦平、宿景春、温尼伯大学董晓媛主笔;第六章由内蒙古大学杜凤莲、李爽、西南财经大学王军辉主笔;第七章由内蒙古大学张敬德、其萌、石婧、包玲玲主笔;第八章由内蒙古大学杜凤莲、张胤钰、石婧、温尼伯大学董晓媛主笔;第九章由内蒙古大学侯建昀、赵云霞主笔;第十章由内蒙古大学杜凤莲、王文斌、张胤钰、赵云霞、李爽主笔;第十一章由内蒙古大学茶娜、王文斌、刘嘉方、任帅主笔;第十二章由内蒙古大学杜凤莲、赵云霞、李爽、侯建昀主笔;第十三章由内蒙古大学王文斌、张悦平、西南财经大学赵国昌主笔;第十四章由内蒙古大学杜凤莲、任帅、梁斌、杨鑫尚主笔。

在写作过程中,内蒙古大学研究团队与西南财经大学研究团队曾多次集中研讨、交流与修改,西南财经大学甘犁教授以及团队成员提出了许多宝贵修改意见,在此表示感谢。杜凤莲、王文斌、董晓媛对全书框架、章节安排进行统一设计,并对全稿进行了统一修订完善。

我们还要感谢在数据调研过程中做出贡献的师生们,经济管理学院的张士伟书记、学工办的闫东祺老师动员、组织学生调研。参加调研的学生有张胤钰、思荣夫、蔡鹏程、张悦平、胡嘉欣、袁翔、赵云霞、张希雅、郅瑞、任帅、包领兄、段从坤、宣畅、李剑、卢晓钰、邬浩、刘明、陈璟舜、安建芳、石婧、包玲玲、胡大一、胡晗晓、陈文秋、毛炜涵、徐金美、何文磊、毕燕璐、萨如拉、苗馨、郑云翼31人。他(她)们的认真和坚韧决定了数据的质量。

朱自清在《匆匆》中写道"过去的日子如轻烟,被微风吹散了,如薄雾,被初阳蒸融了;我留着些什么痕迹呢?"本书记录了变革与转型时代中国人生活与工作的痕迹。

杜凤莲

内蒙古大学经济管理学院院长

内蒙古大学中国时间利用调查研究中心主任